2017年度浙江省社科联省级社会科学学术著作出版资金资助出版（编号：2017CBZ13）

当代浙江学术文库
DANGDAI ZHEJIANG XUESHU WENKU

中国道路形成与发展的国外影响因素研究

蒋跃波 著

中国社会科学出版社

图书在版编目（CIP）数据

中国道路形成与发展的国外影响因素研究／蒋跃波著．—北京：中国社会科学出版社，2017.9
（当代浙江学术文库）
ISBN 978－7－5203－0732－1

Ⅰ.①中… Ⅱ.①蒋… Ⅲ.①国外—影响因素—中国特色社会主义—社会主义建设模式—研究 Ⅳ.①D616

中国版本图书馆 CIP 数据核字（2017）第 168856 号

出 版 人　赵剑英
责任编辑　田　文
特约编辑　陈　琳
责任校对　张爱华
责任印制　王　超

出　　版　中国社会科学出版社
社　　址　北京鼓楼西大街甲 158 号
邮　　编　100720
网　　址　http://www.csspw.cn
发 行 部　010－84083685
门 市 部　010－84029450
经　　销　新华书店及其他书店

印　　刷　北京君升印刷有限公司
装　　订　廊坊市广阳区广增装订厂
版　　次　2017 年 9 月第 1 版
印　　次　2017 年 9 月第 1 次印刷

开　　本　710×1000　1/16
印　　张　14.75
插　　页　2
字　　数　242 千字
定　　价　65.00 元

目　　录

导　言

中国特色社会主义道路（简称“中国道路”）是指“在中国共产党领导下，立足基本国情，以经济建设为中心，坚持四项基本原则，坚持改革开放，解放和发展社会生产力，建设社会主义市场经济、社会主义民主政治、社会主义先进文化、社会主义和谐社会，社会主义生态文明，促进人的全面发展，逐步实现全体人民共同富裕，建设富强民主文明和谐的社会主义现代化国家。”① 本书探讨的中国道路以1956年为起点。考虑到习近平对中国道路的坚持与发展仍处在进行之中，并且有关的国外影响因素也在不断发展变化，因此，本书暂未将习近平对中国道路的坚持与发展列入研究范围（仅在结语部分略作展望）。本书主要根据毛泽东探索、邓小平开创、江泽民推进和胡锦涛坚持与发展中国道路四个时期，探讨国外因素对中国道路形成与发展的影响，以期从外部因素的视角揭示中国特色社会主义道路形成与发展的历史必然性。

一　选题来源和意义

“中国的发展离不开世界，世界的发展也需要中国。”② 这是胡锦涛同志在纪念党的十一届三中全会召开30周年大会上的讲话中留下的经典名句，其蕴含着中国发展同世界发展之间相互联系、相互促进的辩证统一关系。作为指引中国发展方向的中国道路，其形成与发展无疑受到世界大势等各种国外因素的影响。根据马克思主义关于事物发展的内因与外因辩证关系原理：内因是变化的根据，外因是变化的条

---

① 胡锦涛：《坚定不移沿着中国特色社会主义道路前进，为全面建成小康社会而奋斗——在中国共产党第十八次全国代表大会上的报告》，人民出版社2012年版，第12页。

② 《十七大以来重要文献选编》（上卷），中央文献出版社2009年版，第805页。

件，外因必须通过内因起作用，可知：中国道路形成与发展是国内因素与国外因素共同作用的结果，并且国内因素在其中起了根本的、决定性的作用。本书选择以“中国道路形成与发展的国外影响因素研究”为题进行研究是为了厘清重要的国外因素对中国道路形成与发展演变历程的影响，总结党在各个阶段认识与处理国外因素的经验教训，揭示中国人民走中国道路的历史必然性，希冀为坚定中国人民的道路自信提供一些借鉴。

（一）选题来源

本书选题主要基于以下几方面考虑：

首先，道路问题是关系中华民族独立、国家富强和人民幸福的核心问题，也是关系中国社会主义事业兴衰成败的核心问题，值得深入研究。

道路决定出路，道路决定成败。中国共产党领导中国人民革命、建设和改革的90多年奋斗史，证明了道路问题的重要性。中国共产党成立后，中国共产党领导中国人民，由于选择了正确的革命道路，取得了新民主主义革命和社会主义革命胜利，实现了民族独立，基本建立了社会主义制度，为实现国家富强、民族振兴和人民富裕的“中国梦”打下了坚实基础。1956年以后，中国共产党领导中国人民对社会主义建设道路进行了不懈探索，取得了一些成果；但是，由于经验的欠缺和“左”的错误影响，中国社会主义建设道路出现了偏差，给党、国家、社会和人民带来了巨大损失，延缓了中华民族伟大复兴的进程。1978年十一届三中全会后，中国共产党认真总结经验教训，开创了中国特色社会主义建设道路，拨正了中国社会主义的航向，取得了举世瞩目的成就，不仅显示了中国共产党的英明、中国特色社会主义道路的正确性和中国社会主义制度的优越性，也使中国避免了苏联式历史悲剧的重演。历史雄辩地证明：道路问题事关中国革命事业的成败，事关中国社会主义建设事业的兴衰。正如习近平同志所说，“道路问题是关系党的事业兴衰成败第一位的问题，道路就是党的生命。”① 道路问题既然如此重要，值得深入

① 《习近平谈治国理政》，外文出版社2014年版，第21页。

研究。

其次，国外因素对中国道路的形成与发展曾产生过重要影响，未来仍将产生重要影响。梳理主要国外因素对中国道路的影响，总结党在认识与处理国外因素上的经验教训，探讨未来应对之策，事关中国道路的坚持与发展。

国外因素对中国道路形成与发展的影响广泛而持久。就产生影响的主要国外因素而言，时代主题由革命与战争向和平与发展转变、世界格局由两极格局向多极化方向发展、经济全球化与新科技革命带来的变化等因素，成为中国道路形成与发展的重要时代背景，影响着中国社会发展的战略策略的制定与执行；马克思主义及其科学社会主义基本原则，为中国道路形成与发展奠定了重要理论基础；美国、苏联等国家对华关系的变化，影响着中国的国家安全与内政外交，也影响着中国道路形成与发展的路径；苏联、东欧等国家社会主义建设的经验教训，为中国道路的形成与发展提供了重要借鉴；等等。从国外因素影响的历程来看，无论是毛泽东探索中国道路的起步与转向，邓小平开创中国道路，还是江泽民推进中国道路和胡锦涛坚持与发展中国道路，都曾受到过国外因素的影响。从某种意义上说，正是由于国外因素的影响与推动，中国共产党才在实现国家富强和民族振兴的伟大征程中，不断探索、总结和创新，最终找到了适合本国国情的社会主义建设道路。时代在发展，世情在变迁，影响中国道路的国外因素也在因时而变。如何趋利避害，正确认识与处理主要国外因素及其影响，坚持与发展中国道路，推动中国特色社会主义事业向前发展，是党和人民面临的重要课题。本书通过研究主要国外因素对中国道路形成与发展的影响，总结党在认识与处理国外因素上的经验教训，希冀为坚持与发展中国道路提供借鉴。

最后，学术界研究现状，预示着需要开拓新的视角，加强对中国道路的研究。

中国道路问题是当前学术界研究的热点问题。就国内研究状况而言，学者们从不同的视角研究中国道路，主要涉及了中国道路的起点、主要内涵与基本特征、成因、国际国内意义、基本经验、中国道路与理论、制度的关系、党的主要领导人对探索、开辟和发展中国道路的贡献、党的重大历史事件对中国道路的影响等众多主题，取得了丰硕成果，为深入研究中国道路打下了坚实基础。不过，深究学者们的研究成果，难免百密一疏，就对中国道路形成与发展的国外影响因素的研究而言，存在如下不足：

从研究成果上看，论文类成果多，而专著类成果较少。近年来，国内尽管陆续出版一些有关中国道路研究的专著，不过这些专著大多是对中国道路的综合研究，而专门论及影响中国道路形成与发展的国外因素的专著并不多见。有的专著即使专论了某一国外因素，也主要是研究其对中国社会主义总体及其他要素的影响，如江流、徐崇温主编的《当代社会主义若干问题：国际社会主义的历史经验和中国特色社会主义》、孔寒冰著的《中苏关系及其对中国社会发展的影响》和徐艳玲、龚培河著的《从“被动全球化”到“主动全球化”：全球化视野下的中国社会主义历史演进》，等等。

从研究的阶段上看，中国道路是伴随着新中国成立后中国社会主义建设实践而逐渐形成与发展起来的，其形成与发展的历程包括毛泽东探索中国道路、邓小平开辟中国道路、江泽民推进中国道路、胡锦涛等坚持与发展中国道路等历史阶段。由于各个阶段的阶段性特征不一样，社会主义建设所面临的国际国内形势、主要目标和任务也不一样，党和政府对国内外形势的认识和采取的方针政策有区别，中国道路在各阶段的发展表现出差异性；因此要全面深入了解中国道路形成与发展的过程，既要从总体上把握中国道路形成与发展的概况，又要探讨中国道路在各个阶段所表现出来的阶段性特征。不过，考察当前学术界在研究中国道路形成与发展的国外影响因素时，对毛泽东探索和邓小平开创时期国外影响因素的研究较多，而对江泽民推进、胡锦涛等坚持和发展中国道路时期国外影响因素的研究则较少。

从研究程度上看，国内学者在研究中国道路形成与发展的国外因素时，大多将其作为中国道路形成与发展的国际背景，进行整体性、一般性的研究。至于各个时期对中国道路形成与发展产生影响的主要国外因素有哪些，这些主要国外因素是怎样影响中国道路的探索、开创、推进、坚持与发展进程的，中国共产党在认识与处理这些国外因素影响时有什么经验教训等问题，国内学者大多缺乏系统的梳理和研究。这种研究状况不利于了解中国道路的曲折发展历程及其原因。这说明有必要系统深化对中国道路形成与发展的国外影响因素的研究。

（二）选题意义

选择以国外影响因素为研究视角，探讨其对中国道路形成与发展的影响，对于了解中国道路所走过的曲折历程，认识中国走适合本国国情的社会主义道路的历史必然性，总结党在认识与处理国外因素上的经验教训，推进中国社会主义事业向前发展；对于其他社会主义国家借鉴中国经验，探索适合本国国情的社会主义建设道路，促进世界社会主义运动复兴等，都具有重要意义。

第一，研究国外因素对中国道路形成与发展的影响，厘清中国道路在探索、开创、推进、坚持和发展过程所受到的主要国外因素的影响，有助于了解中国道路所走过的艰苦曲折历程，认识中国选择走适合自己国情的社会主义建设道路的历史必然性。

新中国成立后，中国共产党领导中国人民开始了社会主义建设。对于中国共产党人来说，建设社会主义是新鲜事物，只能是“摸着石头过河”①，探索中难免会出现曲折与坎坷。毛泽东探索中国道路，尽管取得了许多宝贵经验，但也出现了严重过错与失误，使其未能找到适合中国国情的正确的社会主义建设道路。毛泽东探索中国道路之所以出现严重过错与失误，固然同诸如党的主要领导人的个人因素、党对社会主义本质认识模糊、党所采取的方针政策有失误等主观原因密切相关。但应当看到，这些错误是在两极格局下社会主义国家与资本主义国家存在尖锐的矛盾与斗争、主要资本主义国家对中国的敌视、苏联等国社会主义建设经验教训的影响、苏联对华关系的变化等诸多国外因素的影响和推动下犯下的。如果不分析这些国外因素对毛泽东探索中国道路的影响，就很容易得出探索中国道路的失误是由于毛泽东的过错等中国人自身原因造成的错误结论。甚至还会发出：要是毛泽东也像后来邓小平那样进行改革开放的话，今天的中国就不只是现在这种状况之类的感叹！殊不知，这种认识是违背马克思主义历史唯物主义基本原理的。对毛泽东探索中出现的失误以及后人发出的感叹，薄一波曾指出，“既然是探索，就难免出现某些失误，要求在探索中不出一点偏差，完全正确，那是把探索理想化了，而这种理想化的探索

① 《十一届三中全会以来重要文献选读》（上卷），人民出版社 1987 年版，第 238 页。

在现实生活中是不存在的”①。如果离开当时的条件，“要求在50年代就实行今天的农村联产承包责任制为基础的多种形式、多种环节的合作，那是不现实的。”②

十一届三中全会后，以邓小平为核心的第二代中央领导集体，在总结毛泽东为核心的第一代中国共产党人探索中国道路的正反两方面经验教训的基础上，正确分析国际国内形势，果断作出党的工作重心转移、改革开放等一系列重大决策，在实践中逐步开创了中国道路。邓小平开创中国道路无疑是以邓小平为核心的中国共产党人领导中国人民不懈努力的结果，也同邓小平的智慧与贡献分不开。同时，还应当看到，时代主题的转换、国际格局的变化、苏东国家改革失败的警示等国外因素对邓小平开辟中国道路所产生的重要影响。此后，以江泽民、胡锦涛等为总书记的党的中央领导集体能够推进、坚持与发展中国道路，也受到了诸如总体国际格局未变背景下局部形势的变化、全球性问题的挑战、中国面临的外部压力并未减少等国外因素的影响。

由此可见，中国道路的形成与发展是中国共产党领导中国人民不断探索、开拓和创新的结果，也同时代主题与国际格局转换、苏联等国对华关系的变化、全球性问题的挑战等国外因素的影响息息相关。通过梳理主要国外因素对中国道路形成与发展的影响，有助于了解中国共产党探索中国道路所走过的艰苦曲折历程，认识中国人民走中国道路的历史必然性。

第二，研究国外因素对中国道路形成与发展的影响，有助于总结中国共产党认识与处理国外因素上的经验教训，推进中国社会主义事业顺利发展。

善于总结革命与建设中的经验教训，是党的优良传统，也是党领导中国人民取得革命与建设胜利的重要法宝。中国道路的形成与发展，是与中国共产党在探索中国道路的进程中不断总结认识与处理国外因素的经验教训分不开的。在关于时代主题的认识上，毛泽东作出了战争与革命是时代主题的论断。受这种认识影响，毛泽东

---

① 薄一波：《若干重大决策与事件的回顾》（上卷），中共中央党校出版社1991年版，第566页。

② 同上书，第404页。

在领导探索中国道路时曾出现了阶级斗争与经济建设两个中心，但随着中苏两党两国的分歧、矛盾和对抗的加深，以及受其他国际形势变化的影响，毛泽东的探索之路重又回到一个中心道路，突出阶级斗争的中心地位，最终酿成了“文化大革命”的悲剧，导致探索之路的畸形与夭折。邓小平吸取了毛泽东关于时代主题认识上的经验教训，审时度势，作出了“和平与发展”是时代主题的著名论断。基于这一判断，邓小平果断地停止了“阶级斗争为纲”错误做法，恢复了经济建设这一中心，做出了改革开放的重大决策，从而开辟了中国道路，拨正了中国社会主义事业的航向。邓小平之后的历届中央领导集体牢牢把握“和平与发展”的时代主题，坚持“一个中心，两个基本点”的党的基本路线不动摇，根据国内外形势的变化，在实践中大胆改革，不断创新，形成了“三个代表”重要思想、科学发展观和“四个全面”等一系列重要思想，丰富和发展了中国特色社会主义理论，推动中国特色社会主义事业向前发展。在中国道路的形成与发展过程中，中国共产党不仅在时代主题问题上，还在处理大国关系、对待外国经验、应对全球性问题等方面有许多值得总结的经验教训。这些经验教训对于推进今后中国社会主义事业的顺利发展具有重要意义。

第三，研究国外因素对中国道路形成与发展的影响，有助于中国共产党认识新形势下社会主义中国的处境和所面临的压力与任务，以便采取适当的战略策略，推进中国社会主义事业向更高水平发展，引领世界社会主义运动走出低谷，重塑辉煌。

苏联解体之前，由于苏联的存在，中国在世界社会主义运动中的地位与影响力是有限的，也就是说，苏联是世界社会主义运动的中心，起着领导作用，而中国则更多地采取跟随战略，因此，中国当时在世界社会主义运动中所承受的压力与担当的任务相对较轻。苏联解体后，世界社会主义运动步入低谷，而中国由于开辟了中国道路，经济持续发展，综合国力显著增强，国际地位和影响力日益提高，彰显着社会主义制度的优越性和生命力，因而成为世界社会主义运动中当之无愧的“明星”，引领世界社会主义运动的潮流，也吸引着包括其他社会主义国家在内的广大发展中国家的学习与借鉴。正如法国著名左翼学者托尼·安德烈阿尼所说，中国走出的一条有别于“苏联模式”的独特道路，“成为越南学习的典范，古巴也开始从中受到启发”。[①] 与此同时，中国的崛起也引起了主要资本主义国家的关注、恐惧、担忧和敌视。西方学者以“中国模式”、“中国崛起”、“中国威胁论”等名义研究中国，希冀揭开中国崛起之奥秘。西方主要资本主义国家除了大肆宣扬所谓“中国威胁论”外，还采取各种手段遏制中国的发展与影响，甚至企图颠覆中国社会主义制度，使中国共产党面临着前所未有的压力与挑战。面对这种国际形势，如何审时度势，采取更加灵活的战略策略，应对来自主要资本主义国家的压力与威胁，坚持与发展中国道路，推动中国社会主义事业向前发展，考量着中国共产党的智慧。通过研究主要国外因素对中国道路形成与发展的影响，探讨认识与处理国外因素的基本原则、方法和规律，有助于采取适当的政策策略，趋利避害，运用国外因素有利方面，推动中国社会主义事业向更高水平发展，引领和推动世界社会主义运动走出低谷，重塑辉煌。

二　国内外研究现状

（一）国内研究现状综述

中国道路是中国特色社会主义的一个重要组成部分，是与中国特色社会主义同时起步、形成和发展的。[②] 自 1982 年邓小平在中共十二大开幕词中提出“建设有中国特色的社会主义”命题以来，国内学者关于中国道路的研究历经 30 余年，大致可分为三个阶段：1994 年前偶有采用“中国特色社会主义道路”表述方式的研究阶段、1994—2007 年较多采用“中国特色社会主义道路”表述方式的研究阶段、2007 年以后完全采用“中国特色社会主义道路”表述方式的研究阶段。前两个阶段的研究成果主要是论文，相关专著并不多。第三阶段的研究成果十分丰富，除论文外，出

① 王新颖主编：《奇迹的建构：海外学者论中国模式》，中央编译出版社 2011 年版，第 104 页。

② 赵曜：《关于中国特色社会主义道路的两个问题》，《当代经济》2007 年第 10 期上，第 1 页。

现了各类课题①、学术专著②和博士学位论文③，等等。学者们关于中国道路的研究主题涉及了中国道路的起点、主要内涵与基本特征、成因、国际国内意义、基本经验、中国道路与理论、制度的关系、党的主要领导人对

① 主要国家课题：2008 年：东北师大郑德荣主持的“中国特色社会主义道路基本问题研究”、浙江工商大学郑荣富主持的“中国特色社会主义道路和发展模式的创新性及其国际意义分析”；2009 年：北京左宪民主持的“国际化视野中的中国特色社会主义道路研究”、中国社科院王佳菲主持的“当代国际金融危机背景下的中国特色社会主义道路研究”；2010 年：吉林大学漆思主持的“中国特色社会主义道路和模式的哲学研究”、四川社科院杨先农主持的“毛泽东思想的当代价值与中国特色社会主义道路的拓展研究”、南昌大学陈世润主持的“中国特色社会主义道路与红色资源开发利用研究”、河南省委党校柳昌清主持的“中国特色社会主义道路研究”；2013 年：北京大学杨河主持的“坚定中国特色社会主义道路自信、理论自信、制度自信研究”、中央党史研究室郑谦主持的“中国特色社会主义道路研究”、西南大学何玲玲主持的“中国特色社会主义道路的大众认同及其提升路径研究”；2014 年：东北师大郑德荣主持的“中国特色社会主义道路基本特征研究”、北京联合大学许峰主持的“中国特色社会主义道路的世界意义研究”、辽宁大学刘宁宁主持的“中国特色社会主义道路自信、理论自信、制度自信研究”、宜春学院李明斌主持的“民生视阈下的中国特色社会主义道路自信研究”、石河子大学梁金贵主持的“屯垦戍边对中国特色社会主义道路的丰富与发展研究”，等等。

② 主要学术专著：张素芝：《中国特色社会主义道路的探索》，中国农业出版社 2007 年版；袁秉达等：《中国特色社会主义道路探究》，上海人民出版社 2009 年版；汪兆旗：《中国特色社会主义发展道路基本问题探析》，西南交通大学出版社 2009 年版；纳麒等：《走向复兴的探索：中国特色社会主义道路的理论框架》，中国社会科学出版社 2009 年版；辛向阳：《中国特色社会主义道路研究》，河北人民出版社 2010 年版；姜淑兰：《世界视域中的中国特色社会主义道路研究》，光明日报出版社 2011 年版；李君如：《中国特色社会主义道路研究》，人民出版社 2012 年版；郑德荣等：《中国特色社会主义道路基本问题研究》，人民出版社 2012 年版；王伟光：《中国道路与马克思主义中国化》，合肥工业大学出版社、人民出版社 2012 年版；张远新：《中国特色社会主义道路的多维透视》，上海社会科学院出版社 2012 年版；秦宣：《为什么要坚持中国特色社会主义道路》，中国人民大学出版社 2013 年版；欧阳康等：《中国道路：思想前提、价值意蕴与方法论反思》，中国社会科学出版社 2013 年版；朱峻峰：《道路自信：中国共产党与中国特色社会主义道路（修订简明版）》，社会科学文献出版社 2013 年版；白雪秋等：《中国特色社会主义道路：历史、现实和未来》，北京大学出版社 2013 年版；罗文东等：《中国特色社会主义道路：走向中华民族伟大振兴的崭新道路》，中共中央党校出版社 2013 年版；杨俊：《中国特色社会主义“道路·理论·制度”的创新研究》，安徽人民出版社 2013 年版；朱宗友：《中国特色社会主义道路选择研究（全球化视野下的意义与战略）》，社会科学文献出版社 2013 年版；黄燕等：《传承与创新：中国特色社会主义道路研究》，知识产权出版社 2013 年版；胡鞍钢：《中国道路与中国梦想》，浙江人民出版社 2013 年版，等等。

③ 主要博士学位论文：张正安：《中国特色社会主义建设道路的探索研究》，中共中央党校，2000 年；朱宗友：《全球化背景下中国特色社会主义道路的选择》，河南大学，2010 年；姜淑兰：《世界视域中的中国特色社会主义道路研究和模式比较》，东北师范大学，2010 年；曹胜：《中国特色社会主义道路的时代特征研究》，山东师范大学，2013 年，等等。

探索、开辟和发展中国道路的贡献、党的重大历史事件对中国道路的影响等问题。[①] 鉴于本书的选题，这里仅就国内学界关于影响中国道路（中国模式）形成与发展的国外因素的研究状况，作简要阐述。

国内学者对影响中国道路（中国模式）形成与发展的国外因素的研究，视野非常开阔，有的学者注重从诸如时代主题、全球化与现代化等宏观的国际背景中探讨影响中国道路形成与发展的国外因素，有的学者则注重研究微观国家关系中某些具体事件（如中苏论战）对中国道路的影响。具体而言，主要涉及了如下几个方面：

---

① 关于中国道路上述问题研究的主要成果，著作类成果，参见第7—8页注释。论文类成果主要有：汪传昌：《中国特色社会主义道路涵义的探讨》，《毛泽东邓小平理论研究》1989年第3期，第83—84、68页；就毛泽东的探索和邓小平的业绩：薄一波答中央文献研究室问（1994年10月11日），《党的文献》1995年第1期，第3—7页；汤应武：《有中国特色社会主义道路的内涵及形成》，《中国党政干部论坛》2001年第8期，第12—13页；赵曜：《毛泽东的两大理论贡献》，《中国特色社会主义研究》2003年第6期，第5—10页；严书翰：《"三个代表"重要思想与中国特色社会主义道路》，《天津行政学院学报》2004年第1期，第5—11页；李慎明：《党的八大前后开始的中国特色社会主义道路的探索与当今中国的发展壮大》，《当代中国史研究》2006年第5期，第18—21页；韩振峰：《论走中国特色社会主义道路的历史必然性》，《河北学刊》2007年第5期，第137—140页；赵曜：《关于中国特色社会主义道路的两个问题》，《当代经济》2007年第10期上，第1页；秦宣：《中国特色社会主义道路的科学内涵》，《思想理论教育导刊》2007年第12期，第17—21页；肖贵清、刘爱武：《中国特色社会主义道路的内涵及其特征》，《中国特色社会主义研究》2008年第2期，第19—23页；辛向阳：《中国特色社会主义道路的内涵解析》，《当代世界与社会主义》2008年第3期，第75—78页；徐崇温：《中国特色社会主义道路的世界意义》，《中国特色社会主义研究》2009年第4期，第13—16页；袁银传：《邓小平探索中国特色社会主义道路的历史过程与历史贡献》，《马克思主义研究》2009年第9期，第144—149页；徐崇温：《毛泽东对适合中国特色社会主义道路的探索》，《马克思主义与现实》2010年第3期，第133—141页；郑德荣：《中国特色社会主义道路基本问题论要》，《高校理论战线》2011年第3期，第9—12页；桑学成：《中国特色社会主义道路的形成发展和基本经验》，《南京大学学报（哲学人文科学社会科学）》2011年第4期，第11—18页；冷溶：《深刻理解"中国道路"的本质和内涵》，《党的文献》2011年第6期，第18—19页；程中原：《八大政治报告决议与中国社会主义道路探索》，《马克思主义研究》2011年第12期，第28—35页；李君如：《中国特色社会主义道路的开辟、坚持和发展》，《党的文献》2012年第6期，第83—89页；喻匀：《坚定不移地走中国特色社会主义道路——访中国政治学会会长李慎明》，《新视野》2013年第1期，第4—10页；李君如：《中国特色社会主义道路：十八大的新境界》，《科学社会主义》2013年第1期，第5—7页；李景治：《中国特色社会主义道路对世界文明建设的重要意义》，《科学社会主义》2013年第2期，第16—21页；李占才：《中国社会主义道路选择的时代性》，《党的文献》2013年第2期，第89—96页；道路自信：中国特色社会主义道路的历史探索——李君如教授访谈，《南京社会科学》2013年第3期，第1—4、10页；李捷：《毛泽东在开创中国特色社会主义道路中的历史功绩和地位》，《毛泽东邓小平理论研究》2013年第9期，第1—10页。

第一，以时代主题为研究视角，探讨其对中国道路形成与发展的影响。

中国道路是在战争与革命时代主题转变为和平与发展时代主题的背景下形成与发展起来的。对此，江泽民同志在阐述作为中国道路的重要指导思想，即邓小平理论的形成与发展时，明确指出，邓小平理论是“在和平与发展成为时代主题的历史条件下”，逐步形成和发展起来的。[①] 国内学者在论述中国道路的形成与发展时大多论及了有关战争与革命、和平与发展时代主题的影响。徐崇温指出，毛泽东对适合中国国情的社会主义建设道路的探索，是在以战争和革命为时代主题的条件下进行的，而邓小平对中国道路的开辟，则是在和平与发展成为时代主题的条件下进行的。[②] 李占才认为，中国人民选择社会主义道路，同中国共产党人社会主义观的发展或飞跃紧密相连，而社会主义思想观念以及社会主义实践的变化与发展，既受时代发展主题的影响，又是时代发展的产物，具有鲜明的时代性。[③] 在回应国外学者有关中国模式的评论时，有学者论及了时代主题转换对中国模式中执政理念的影响。如齐世泽认为，不同时代主题必然会产生不同的执政理念，“过分地强化执政中的专政内容，甚至把专政泛化为执政的一般内容”的传统执政理念，就是战争与革命时代的产物；而“从人的需要出发而不是从政治需要出发来观察和处理社会经济发展问题和其他各种社会问题”，“使各项执政活动紧紧围绕人民群众的福祉，围绕人民群众的价值的实现”的人性化的执政理念，则与和平与发展的时代息息相关。[④]

第二，以全球化（经济全球化）或现代化（现代性）为研究视角，探讨其对中国道路形成与发展的影响。

由于全球化与现代化既相区别又相联系的关系：现代化是纵向时间的演进过程，全球化则是横向空间的扩展；现代化带动了全球化，全球化又拓展了现代化；全球化与现代化彼此推动、相互依存与交融，[⑤] 因此国内学者在探讨全球化与现代化对中国道路的影响时，常常将二者结合起来进

---

① 《江泽民文选》（第1卷），人民出版社2006年版，第11页。

② 徐崇温：《邓小平对建设中国特色社会主义新道路的开辟》，《中国特色社会主义研究》2010年第5期，第11—22页。

③ 李占才：《中国社会主义道路选择的时代性》，《党的文献》2013年第2期，第89—96页。

④ 齐世泽：《论中国模式》，中国方正出版社2010年版，第207—211页。

⑤ 高放、李景治、蒲国良主编：《科学社会主义的理论与实践》，中国人民大学出版社2014年版，第230页。

行考察。俞可平在回应西方学者有关中国模式的论述时指出，中国模式实质上是“中国作为一个发展中国家在全球化背景下实现社会现代化的一种战略选择”，“是中国在改革开放过程中逐渐发展起来的一整套应对全球化挑战的发展战略和治理模式。”① 季正聚从中国融入全球化的过程中探讨了中国道路的成因。他认为，中国在探讨强国御侮的现代化发展之路的过程中，经历了一个由被动全球化到主动全球化的转变过程，正是在这一转变过程中，党和人民选择了马克思主义，找到了中国社会主义革命道路，找到了中国特色社会主义道路。②

有学者着重探讨全球化对中国道路（中国模式）的影响。蔡拓认为，“中国模式”是全球化背景下，积极回应和参与全球化的社会发展模式。如果离开全球化来谈中国的发展道路与模式，就没有抓住核心。③ 吕世荣、朱宗友认为，中国道路的选择，既有源自社会内部矛盾的推动，也有来自外部环境即全球化的刺激和影响。在一定意义上，中国道路的选择是对全球化的一种回应。全球化背景下中国道路的选择既有可能性，也有必然性。可能性体现在：世界由资本主义历史时代转向无产阶级社会主义世界革命的时代，中国人民对资本主义认识的不断深刻和全面；必然性表现为：马克思主义在中国的传播是中国道路选择的思想保证，中国共产党的成立是中国道路选择的组织保证，中国国情是中国道路选择的现实依据。④ 辛向阳在解读中国道路的实质与规律时指出，中国道路是中国人民自己探索出来的道路，是马克思主义中国化的道路，是全球化的道路，是探索经济社会发展的道路，是科学发展的道路。⑤ 王金柱等认为，全球化从政治、经济、文化等方面对中国产生了广泛而深刻的双重影响：经济

---

① 俞可平、黄平等主编：《中国模式与“北京共识”：超越“华盛顿共识”》，社会科学文献出版社 2006 年版，第 11 页。

② 季正聚：《全球化视角下的诠释　两条主线上的反思——从“被动全球化”到“主动全球化”——全球化视野中的中国社会主义历史演进简评》，《当代世界与社会主义》2013 年第 2 期，第 1 页。

③ 蔡拓：《探索中的“中国模式”》，载于俞可平、黄平等主编：《中国模式与“北京共识”：超越“华盛顿共识”》，社会科学文献出版社 2006 年版，第 319—327 页。

④ 吕世荣、朱宗友：《全球化背景下中国特色社会主义道路的选择》，《当代世界与社会主义》2009 年第 5 期，第 82—85 页。

⑤ 辛向阳：《中国特色社会主义道路的内涵解析》，《当代世界与社会主义》2008 年第 3 期，第 75—78 页。

上，使中国面临经济安全，面临发达国家经济和科技优势的强大压力，但同时促进中国优化资源在世界范围内的配置，促进我国社会主义市场经济体制的完善与发展；政治上，对坚持中国社会主义道路、考验中国共产党执政能力等产生影响，但也对社会主义民主政治建设、政治体制改革、法治进程等提供机遇与产生推动作用；文化上，对以马克思主义为主导的意识形态等的挑战，但也对文化事业的繁荣与发展、扩大中国优秀文化的传播等有推动作用。① 王永贵则从经济全球化视角解读了中国道路及其理论体系。他认为，从全球化时代背景看，中国道路是在新一轮经济全球化迅猛发展的历史背景下开辟；就理论坐标看，中国特色社会主义理论体系是中国共产党人带领全国人民在参与全球化进程中对中国化马克思主义理论和实践认识的升华和飞跃，是实现中华民族伟大复兴的理论旗帜；就实践方位和时代价值看，中国特色社会主义伟大事业是人类全球化历史进程的重要组成部分和世界和平与发展的重要力量。②

也有学者重点分析现代性对中国道路形成与发展的影响。如夏兴有认为，“中国特色社会主义道路的选择、探索、开辟、发展，是同现代性在中国的历史境遇紧密联系在一起的”，“因为追求现代性，我们选择了中国特色社会主义道路”。③ 陈志刚认为中国道路的形成与发展同中国共产党几代领导人探索现代性模式紧密相关。他将中国共产党几代领导人探索现代性模式的历程分为三个阶段：反现代性的现代性模式（毛泽东时代）、现代性模式的转轨（邓小平与江泽民时代）和根本超越西方国家现代性模式（胡锦涛与习近平执政时期），认为正是在探索现代性模式过程中，中国特色社会主义得到不断发展，中国道路得以开辟、坚持和发展。④

第三，以理论渊源为研究视角，探讨其对中国道路形成与发展的影响。

作为中国特色社会主义重要组成部分之一的中国道路，是马克思列宁

---

① 王金柱等：《中国特色与世界眼光》，陕西师范大学出版总社有限公司 2012 年版，第 85—91 页。

② 王永贵：《从全球化视角解读中国特色社会主义道路和理论体系》，《甘肃社会科学》2008 年第 2 期，第 6—11 页。

③ 夏兴有：《现代性的历史境遇与中国特色社会主义道路的拓展》，《中共中央党校学报》2013 年第 1 期，第 5—9 页。

④ 陈志刚：《中国特色社会主义道路与现代性模式的新探索》，《毛泽东思想研究》2009 年第 1 期，第 8—13 页。

主义同中国实际相结合的产物。这揭示了马克思列宁主义为中国道路的形成与发展奠定了理论基础，提供了指导思想。国内学术界对此基本达成共识。所不同的是，国内学者研究的侧重点各异：有的学者注重研究马克思列宁主义总体理论对中国道路的影响，而有的学者侧重于探讨马克思列宁主义理论体系中某一具体理论在中国道路形成与发展中的作用。此类研究的主要观点有：一是认为马克思列宁主义是中国道路的理论基石。如赵存生指出，中国道路的理论基石首先是马克思列宁主义、毛泽东思想，但最直接的理论基石是包括邓小平理论、“三个代表”重要思想以及科学发展观等重大战略思想在内的中国特色社会主义理论体系。[①] 朱峻峰认为，马克思列宁主义是中国道路的间接理论来源，而毛泽东思想则是中国道路的直接理论来源。换句话说，中国道路的探索开始于毛泽东，当然成功于邓小平。[②] 桑学成也认为，坚持马克思主义基本原理同中国实际相结合，把继承与创新、一般与特殊、实践创新与理论创新、解放思想与实事求是、改革开放与四项基本原则有机统一起来、是中国特色社会主义道路形成发展的法宝。[③] 二是认为科学社会主义基本原则是中国道路形成与发展的指导思想和理论基石。如郑德荣、姜淑兰认为，中国道路是科学社会主义基本原则与中国实际和时代特征相结合的产物，科学社会主义基本原则是中国道路的理论基础和指导思想；科学发展观是开拓中国道路更为广阔发展前景的根本指针。[④] 周建超、孙进也认为，科学社会主义基本原则是中国道路的理论基石。[⑤] 三是认为马克思社会形态理论对中国道路的形成与发展产生了重要影响。如叶志坚认为，马克思的社会形态理论既深刻揭示出人类社会从低级形态到高级形态发展的一般进程和基本规律，又深入探讨了不同民族和国家的特殊发展道路，这对于中国道路的探求具有重要的方

---

① 赵存生：《中国特色社会主义道路的理论基石》，《毛泽东邓小平理论研究》2008 年第 7 期，第 9—17 页。

② 朱峻峰：《中国共产党与中国特色社会主义道路》，社会科学文献出版社 2012 年版，第 16 页。

③ 桑学成：《中国特色社会主义道路的形成发展和基本经验》，《南京大学学报》（哲学·人文科学·社会科学）2011 年第 4 期，第 11—18 页。

④ 郑德荣、姜淑兰：《深刻理解和把握中国特色社会主义道路的几个基本问题》，《毛泽东思想研究》2009 年第 2 期，第 15—19 页。

⑤ 周建超、孙进：《论科学社会主义基本原则与中国特色社会主义道路》，《中国特色社会主义研究》2009 年第 1 期，第 17—21 页。

法论的指导作用。中国道路开辟、形成与发展，既是中国人民的历史选择和伟大创造，又是世界多样文明激荡交流，相互融合的产物，生动体现了人类社会发展多样性和选择性。[①] 四是认为马克思未来社会理论对中国道路的坚持与发展有重要影响。如杨军认为，马克思未来社会理论揭示了人类社会发展的最高形态，为社会主义国家的发展确立了伟大的目标。中国特色社会主义把这一目标转化为当代中国的现实制度、体制和实践，正推动中国的社会主义走向成熟和完善。坚持和发展中国特色社会主义道路，是坚持科学社会主义的基本原则和坚持马克思未来社会的美好理想的重要体现。[②] 五是认为列宁社会主义观对中国道路的形成与发展产生了重要影响。如蔡亚志认为，中国道路，是对列宁利用资本主义迂回过渡思想的继承、运用和发展。列宁认为，在生产力水平很低的情况下，是不能进入社会主义社会的。他的思路是，落后国家的无产阶级可以先夺取政权，然后再加快发展生产力，从而进入社会主义社会。[③]

不过，有学者主张跳出传统科学社会主义的苑囿，在世界社会主义视阈下探讨中国道路。如齐世泽认为，中国道路是依据马克思主义的立场、观点和方法，实事求是地总结已有的历史经验，澄清社会主义理论问题上存在的各种混乱，走出传统社会主义的理念误区，引导社会主义走出低谷，探索走向共产主义远大理想的新道路。[④] 蒲国良则指出，在世界社会主义运动的视野里，长期以来，人们习惯于以科学社会主义与民主社会主义的分野区格社会主义模式。如果囿于这一框架，在分析中国特色社会主义时，人们的思考路径只能在科学社会主义与民主社会主义两端摇摆。事实上，中国特色社会主义的探索，无论在理论上还是实践上都已远远跳出了传统科学社会主义的窠臼，但它显然也不属于民主社会主义的发展谱系。中国特色社会主义是对包括传统科学社会主义、民主社会主义以及其他各种主义之科学成果的吸收、借鉴与扬弃，是社会主义建设的一种全新

① 叶志坚：《马克思社会形态理论与中国特色社会主义道路》，《中共福建省委党校学报》2012 年第 3 期，第 63—70 页。

② 杨军：《从马克思未来社会理论看中国特色社会主义道路》，《马克思主义研究》2007 年第 9 期，第 104—109 页。

③ 蔡亚志：《列宁的社会主义观与中国特色社会主义道路》，《科学社会主义》2008 年第 2 期，第 134—137 页。

④ 齐世泽：《论中国模式》，中国方正出版社 2010 年版，第 45 页。

模式。[①] 此外，禹国峰运用恩格斯合力论分析了毛泽东与邓小平在中国道路选择与发展上的差异。他认为，根据恩格斯的合力理论，毛泽东中国道路选择论的逻辑进路是落后经济条件下的相对失衡的合力路径，而邓小平中国道路论的逻辑路径则是走向奠定生产力发展的平衡的合力路径。不过，其理论与系统还未完成，需要进一步发展。[②] 包心鉴也认为，恩格斯关于社会发展“合力论”，对于我们科学认识和坚定不移地拓展中国特色社会主义发展道路具有重要的指导意义。[③] 罗浩波通过考察东西方文明的冲突与整合过程，认为邓小平开辟中国道路是东西方文明整合与创新的结果。他说，人类文明的演进是东西方文明发生、发展并不断整合与创新的历史过程，虽然其中存在着错综复杂的矛盾与冲突，但融合与创新则是其主流与基本趋势。邓小平开创的中国特色社会主义道路，正是顺应这一历史潮流和趋势，在东西文明的整合中走出的一条创新之路。[④]

第四，以苏联等国家的社会主义建设经验教训或大国关系的变化为研究视角，探讨其对中国道路形成与发展的影响。

徐崇温着重探讨了毛泽东和邓小平探索与开辟中国道路的历史依据。他指出，毛泽东是在苏共二十大揭开了斯大林个人迷信以后“苏联模式”缺陷的日益明显暴露，以及在总结我国社会主义建设初期经验的基础上，通过对比“苏联模式”，进而探索出一条适合中国国情的社会主义建设道路；而邓小平开辟中国道路的历史依据则是1949年新中国成立以来我国社会主义建设正反两个方面的经验教训，尤其是1966年“文化大革命”以来的经验教训，即它的直接契机是“文化大革命”。与此同时，也借鉴了其他国家社会主义兴衰成败的历史经验。[⑤] 他在分析科学发展观提出的背景与依据时指出，科学发展观既汲取了世界各国发展的经验教训，借鉴

① 蒲国良：《世界社会主义视阈下的中国特色社会主义》，《教学与研究》2008年第8期，第52—57页。

② 禹国峰：《恩格斯合力论与中国社会主义道路选择和发展的逻辑进路》，《中共四川省委党校学报》2008年第1期，第41—45页。

③ 包心鉴：《在探索社会主义发展道路的漫漫征途上——从马克思到毛泽东》，《马克思主义与现实》1995年第3期，第19—31页。

④ 罗浩波：《东西方文明整合与中国特色社会主义道路》，《社会科学研究》2001年第1期，第115—118页。

⑤ 徐崇温：《邓小平对建设中国特色社会主义新道路的开辟》，《中国特色社会主义研究》2010年第5期，第11—22页。

了国外发展理论的有益成果，又丰富和发展了它们；科学发展观顺应了当今世界的发展潮流，反映了当代世界最新发展理念。[①] 赵曜将中国道路或中国模式的探索与形成过程分为学习与基本照搬“苏联模式”、独立探索中国模式与道路而又没有突破“苏联模式”、中国特色模式形成三个阶段。他认为，“中国模式”的探索始终受到了“苏联模式”的影响与束缚，而中国模式的形成则是突破“苏联模式”束缚，实现从传统社会主义模式向现代社会主义模式转变的结果。[②] 马龙闪认为，“苏联模式”对中国探索社会主义道路产生了重要影响，毛泽东探索中国社会主义发展道路没有成功的一个重要原因是没有摆脱斯大林体制和“苏联模式”的束缚，而邓小平由于突破了“苏联模式”的影响，从而开创了中国特色社会主义道路。[③] 韩振峰在分析邓小平开辟中国道路的原因时说，邓小平通过深刻思考和总结中国社会主义的失误、苏联垮台的教训和许多发展中国家搞社会主义的经验教训，找到了一条引领中国走向繁荣富强的中国特色社会主义道路。[④]

此外，有学者探讨了大国关系变化对中国道路形成与发展的影响。如张从田认为，中苏关系的分裂对中国共产党第一代领导集体探索中国道路的曲折历程产生了直接影响，又促使党的第二代领导集体在总结历史时思索现实，从而在一定程度上成为催发中国道路形成的历史原因之一。[⑤]

高正礼则重点分析了中苏论战对毛泽东与邓小平探索和开辟中国道路的正反两方面的影响。他认为中苏论战对以毛泽东为代表的中国共产党人探索中国社会主义建设道路起过一定的促进作用，主要表现在：破除了对苏联社会主义建设经验的迷信，更加明确必须探索中国的社会主义建设道路；促进了社会主义社会两类矛盾学说的形成；推动中国共产党加强自身建设；催生了中国自己的工业化道路；提出并实施了防止“和平演变”、培养革命事业接班人的思想和举措等。同时，中苏论战也严重地干扰了毛泽东等中国共产党领导人探索中国社会主义建设道路，主要表现在：促使

---

① 徐崇温：《科学发展观：提出的背景和依据》，《广东社会科学》2008 年第 5 期，第 47—50 页。

② 赵曜：《正确认识和评价中国模式》，《中国特色社会主义研究》2010 年第 6 期，第 9—13 页。

③ 马龙闪：《苏联模式与中国社会主义道路的探索——中国特色社会主义是对苏联模式的实质性突破》，《中国特色社会主义研究》2007 年第 1 期，第 5—10 页。

④ 韩振峰：《中国特色社会主义道路的选择及成功原因》，《甘肃社会科学》2008 年第 6 期，第 91—95 页。

⑤ 张从田：《中苏分裂与中国社会主义的走向》，《理论探讨》2001 年第 1 期，第 85—88 页。

毛泽东等领导人对国内外阶级斗争的形势作出了过于严重的估计，陷入阶级斗争扩大化、绝对化的误区；严重干扰了国民经济的调整工作；促使毛泽东等领导人固守斯大林模式的社会主义体制；恶化了中国社会主义建设的国际环境，不仅使中国关门搞建设，而且影响了中国发展战略的选择等。此外，他还认为，中苏论战为以邓小平为代表的中国共产党人探索建设中国特色社会主义道路提供了历史依据，主要表现在：坚定地走建设有中国特色的社会主义道路；不搞争论，善于在实践中不断丰富和发展马克思主义；慎重客观地评价领袖人物的历史功过，为现代化建设创造安定团结的政治局面；在坚持四项原则的基础上发展同各兄弟党的关系，“不当头”，“不扛旗”，尊重各国党和人民选择自己的道路；实事求是地制定社会主义初级阶段的发展战略等。①

第五，以总体国际环境（外部境遇）为研究视角，综合分析其对中国道路形成与发展的影响。如徐贵相探讨了世界政治格局与时代主题的变化、资本主义各国的新变化以及“苏联模式”等因素对中国道路形成与发展的影响。他认为，第二次世界大战后，随着国际政治格局与时代主题的变化，资本主义国家也发生重要变化，其中发达资本主义国家出现的社会主义因素，对社会主义发展和中国模式有一定的借鉴意义。其主要表现在：促进世界上更多的人对社会主义的认同；促进资本主义国家社会主义力量的发展；促进社会主义国家探索有本国特色的社会主义道路。他还认为，资本主义经济发展的第二次“黄金时期”亚洲“四小龙”等国家的发展，将中国远远地抛在后面，使中国面临被开除“球籍”的危险，促使中国改革开放，促进了中国模式的形成。② 欧阳康等认为，在和平与发展的时代主题下，各国对发展道路的探索需要在民族认同的基础上确立“全球意识”，以审视自身与全球各方面的问题。中国特色社会主义道路正是在应对中国面临的世界环境（外部境遇）的基础上形成与发展的。这些外部环境包括：经济全球化、政治多极化和新科技革命等带来的机遇与挑战、社会主义阵营解体对中国的冲击、资本主义世界新变化对中国的启示、东西方文明的冲突与回应等。③ 在徐崇温看

---

① 高正礼：《中苏论战与中国社会主义建设道路的探索》，《当代中国史研究》2004年第2期，第112—118、128页。

② 徐贵相：《大国策：通向大国之路的中国模式》，人民日报出版社2009年版，第70—86页。

③ 欧阳康等：《中国道路——思想前提、价值意蕴与方法论反思》，中国社会科学出版社2013年版，第38—92页。

来，作为坚持与发展中国道路重要成果的科学发展观，既汲取了世界各国发展的经验教训，借鉴了国外发展理论的有益成果，又丰富和发展了它们；它顺应了当今世界的发展潮流，反映了当代世界最新发展理念。[①]

上述研究视角多维，范围广泛，取得了许多重要成果，为进一步深化研究中国道路，拓宽了视野，提供了重要参考。不过，考察上述研究成果，发现其具有以下特点与不足：一是研究成果上，论文类成果多，而专著类成果较少。近些年，国内尽管陆续出版一些有关中国道路研究的专著，不过这些专著大多是对中国道路的综合研究，而专门论及影响中国道路形成与发展的国外因素的专著并不多见。有的专著即使专论了某一国外因素，也主要是涉及影响中国社会主义总体及其他方面的国外因素的研究，如江流、徐崇温主编的《当代社会主义若干问题：国际社会主义的历史经验和中国特色社会主义》、孔寒冰著的《中苏关系及其对中国社会发展的影响》和徐艳玲、龚培河著的《从“被动全球化”到“主动全球化”：全球化视野下的中国社会主义历史演进》，等等。二是研究所涉及的中国道路形成与发展阶段上，对中国道路探索和开创时期的国外因素影响的研究较多，而对中国道路推进、坚持和发展时期的国外因素影响的研究则较少。即使是对中国道路探索与开创时期国外因素的研究，也未明晰其中的主次之分，弄清其对中国道路的探索与开创所产生的不同影响。三是研究程度上，国内学者在研究中国道路的相关问题时或多或少地论及了国外因素的影响，不过，这类研究大多是对涉及有关国外因素的国际整体环境的一般性论述。至于中国道路形成与发展的各个时期有哪些主要国外因素产生了影响，是如何影响的，中国共产党在认识与处理这些国外因素影响时有什么经验教训等问题，国内学者大多缺乏系统的梳理和研究。这种研究状况无助于了解中国道路形成与发展的艰难曲折历程及其深层次原因。这也说明，有必要拓宽研究思路，开辟新的研究视角，深化对中国道路形成与发展的国外因素的研究。

（二）海外研究现状述评

海外学者关于中国特色社会主义道路（即中国道路）的研究主要体现在对“中国模式”，或“中国崛起”，或“北京共识”，或中国社会主义等主题

① 徐崇温：《科学发展观：提出的背景和依据》，《广东社会科学》2008 年第 5 期，第 47—50 页。

的研究上，而真正以“中国道路”为题进行研究的并不多见（为便于表述，本书主要采用海外较多使用的“中国模式”或“中国崛起”的说法）。海外学者开始关注中国模式起于2004年5月美国学者乔舒亚·库珀·雷默将“中国模式”概括为与“华盛顿共识”相对立意义上的“北京共识”。2008年全球性金融危机爆发后，由于中国政府成功应对危机，在经济复苏、民生保障和社会稳定上取得巨大成就，国际舆论对“中国模式”的关注和讨论更加密集。[①] 海外学者研究中国模式取得了丰硕成果，发表和出版了大量论文[②]

① 徐崇温：《如何理解中国模式的若干问题》，《马克思主义研究》2010年第2期，第5—11页。

② 2004年以来国内发表的关于海外研究“中国模式”（中国崛起）的论文主要有：朱奕冰：《国外关于中国“崛起”问题的研究综述》，《毛泽东邓小平理论研究》2004年第8期，第76—81页；秦宣：《国际视野中的“中国模式”——兼论中国特色社会主义的国际影响》，《中国人民大学学报》2008年第4期，第9—15页；陈积敏：《美国对中国崛起的认知与反应》，《和平与发展》2009年第1期，第64—68、71页；鲍红：《国际社会如何看待“中国崛起”?》，《当代世界》2009年第3期，第9—11页；齐冰：《当前关于“中国模式”的研究述评》，《理论导刊》2009年第3期，第86—88页；徐崇温：《国外有关中国模式的评论》，《红旗文稿》2009年第8期，第27—30页；王庆五：《中国道路、中国模式与中国经验》，《江苏行政学院学报》2009年第3期，第5—12页；郑云天：《国内外关于中国模式研究述评》，《社会主义研究》2009年第4期，第76—81页；朱可辛：《国外学者对“中国模式”的研究》，《科学社会主义》2009年第4期，第26—29页；秦益成、李荷英：《国外学者政要论中国特色社会主义》，《国外社会科学》2010年第1期，第103—108页；唐晓：《欧美媒体对“中国模式”的评价及启示》，《外交评论》（外交学院学报）2010年第1期，第37—52页；徐崇温：《国外近期关于“中国模式”的研究动向》，《红旗文稿》2010年第17期，第10—12+1页；刘爱武：《国外中国模式研究评析》，《山东社会科学》2010年第12期，第12—18页；唐彦林：《美国对中国崛起的认知、对策及中国的应对》，《国际经济与政治》2010年第3期，第30—45+156页；朱利群：《日本智库对中国崛起的认知》，《日本问题研究》2010年第2期，第26—32页；谢永宽、刘志礼：《国外中国模式研究新趋势及其启示》，《理论探索》2011年第2期，第12—15页；郑斌、许少民：《印度对中国崛起的认知》，《南亚研究》2011年第4期，第1—15页；吴波：《近年来国内外中国模式研究述评》，《山东社会科学》2011年第5期，第27—32页；钮维敢、蔡瑞艳：《国内外关于“中国模式”研究视角进展述评》，《南京政治学院学报》2011年第5期，第63—68页；曹景文：《海外视阈下的“中国模式”研究》，《华东师范大学学报》（哲学社会科学版）2012年第5期，第72—78+154页；范春燕、冯颜利：《海外中国特色社会主义研究的几个不同视角》，《国外社会科学》2012年第2期，第4—9页；王辉：《美国对“中国崛起”的认知与战略回应》，《现代国际关系》2013年第7期，第50—55页；宫力：《日本对中国崛起的不适应症与中国的战略应对》，《现代国际关系》2014年第1期，第13—14页，等等。

和著作。①

就本书探讨的影响中国道路形成与发展的国外因素而言，海外学者大多在论述中国模式（中国道路或中国崛起）相关问题时，或多或少地涉及国外因素对中国道路的影响。从已有的研究成果上看，海外学者的研究主要涉及了以下方面：

一是认为中国道路（或“中国模式”）是马克思列宁主义与中国实际相结合的产物。意大利著名经济学家洛丽塔·纳波利奥尼认为，“中国模式”是马克思主义与特色的社会主义市场经济相结合的产物。② 一些不赞成社会主义学说的西方学者也认为，“中国模式”的成功是由于中国取得理论和实践的双突破，而这种突破则是由于中国共产党坚持马克思列宁主义指导，坚持走社会主义道路，使无限美好的“乌托邦”变成了现实的科学。③

---

① 2005 年以来国内出版的涉及有关海外学者研究“中国模式”（“中国崛起”）的代表作主要有：阎学通、孙学峰：《中国崛起及其战略》，北京大学出版社 2005 年版；俞可平、黄平等主编：《中国模式与“北京共识”——超越“华盛顿共识”》，社会科学文献出版社 2006 年版；宿景祥、齐琳主编：《国外著名学者、政要论中国崛起》，中共中央党校出版社 2007 年版；沈云锁等主编：《中国模式论》，人民出版社 2007 年版；朱锋、［美］罗伯特·罗斯主编：《中国崛起：理论与政策的视角》，上海人民出版社 2008 年版；［新］郑永年：《中国模式：经验与困局》，浙江出版联合集团、浙江人民出版社 2010 年版；王辉耀主编：《中国模式：海外看中国崛起》，凤凰出版社 2010 年版；齐世泽：《论中国模式》，中国方正出版社 2010 年版；赵启正、［美］约翰·奈斯比特、［奥］多丽丝·奈斯比特：《对话：中国模式》，新世界出版社 2010 年版；王新颖主编：《奇迹的建构：海外学者论中国模式》，中央编译出版社 2011 年版；孙学峰：《中国崛起困境：理论思考与战略选择》，社会科学文献出版社 2011 年版；［韩］文正仁：《中国崛起大战略：与中国知识精英的深层对话》，李春福译，世界知识出版社 2011 年版；丁学良：《辩论“中国模式”》，社会科学文献出版社 2012 年版；［丹］李形主编：《中国崛起与资本主义世界秩序》，林宏宇等译，世界知识出版社 2012 年版；何迪、鲁利玲编：《反思“中国模式”》，社会科学文献出版社 2012 年版；姚全和：《中国崛起的机遇》，《中西书局》，2012 年版；王天玺：《中国模式论》，红旗出版社 2012 年版；许纪霖主编：《何种文明?：中国崛起的再思考》，江苏人民出版社 2012 年版；刘卫民：《中国模式研究》，人民日报出版社 2012 年版；［美］亨利·基辛格：《论中国》，胡利平、林华等译，中信出版社 2012 年版；郑必坚、［美］基辛格等著：《世界热议中国：寻找共同繁荣之路》，中信出版社 2013 年版；［意］洛丽塔·纳波利奥尼：《中国道路：一位西方学者眼中的中国模式》，孙豫宁译，中信出版社 2013 年版；程超泽：《谁在包围中国：中国崛起中的美国因素》，新世界出版社 2013 年版；卢锋编：《中国崛起的世界意义：中外经济学家演讲实录》，北京大学出版社 2014 年版，等等。

② ［意］洛丽塔·纳波利奥尼：《中国道路：一位西方学者眼中的中国模式》，孙豫宁译，中信出版社 2013 年版：内容摘要部分。

③ 徐崇温：《国外近期关于“中国模式”的研究动向》，《红旗文稿》2010 年第 17 期，第 10—12 页。

二是认为中国道路是受资本主义影响或者在资本主义影响下经由中国人自身努力的结果。持这种观点的海外学者大致可以分为三类：第一类，侧重强调外国资本主义因素对中国道路所产生的积极影响。美国耶鲁大学教授陈志武在比较晚清、民国以及改革开放之后的经济发展时指出，中国30年来的经济发展成就有两个主要因素：已成熟的工业技术和有利于自由贸易的世界秩序。这种发展条件或机遇来自于外部世界，具体讲，来自西方，而非源于中国。[①] 有学者认为，中国的成功是建立在西方国家过去上百年发展成就的基础之上，是借助美国等西方国家主导下的全球经济政治新秩序、西方国家的资本、市场、技术等条件而发展起来的。[②] 新加坡学者杜平在谈到2008年世界金融危机时，强调欧美发达国家市场对中国模式的影响。他认为，中国特色的成功要素之一在于有庞大的海外市场，尤其是美欧发达国家的市场，海外市场一旦靠不住，中国模式就少了一个重要的支撑点。[③] 第二类，承认中国道路是国内外因素共同作用的结果。其中有的学者突出国外因素的影响，如英国作家威尔·赫顿认为，中国特色社会主义是一个新的经济模型，“它融合了资本主义的发展原理，但又受到国家的指导”。“它没有把资本主义当成目标，而是把它作为实现目标的手段。”德国中国问题研究专家罗尔夫·贝特霍尔德也认为，中国社会主义道路是作为资本主义对立面出现的，原因在于资本主义无能的明显暴露，已经无法解决诸如社会劫难、暴力、南北之间鸿沟的加深、环境遭到破坏等全球性问题。[④] 至于西方学者在承认中国道路是内外因共同作用的结果的同时，为何仍要突出国外因素的影响，刘卫民分析认为，这是习惯于从“冷战”思维出发、对中国的发展抱有敌意的西方学者（尤其是美国学者）因无法否认中国经济的长足发展而采取的无奈之举。[⑤] 不过，有的学者则强调中国国内因素影响的重要性。如香港科技大学教授丁学良

---

① 陈志武：《没有中国模式这回事》，八旗文化出版社、远足文化事业股份有限公司2010年版。转引李玉生、耿云：《“中国模式”研究述评》，《云南行政学院学报》2013年第2期，第4—8页。

② 刘爱武：《国际社会对中国道路的质疑与坚定道路自信》，《山东社会科学》2013年第3期，第20—26页。

③ 徐崇温：《国外有关中国模式的评论》，《红旗文稿》2009年第8期，第27—30页。

④ 丁学良：《辩论“中国模式”》，社会科学文献出版社2012年版，第3页。

⑤ 刘卫民：《中国模式研究》，人民日报出版社2012年版，第6页。

认为，“中国模式”尽管受到外部因素的影响，而其形成却更多地由内部因素决定。他说，在“华盛顿共识”推动下，适用于发展的“北京共识”的出现标志着中国的一大变化，一个易受外部因素影响的不成熟改革进程已经转变为一个自我实现的改革进程。“中国模式”更多地由内部动力决定，而不是靠诸如加入世贸组织、核不扩散规则，甚至大规模的病毒性流行病等外国因素推动。① 意大利经济学家洛丽塔·纳波利奥尼也肯定“中国模式”形成的内因驱动。她说，中国并没有盲从于西方，却选择了与西方截然相反的模式，即内生的工业化模式，中国走的是自己的现代化道路，这一选择是明智的。② 德国学者乔纳森·霍尔斯拉格总结出“中国模式”成功的主要四条经验，即廉价劳动力与东亚市场充裕的资本相结合，为中国打开了一扇独特的机遇之窗；中国实行开放政策，比较19世纪的工业化国家，中国的过渡期治理相当成功；成功的外交；经验也是最为重要的，是中国人民巨大的创造。③ 这实质上也强调了内因在中国崛起中的重要地位。第三类，侧重强调国外因素对中国崛起的消极影响。如新加坡学者郑永年指出，美国构建“亚洲小北约”，阻遏了中国崛起。他认为，近年来，美国正在加速把其战略重点从欧洲等地区向亚太地区转移。这一转移一旦完成，就会对中国的国家安全构成莫大的威胁，就会阻遏中国的崛起。④

三是认为中国道路形成与发展同苏东剧变影响、学习他国经验等因素有关。如丁学良在分析中国模式产生的动力源泉时，以1989年政治风波为界，将改革开放以来30年的中国模式分为其前阶段和其后阶段，认为对中国领导人产生重大刺激、提醒和重要教训的外部事件是苏东剧变和台湾中国国民党的失势。这两件事使中国共产党决策层思考的问题是：怎样避免它们的命运？怎样才能走出一条继续执政的道路？正是在这些巨大的难题、挑战和压力促动下，中国共产党，特别是党内的高层人士，才提出前所未有的方案以及相应的手段。⑤ 他还认为，就经济发展模式而言，20世纪70年代后期，中国人

① 丁学良：《辩论“中国模式”》，社会科学文献出版社2012年版，第3页。

② ［意］洛丽塔·纳波利奥尼：《中国道路：一位西方学者眼中的中国模式》，孙豫宁译，中信出版社2013年版，第87页。

③ 刘卫民：《中国模式研究》，人民日报出版社2012年版，第6页。

④ 宿景祥、齐琳主编：《国外著名学者、政要论中国崛起》，中共中央党校出版社2007年版，第181页。

⑤ 丁学良：《辩论“中国模式”》，社会科学文献出版社2012年版，第38—39页。

的眼光看到的主要不是美国或西欧，而是与中国在体制上一脉相承的诸如南斯拉夫和匈牙利等东欧社会主义国家，借鉴和汲取了它们在通过体制改革和对外开放促进经济发展方面所采取的具体做法和获得的经验教训。其中“匈牙利模式”后来对中国的经济改革产生了非常重要的影响。因为其改革最重要的一个做法是，在国营经济、国有企业为主的社会主义大架构中间，允许开办个体经济、允许家庭企业雇佣外人，进而发展到允许小规模的私有经济和公有制经济同时并存，用这种方式来刺激生产者和经营者的积极性，缓解短缺经济所造成的社会经济的综合性紧张状态。只是到改革开放初期，才有少数中国人将眼光投向非社会主义世界，寻找启发思想和刺激观念的新颖来源。其中主要的国家，先有日本，后有亚洲“四小龙”。①

上述海外学者关于中国道路（或中国模式、中国崛起）的研究及其取得的研究成果，无疑是对国内学者对这一论题研究的补充，同时也为完成本书的研究主题提供了借鉴。不过，海外学者由于大多身处中国之外，对中国模式（中国崛起）发展的来龙去脉了解不够或不深，对中国实际情况掌握不十分透彻，其研究主要是通过比较中国与美国等西方国家或者中国与苏联等国所走的发展道路等方法展开的，加之，受到西方社会的价值评判标准与意识形态等因素的影响，因此，他们研究中国道路（或“中国模式”等）的不足，是显而易见的。其一，海外学者对中国道路（“中国模式”等）的认识和评价，难以做到客观、全面、深刻。就连一些对中国模式持肯定立场和观点的海外学者也常常会出现认识与评价偏颇的情况。如美国著名的未来学家约翰·奈斯比特就曾指出，“中国模式”难以理解，尤其是用“中国特色”来修饰“社会主义”，会使人联想到共产主义，难免意识形态色彩，负面影响不少。② 意大利著名经济学家洛丽塔·纳波利奥尼在谈到中国模式的精髓时认为，“中国模式的精髓与伊斯兰金融的一部分极为类似，可以总结为‘团结就是力量’”。③ 至于个别跨出国门、移居海外而对“中国模式”或中国社会主义持否定观点的学者，则往往由于某些积怨而大放厥词。如 1987 年暨南大学历史学博士毕业、

---

① 丁学良：《辩论“中国模式”》，社会科学文献出版社 2012 年版，第 20—29 页。

② ［美］约翰·奈斯比特夫妇、赵启正：《对话：中国模式》，新世界出版社 2010 年版，第 14—15 页。

③ ［意］洛丽塔·纳波利奥尼：《中国道路：一位西方学者眼中的中国模式》，孙豫宁译，中信出版社 2013 年版，第 131 页。

1995年移居加拿大的郑海麟在《廿世纪中国社会主义运动之反省》一本小册子中，采取了敌视中国社会主义的立场，指责20世纪中国社会主义运动“导致部分人类走向非理性的杀戮”，认为应当从中吸取教训，避免21世纪再出现社会主义运动的悲剧。[①] 其二，海外学者对中国道路形成与发展的国外因素的研究并不多，且系统性不足。同国内学者的研究相比较，在诸如研究视角、研究范围、研究内容和研究成果等方面，海外学者的研究均大为逊色。这也说明，无论是在国内还是在国外，深化对中国道路形成与发展的国外影响因素的研究，均十分必要。

三　研究思路

在理论架构上，首先，根据马克思主义的世界历史理论，将中国道路形成与发展的演进历程置于总体世界历史背景之中加以考察，说明中国道路的形成与发展与总体世界历史环境的影响息息相关；其次，运用“冲击—回应”理论，揭示重要国外因素的影响（冲击）与中国共产党人对国外因素的认识与处理（回应），即两者的互动模式，影响着中国道路形成与发展的艰苦曲折的发展历程。

在研究路径上，首先，全面了解学术界关于中国道路的研究状况，分析已取得的研究成果和存在的不足，确定本书的研究主题可以吸取的研究成果和需要解决的主要问题；其次，根据马克思主义辩证唯物主义和历史唯物主义基本原理，运用文献研究法、史论结合法和比较分析法等多种研究方法，围绕一条主线（即毛泽东探索中国道路、邓小平开创中国道路、江泽民推进中国道路、胡锦涛坚持和发展中国道路）、抓住两个核心问题（即国外因素和中国共产党历届中央领导集体对国外因素的认识与处理），探讨诸多主要国外因素（如时代主题变迁、新科技革命影响、资本主义世界新变化、国际格局变化、经济全球化浪潮、和平演变、中苏与中美关系、“苏联模式”与苏东剧变以及全球性问题等）对中国道路形成与发展的影响；总结中国共产党在认识和处理这些国外因素方面的经验教训。最后，总结全文核心内容和主要观点，阐明本书研究的主旨。

---

① ［加］郑海麟：《廿世纪中国社会主义运动之反省》，香港海峡关系研究中心出版社2000年版，第16页。

第一章
国外因素与毛泽东对中国道路的探索

中国道路开始于毛泽东时期，国内外学者大多赞同这一观点。[①] 以毛泽东为核心的党的第一代中央领导集体（简称毛泽东）领导中国人民，曾试图探索一条适合中国国情的社会主义建设道路，然而，由于错综复杂的国内外因素的影响，最终未能成功。对于如何评价这次探索，胡锦涛同志曾指出，以毛泽东同志为核心的党的第一代中央领导集体在探索中国道路的过程中，尽管遭受了严重曲折，但“在社会主义建设中取得的独创性理论成果和巨大成就，为新的历史时期开创中国特色社会主义提供了宝贵经验、理论准备、物质基础”。[②] 毛泽东探索中国道路为什么会遭受严重挫折？毫无疑问，这是国内外因素共同作用的结果，其中诸如缺乏社会主义建设经验、对国际国内形势缺乏正确认识、对社会主义本质认识模糊和党的主要领导人犯有“左”的错误等国内因素的影响是主要的、决定性的；同时，国外因素也产生了重要影响。通过考察影响毛泽东探索中国道路的国外因素，可以更清晰地看出毛泽东探索中国道路遭受严重挫折的背后原因。其中，战争与革命时代主题确定了毛泽东探索的基调；苏共二十大成为毛泽东探索的重要诱因；苏联社会主义建设的经验教训促使毛泽东探索中国道路，以及中苏由分歧走向对抗影响着毛泽东探索的轨迹。毛

---

① 赞同这一观点的国内外代表性学者及其作品：《就毛泽东的探索和邓小平的业绩：薄一波答中央文献研究室问（1994 年 10 月 11 日）》，《党的文献》1995 年第 1 期，第 3—7 页；严书翰：《“三个代表”重要思想与中国特色社会主义道路》，《天津行政学院学报》2004 年第 1 期，第 5—11 页；李慎明：《党的八大前后开始的中国特色社会主义道路的探索与当今中国的发展壮大》，《当代中国史研究》2006 年第 5 期，第 18—21 页；赵曜：《关于中国特色社会主义道路的两个问题》，《当代经济》2007 年第 10 期上，第 1 页；叶庆丰主编：《中国特色社会主义史论研究（历史实践卷）》，中共中央党校出版社 2012 年版，第 43 页；［丹］李形主编：《中国崛起与资本主义世界秩序》，林宏宇等译，世界知识出版社 2012 年版，第 142 页。

② 胡锦涛：《坚定不移沿着中国特色社会主义道路前进　为全面建成小康社会而奋斗——在中国共产党第十八次全国代表大会上的报告》，人民出版社 2012 年版，第 10 页。

泽东认识和处理这些国外因素有成功，也有失误，其经验教训值得总结与汲取。

一　毛泽东探索中国道路的时代背景：战争与革命时代主题

时代主题是指："世界范围内最重要、最突出、最活跃的基本矛盾和根本问题，是国际社会在一个较长时段里所面临的主要任务和主要课题。"[①] 不同的时代有不同的主题，如何正确认识和把握时代主题考量着一个党或者一个国家领导者的智慧，并对其制定党和国家的内外方针政策产生重要影响。

（一）马克思、恩格斯和列宁关于战争与革命时代主题的论述

时代和时代主题问题是马克思主义经典作家注重考察与研究的一个基本理论问题。尽管由于生活时代的差异和所面临的国际形势不同，他们对所处时代及其主题认识存有差别，但他们关于时代及其主题的研究方法和主要观点，对后来的马克思主义者认识时代与时代主题问题提供了理论指导。

马克思、恩格斯生活在资本主义或资产阶级时代。[②] 他们并没有明确提出战争与革命时代主题的论断。不过，他们通过分析资本主义时代的矛盾与特点，提出了考察时代问题的历史唯物主义基本原则，揭示了战争与革命时代产生的根源。

马克思、恩格斯认为，社会生产方式与交换方式是时代变迁和社会变革的基础和依据。马克思在1859年1月《〈政治经济学批判〉序言》中指出，"物质生活的生产方式制约着整个社会生活、政治生活和精神生活的过程"，"社会的物质生产力发展到一定阶段，便同它们一直在其中的现存生产关系或财产关系（这只是生产关系的法律用语）发生矛盾。于

① 程玉海、林建华等：《世界社会主义共产主义运动新论》，人民出版社2010年版，第549—550页。

② 相关论述参见《马克思恩格斯全集》（第44卷），人民出版社2001年版，第823页；《马克思恩格斯选集》（第1卷），人民出版社1995年版，第273页。

是这些关系便由生产力的发展形式变为生产力的桎梏。那时社会革命的时机就到来了。”判断一个变革时代应当“从物质生活的矛盾中，从社会生产力和生产关系之间的现存冲突中”去寻找答案。[①] 在马克思看来，社会革命与时代变革的到来，固然是社会生产方式辩证运动的结果，但是这种革命与变革的真正实现并不是新的生产方式一出现，或旧的生产关系一旦成为社会生产力发展的桎梏，就立即完成，而是需要经历一个由量变到质变的渐进发展过程。为防止条件未成熟时的急躁冒进，马克思特别告诫道，“无论哪一个社会形态，在它所能容纳的全部生产力发挥出来以前，是决不会灭亡的；而新的更高的生产关系，在它的物质存在条件在旧社会的胎胞里成熟以前，是决不会出现的。”[②] 这就是学界常说的“两个决不会”原理。

恩格斯在1880年所写的《社会主义从空想到科学的发展》一文中指出：“一切社会变迁和政治变革的终极原因，不应当到人们的头脑中，到人们对永恒的真理和正义的日益增进的认识中去寻找，而应当到生产方式和交换方式的变更中去寻找；不应当到有关时代的哲学中去寻找，而应当到有关时代的经济中去寻找。”[③] 后来，他在1888年阐述《共产党宣言》的基本思想时也提到：“每一历史时代主要的经济生产方式和交换方式以及由此产生的社会结构，是该时代政治的和精神的历史所赖以确立的基础，并且只有从这一基础出发，这一历史才能得到说明”[④]。

上述马克思、恩格斯所提出的要从社会生产方式与交换方式中把握时代变迁与社会变革根源的基本观点，为研究时代问题提供了理论指导。

更为重要的是，马克思、恩格斯通过分析资本主义时代的矛盾与特点，揭示了战争与革命时代产生的根源，意指了资本主义时代向战争与革命时代转变的趋势。他们认为，资本主义时代是一个内含诸多矛盾的时代。这一时代的矛盾既包含资本主义国家内部存在的诸如生产力与生产关系之间的矛盾、无产阶级与资产阶级之间的矛盾，又包含资本主义世界存在的诸如资本主义国家同殖民地半殖民地国家之间的矛盾、资本主义国家

---

① 《马克思恩格斯选集》（第2卷），人民出版社1995年版，第32—33页。

② 同上书，第33页。

③ 《马克思恩格斯选集》（第3卷），人民出版社1995年版，第741页。

④ 《马克思恩格斯选集》（第1卷），人民出版社1995年版，第257页。

之间的矛盾等等。这些矛盾是资本主义社会本身固有而又无法克服的。随着社会生产力的发展，这些矛盾将不断激化，引发资本主义国家间的战争、资本主义各国无产阶级革命以及殖民地半殖民地国家人民革命，造成资产阶级统治的危机，促使资本主义社会向社会主义社会和共产主义社会过渡。由此，他们提出了“资产阶级的灭亡和无产阶级的胜利是同样不可避免的”① 这一被学界称为“两个必然”的著名原理。马克思、恩格斯通过“矛盾→战争与革命→资本主义社会向更高级社会形态”过渡的逻辑分析，揭示了资本主义时代蕴含着向战争与革命时代转变的趋势。尽管由于当时资本主义社会生产力还存有发展空间、无产阶级与资产阶级的矛盾还未发展到不可调和的地步，以及资本主义国家按实力原则瓜分世界所引发的矛盾与冲突因有尚未瓜分完毕的领土而得以协调与缓和等原因，马克思、恩格斯所揭示的上述转变并未出现，但是他们关于资本主义时代的基本特点及其转变为战争与革命时代的观点，为后来的马克思主义者分析资本主义社会状况，了解资本主义时代的基本特征和发展趋势提供了理论指导。

对于无产阶级和各国人民如何取得反对资产阶级的革命胜利，马克思、恩格斯提出了一系列斗争方式和策略。就一国无产阶级反对资产阶级的斗争形式而言，他们指出，“无产阶级需要用暴力推翻资产阶级而建立自己的统治”②；就各国无产阶级反对资产阶级的斗争策略来说，他们提出了“全世界无产者，联合起来!”③ 的战斗口号。至于为何要采取联合斗争的策略，马克思、恩格斯认为，“随着资产阶级的发展、贸易自由的实现和世界市场的建立，随着工业生产以及与之相适应的生活条件的趋于一致，各国人民之间的民族分隔和对立日益消失”，“联合的行动，至少是各文明国家的联合的行动，是无产阶级获得解放的首要条件之一”；为此，他们还提出了“工人没有祖国”的国际主义口号。④ 上述斗争方式和策略成为无产阶级建立反对资本帝国主义的统一战线的理论基础。

时至 19 世纪末 20 世纪初，资本主义世界发生了重大变化。自由资本

---

① 《马克思恩格斯选集》（第 1 卷），人民出版社 1995 年版，第 284 页。

② 同上。

③ 同上书，第 307 页。

④ 同上书，第 291 页。

主义发展到垄断资本主义即帝国主义阶段，主要资本主义国家完成向帝国主义过渡；帝国主义政治经济发展不平衡性加剧，帝国主义各种矛盾不断激化，引发了第一次世界大战和俄国十月革命发生。面对变化了的国际形势，列宁运用马克思主义时代理论全面分析了资本主义发展为帝国主义及其所引起的变化，阐述了帝国主义时代的矛盾与特点，提出了战争与革命时代主题的论断。

首先，列宁指出第一次世界大战后的世界处于帝国主义时代。列宁主张以客观事实，尤其是重大历史事件为依据划分时代。他认为，只有“分析从一个时代转变到另一个时代的客观条件，才能理解我们面前发生的各种重大历史事件。”[①] 划分时代的界标只是“大致地以用那些特别突出和引人注目的历史事件作为重大的历史运动的里程碑。”据此，列宁以法国大革命、普法战争和第一次世界大战等重大历史事件为依据，将1789年以来的资本主义的历史划分为三个时代：1789—1871年资产阶级崛起的时代；1871—1914年资产阶级取得完全统治而走向衰落的时代；1914—？帝国主义时代，是帝国主义发生动荡和由帝国主义引起动荡的时代。[②] 在这里，列宁明确指出了第一次世界大战后的世界处于帝国主义时代。

其次，列宁从垄断入手，分析了帝国主义的特点，揭示其走向衰亡的趋势。他认为，“垄断取代自由竞争，是帝国主义的根本经济特征，是帝国主义的实质。”[③] 由于垄断造成技术革新的动力减弱与人为地阻碍技术进步，以及大量的食利阶层出现等原因，帝国主义表现出明显的寄生性和腐朽性。随着垄断的进一步发展，帝国主义的寄生性和腐朽性愈益突出，帝国主义表现出过渡性或垂死性等特点。因此，列宁称“帝国主义是过渡的资本主义，说得更确切些，是垂死的资本主义。”[④] 列宁尽管不赞同机会主义所持的腐朽性意味着资本主义发展停滞和垂死性意味着帝国主义立即死亡等观点，但他认为帝国主义因自身难以克服的弊病与矛盾而走向衰亡的趋势是不可逆转的。

---

① 《列宁全集》（第26卷），人民出版社1988年版，第143页。

② 同上书，第144页。

③ 《列宁选集》（第2卷），人民出版社1995年版，第704页。

④ 同上书，第686页。

再次，列宁分析了帝国主义的基本矛盾、阶级关系与阶级矛盾，揭示了垄断资产阶级统治的危机。他认为，“帝国主义阶段的资本主义紧紧接近最全面的生产社会化，它不顾资本家的愿望与意识，可以说是把他们拖进一种从完全的竞争自由向完全的社会化过渡的新的社会秩序。”但是，“社会化的生产资料仍旧是少数人的私有财产”[①]。这样，生产的社会化与生产资料资本家私人占有这一资本主义的基本矛盾，在帝国主义阶段日益尖锐化，致使经济危机不断爆发，仅1890—1908年就发生过三次大的经济危机。[②] 与自由资本主义阶段不同的是，此时的经济危机少了往日的周期色彩，相反，在垄断的作用下有愈演愈烈的趋势，并且经济危机还与帝国主义其他各种危机交织在一起，严重冲击着垄断资产阶级的统治。

在阶级关系上，列宁指出，帝国主义时代资产阶级统治集团发生了重大变化：一方面，资产阶级已丧失了曾经的革命性，政治上走向反动；另一方面，垄断统治导致统治阶级内部分化加剧，“在20世纪初期，几乎所有帝国主义国家中都出现了反对帝国主义的小资产阶级民主派反对派。”[③] 与此同时，以无产阶级为代表的广大民众同垄断资产阶级的矛盾异常尖锐，广大民众反对垄断资产阶级的压迫、反对帝国主义战争的革命运动不断高涨。统治阶级的分化与矛盾，被统治阶级的反抗斗争，反映了垄断资产阶级国内统治面临着危机，预示着无产阶级革命时机的成熟。对此，列宁总结出一条革命基本规律，即“要举行革命，单是被剥削被压迫群众认识到不能照旧生活下去而要求变革，还是不够的；要举行革命，还必须要剥削者也不能照旧生活和统治下去。只有‘下层’不愿照旧生活而‘上层’也不能照旧维持下去的时候，革命才能获得胜利。”[④]

最后，列宁分析了国际层面的帝国主义时代各种矛盾激化和帝国主义战争发生的原因，指出帝国主义是无产阶级社会主义革命的前夜，宣告无产阶级社会主义革命时代到来。列宁认为，国际层面的帝国主义时代存在着相互联系的四类基本矛盾，即帝国主义国家之间的矛盾、被压迫民族同

---

① 《列宁选集》（第2卷），人民出版社1995年版，第593页。

② 1890—1908年不到20年时间内发生了三次大的经济危机（1890—1893、1900—1903、1907—1908）。参见姜宁：《列宁帝国主义论：历史争论与当代评价》，《中国社会科学》2014年第4期，第6—27页。

③ 《列宁选集》（第2卷），人民出版社1995年版，第671页。

④ 《列宁选集》（第4卷），人民出版社1995年版，第193页。

帝国主义的矛盾、无产阶级同垄断资产阶级的矛盾、社会主义国家同帝国主义国家间的矛盾[①]。这些矛盾随着垄断的发展、垄断同盟的形成与瓜分世界而逐步激化，从而导致帝国主义战争与无产阶级和被压迫民族反对帝国主义的革命发生。在列宁看来，帝国主义战争的根源在于帝国主义本身。垄断使帝国主义国家政治经济发展不平衡性加剧，造成它们在瓜分世界与争夺世界霸权中产生新的矛盾，这种新矛盾激化的结果便是帝国主义战争的爆发。他指出，“资本主义转变为帝国主义，在客观上就必然产生帝国主义战争”[②]；争夺世界霸权“是帝国主义政治的内容，而帝国主义政治的继续便是帝国主义战争”[③]。此外，列宁指出了帝国主义战争所带来的后果。他说，帝国主义战争“客观上必然要异常加速和空前加剧无产阶级反对资产阶级的阶级斗争，必然要转变为各敌对阶级间的国内战争。”[④] 帝国主义战争“使全人类濒临深渊，使全部文化濒于毁灭，并且不知还会使多少百万人走向粗野和死亡。”“除无产阶级革命外，没有别的出路。”[⑤] 在此基础上，列宁提出了“帝国主义是无产阶级社会革命的前夜”[⑥]、“帝国主义战争是社会主义革命的前夜”[⑦] 等论断。实际上，列宁已经提出了“无产阶级社会主义革命时代”的观点。1924 年斯大林在《论列宁主义基础》一文中将列宁提出的“帝国主义时代”与“无产阶级社会主义革命时代”合而为一，表述为“帝国主义和无产阶级革命的时代”[⑧]。这一表述后来被概括为“战争与革命”时代，并为毛泽东所认同。[⑨]

此外，对于无产阶级如何取得社会主义革命胜利，列宁提出了一系列策略方针。其一，各民族应当根据自己的特点选择革命道路。列宁认为，“一切民族都将走向社会主义，这是不可避免的，但是一切民族的走法却

---

① 良月：《列宁的时代观与当今世界》，《国际政治研究》1990 年第 3 期，第 1—11 页。

② 《列宁选集》（第 3 卷），人民出版社 1995 年版，第 66 页。

③ 《列宁选集》（第 2 卷），人民出版社 1995 年版，第 740 页。

④ 《列宁选集》（第 3 卷），人民出版社 1995 年版，第 4 页。

⑤ 同上书，第 66 页。

⑥ 《列宁选集》（第 2 卷），人民出版社 1995 年版，第 582 页。

⑦ 《列宁选集》（第 3 卷），人民出版社 1995 年版，第 266 页。

⑧ 《斯大林选集》（上卷），人民出版社 1979 年版，第 184 页。

⑨ 王昌英：《从“战争与革命”到“和平与发展”——新中国 60 年主要领导人时代观探析》，《社会主义研究》2010 年第 1 期，第 62—66 页。

不会完全一样，在民主的这种或那种形式上，在无产阶级专政的这种或那种形态上，在社会生活各方面的社会主义改造的速度上，各个民族都会有自己的特点"①，因此，各民族从帝国主义走向社会主义革命道路具有多样性，各民族应当根据自己的特点选择革命道路。其二，无产阶级要取得革命胜利，必须以武装的革命反对武装的反革命。列宁尽管不反对无产阶级和平夺权的道路，但是，考虑到帝国主义为维护其统治将自己武装起来，以镇压无产阶级等劳苦大众，因此，他主张无产阶级必须武装起来，"以便战胜、剥夺资产阶级，并且解除其武装"，并认为这是无产阶级"唯一可行的策略，这种策略是由资本主义军国主义的整个客观发展所准备、奠定和教给的。② 其三，无产阶级要取得革命胜利，必须同全世界无产者和被压迫民族联合起来，共同斗争。列宁认为，帝国主义垄断统治和帝国主义战争已使世界无产者和被压迫民族遭受类似的命运，也使他们的革命超出了本国本民族的范围而具有全球性，"全世界行将爆发的社会主义革命，决不限于每一国无产阶级战胜本国的资产阶级"，"不会仅仅是或主要是每一个国家的革命无产者反对本国资产阶级的斗争"，而是"受帝国主义压迫的一切殖民地和国家、一切附属国反对国际帝国主义的斗争"③；加之，帝国主义力量强大而各革命力量弱小的因素，无产阶级要取得革命的胜利，仅靠一国的无产阶级孤军奋战是难以取得革命胜利的，这就要求全世界无产者和被压迫民族联合起来，共同反对帝国主义。

综观马克思、恩格斯与列宁关于资本帝国主义时代、战争与革命时代的论述，不难看出：其一，他们所说的"战争"是指资本主义或帝国主义国家之间的战争，"革命"是指各国无产阶级反对资产阶级的革命和殖民地半殖民地人民反对资本帝国主义统治的民族革命。其二，他们认为，战争产生的根源是资本帝国主义制度和资产阶级的侵略扩张与霸权政策；要消除战争，就必须铲除资本帝国主义制度，推翻资产阶级统治。其三，在资本主义时代，尤其是在帝国主义时代，战争与革命始终是时代的主题。世界人民面临的主要威胁是资本帝国主义的压迫、侵略与战争，因此，反对资本帝国主义，维护国家主权与民族独立，是摆在广大殖民地半

① 《列宁选集》（第2卷），人民出版社1995年版，第777页。

② 同上书，第724页。

③ 《列宁选集》（第4卷），人民出版社1995年版，第77页。

殖民地国家和那些刚刚取得民族独立国家人民面前的中心任务。这客观上要求这些国家的政府与人民必须增强国力，强化国家机器，加强战备，随时打退资本帝国主义的进攻。其四，无产阶级和被压迫民族要取得反对资本帝国主义革命胜利，必须联合起来，组成反对资本帝国主义的统一战线。所有这些对毛泽东认识与处理中国革命与建设所面临的国际形势，制定内外方针政策，具有重要的指导意义。

所不同的是，由于马克思、恩格斯所处的资本主义时代，当时的矛盾与冲突并不显著，战争与革命的时代特征并不明显，因此，他们关于资本主义时代和战争与革命时代的理论只是为毛泽东认识和处理时代问题提供了一般性的理论指导；而列宁所处的帝国主义时代，资本主义世界的矛盾与冲突全面激化，引发了帝国主义战争、俄国十月革命、殖民地与半殖民地的民族解放运动等，表现出了明显的战争与革命时代特征；加之，由于中俄革命与建设在时间上相距更近、所面临的国际国内形势有许多相似性等原因，因此，列宁关于帝国主义时代和战争与革命时代的理论成为毛泽东关于战争与革命时代主题认识的更直接的理论来源。

（二）毛泽东对战争与革命时代主题的认识与影响

马克思主义认为："每一时代的理论思维，从而我们时代的理论思维，都是一种历史的产物，在不同的时代具有非常不同的形式，并因而具有非常不同的内容。"① 毛泽东在领导中国人民进行革命与建设过程中，既着眼中国，又放眼世界，通过运用马克思列宁主义有关时代理论分析变化了的国际国内形势，形成了其具有毛氏风格的关于时代主题认识的思想观点。其中，不乏对马克思列宁主义时代理论发展的合理成分，同时也包含某些偏离马克思主义时代理论的因素，这些都对毛泽东探索中国道路产生了重要影响。综观毛泽东对战争与革命时代主题的认识，主要经历了从"战争与革命"时代到"战争与和平"时代的发展过程。

就毛泽东对战争与革命时代的认识而言，从时间上看，战争与革命时代贯穿了中国整个新民主主义革命时期，即从五四运动到中华人民共和国成立，这一时期处于战争与革命时代。毛泽东认为，第一次世界大战，尤其是俄国十月革命，"改变了整个世界历史的方向，划分了整个世界历史

① 《马克思恩格斯全集》（第20卷），人民出版社1971年版，第382页。

的时代”[①]，标志着无产阶级社会主义革命时代的到来。中国共产党领导的反帝反封建的新民主主义革命，发生在俄国十月革命之后，无疑处在无产阶级社会主义革命时代之中。

从战争与革命的含义、战争与革命发生的原因和带来的后果上看，毛泽东基本上继承了马克思列宁主义相关的理论成果。毛泽东理解的战争与革命基本上与列宁的理解相一致，是指帝国主义战争和无产阶级社会主义革命。他在阐述战争与革命的原因及其后果时谈道：自由资本主义发展为帝国主义，尽管无产阶级和资产阶级性质以及这个社会的资本主义本质，并没有变化，但是两个阶级的矛盾激化了。此外，宗主国和殖民地的矛盾、各资本主义国家间的矛盾即由各国发展不平衡的状态而引起的矛盾等也不断激化[②]，必然导致帝国主义战争发生。第一、二次世界大战就是帝国主义和法西斯主义各国矛盾激化的产物。帝国主义，“法西斯主义就是战争。”[③] 随着帝国主义战争向世界范围扩大，由帝国主义战争所造成的极端严重的政治危机和经济危机，将必然引起许多国家革命的爆发。帝国主义战争与各国革命发展，必将削弱旧的资本主义力量，使新的社会主义力量不断增长。因此，战争与革命时代，“从基本上说来，是资本主义和社会主义斗争的环境，是资本主义向下没落，社会主义向上生长的环境”，“是资本主义决然死灭和社会主义决然兴盛的时代。”[④]

从战争与革命时代的无产阶级的国际联合上看，毛泽东在区分两种世界革命的基础上强调要加强世界革命力量的合作，尤其强调要以苏联为领导。他指出，有两种世界革命：一是属于资产阶级和资本主义范畴的世界革命，即资产阶级民主革命；二是属于无产阶级的社会主义的世界革命。第一种世界革命，早在1914年第一次帝国主义世界大战爆发之时，尤其是在1917年俄国十月革命之时，就告终结了；现在正处于第二种世界革命阶段。“这种革命，以资本主义国家的无产阶级为主力军，以殖民地半殖民地的被压迫民族为同盟军。……只要他们反对帝国主义，他们的革命，就成了无产阶级社会主义世界革命的一部分，他们就成了无产阶级社

---

① 《毛泽东选集》（第2卷），人民出版社1991年版，第667页。

② 《毛泽东选集》（第1卷），人民出版社1991年版，第314页。

③ 《毛泽东选集》（第2卷），人民出版社1991年版，第475—476页。

④ 同上书，第679—680页。

会主义世界革命的同盟军。”[①] 毛泽东还指出，世界无产阶级社会主义革命应当以苏联为领导。他认为，“自从马克思主义产生以来的一百多年的时间内，只是在有了俄国布尔什维克领导十月革命、领导社会主义建设和战胜法西斯侵略的榜样的时候，才在世界范围内建立了和发展了新式的革命党。自从有了这样的革命党，世界革命的面目就起了变化了。”[②]

从战争与革命时代中国革命的任务、对象、性质、前途和同世界革命的关系上看，毛泽东指出，反对帝国主义侵略，争取民族独立，是近代中国人民需要完成的首要任务。他在分析引起中国革命高潮到来的原因时指出，中国革命高潮是否到来是由引起革命高潮的各种矛盾决定的。随着国际上帝国主义相互之间、帝国主义和殖民地之间、帝国主义和它们本国的无产阶级之间的矛盾的发展，“帝国主义争夺中国的需要就更迫切了。帝国主义争夺中国一迫切，帝国主义和整个中国的矛盾，帝国主义者相互间的矛盾，就同时在中国境内发展起来，”这就造成了中国各派军阀的激烈混战；军阀混战激化中国社会的各种矛盾，造成帝国主义支持的军阀统治危机，最终促成革命高潮的到来。[③] 至于中国革命的主要对象，在毛泽东看来，在中国革命的不同时期，中国人民面临的主要敌人是不同的。抗日战争之前，中国革命的主要敌人是联合主宰中国的几个帝国主义国家，如英、法、美、日，等等；抗日战争时期，中国人民的主要敌人是企图变中国为其独占殖民地的日本帝国主义；而抗日战争胜利后，美帝国主义企图将中国变成其对抗苏联和维护其在远东地区利益的基地，支持蒋介石反共内战，阻挠中国和平统一，因此，美帝国主义成为中国革命的主要敌人。毛泽东在为纪念俄国十月革命胜利31周年所写的一篇题为《全世界革命力量团结起来，反对帝国主义的侵略》文章中指出，“第二次世界大战胜利以后，代替法西斯德意日的地位而疯狂地准备着新的世界战争、威胁全世界的美国帝国主义及其在各国的走狗们，反映了资本主义世界的极端腐败及其濒于灭亡的恐怖情绪。这个敌人还是有力量的，因此，每一个国家内部的一切革命力量必须团结起来，一切国家的革命力量必须团结起来，必须组成以苏联为首的反对帝国主义的统一战线，并遵循正确的政策，否

---

① 《毛泽东选集》（第2卷），人民出版社1991年版，第671页。

② 《毛泽东选集》（第4卷），人民出版社1991年版，第1357页。

③ 《毛泽东选集》（第1卷），人民出版社1991年版，第101页。

则就不能胜利。”[①]

关于中国革命的性质和前途。毛泽东认为，十月社会主义革命开辟了世界历史的新纪元，开创了无产阶级社会主义革命新时代。尽管“现阶段中国革命的性质，不是无产阶级社会主义的，而是资产阶级民主主义的”，但是，“现时中国的资产阶级民主主义的革命，已不是旧式的一般的资产阶级民主主义的革命，……而是新式的特殊的资产阶级民主主义的革命”，即新民主主义革命；“这种新民主主义的革命是世界无产阶级社会主义革命的一部分”，是无产阶级领导之下的人民大众的反帝反封建的革命。[②] 这种新民主主义革命的前途“不是资本主义的，而是社会主义和共产主义的”[③]。在谈到中国革命与世界革命的关系以及国际援助时，毛泽东指出，在苏联已经到了由社会主义到共产主义的过渡期，有能力领导和援助全世界无产阶级和被压迫民族，反抗帝国主义战争，打击资本主义反动的时候；在各资本主义国家的无产阶级正在准备打倒资本主义、实现社会主义的时候；在中国的无产阶级、农民阶级、知识分子和其他小资产阶级在中国共产党的领导之下，已经形成了一个伟大的独立的政治力量的时候；中国革命“早已成了无产阶级社会主义的世界革命的一部分。……成了这种世界革命的伟大的同盟军。”[④] 帝国主义迫使世界的事情“联成一气”，“国际援助对于现代一切国家一切民族的革命斗争都是必要的。”[⑤] “在帝国主义存在的时代，任何国家的真正的人民革命，如果没有国际革命力量在各种不同方式上的援助，要取得自己的胜利是不可能的。胜利了，要巩固，也是不可能的。”到底世界上有哪些革命力量值得信赖，值得联合呢？毛泽东指出，苏联、二战后出现的各人民民主国家、东方各被压迫民族以及美国、英国、法国、德国、意大利、日本等资本主义国家内部的人民大众等等，都是中国革命联合的力量；如果没有这一切的综合，那么，堆在我们头上的国际反动势力必定比现在不知要多多少倍，我们的革命不能胜利，胜利了，也不能巩固。[⑥] 毛泽东还指出，中国

---

① 《毛泽东选集》（第4卷），人民出版社1991年版，第1358页。

② 《毛泽东选集》（第2卷），人民出版社1991年版，第647页。

③ 同上书，第650页。

④ 同上书，第671—672页。

⑤ 《毛泽东选集》（第1卷），人民出版社1991年版，第161页。

⑥ 《毛泽东选集》（第4卷），人民出版社1991年版，第1474页。

革命可以利用帝国主义国家之间的矛盾，打击某一时期中国革命的最主要敌人。譬如抗日战争时期，毛泽东提出了联合国际反对日本帝国主义的力量组成国际抗日统一战线的思想。他认为，中国近代以来社会的主要矛盾是帝国主义和中国之间的矛盾，封建制度和人民大众之间的矛盾；但日本帝国主义实行完全征服中国的政策，使中日矛盾激化，便把若干其他帝国主义和中国的矛盾推入次要的地位，也使这些帝国主义和日本帝国主义之间扩大了矛盾的裂口。因此中国人民不但要与始终一贯的良友苏联联合，而且应当按照可能，和那些在现时愿意保持和平而反对新的侵略战争的帝国主义国家建立共同反对日本帝国主义的关系。“我们的统一战线应当以抗日为目的，不是同时反对一切帝国主义。”①

上述毛泽东关于战争与革命时代主题的认识，其基本出发点是为了争取反帝反封建的民主革命胜利，赢得国家民族独立。他提出的帝国主义与法西斯主义是战争根源、十月革命开辟了世界无产阶级社会主义革命新时代等观点，实质上指明了帝国主义与法西斯主义是中国人民所面临的最主要敌人，十月革命后的社会主义苏联是世界人民可以信赖的朋友；中国人民要取得革命胜利，赢得民族独立，需要同苏联建立广泛的统一战线，以反对主要敌人——帝国主义与法西斯主义。他指出帝国主义对华侵略是造成中国动乱与革命的主要原因之一；中国革命是新式的资产阶级民主革命（新民主主义革命），是无产阶级领导的人民大众的反帝反封建的革命，其前途必然是社会主义和共产主义，等等；实质上指明了中国革命对象、领导阶级和中国社会未来的发展方向，从而为中国革命指明了方向。所有这些不仅是毛泽东对这一时期时代主题认识的重要成果，也是中国共产党认识国际国内形势，制定方针政策的重要理论依据。应当说，毛泽东对这一时期战争与革命时代主题的认识，既遵循了马克思列宁主义有关时代问题的基本原理，又准确地掌握了中国革命所处的国际国内形势，做到了理论与实际的具体的、历史的统一，保证了其认识成果的正确性。中国共产党领导新民主主义革命取得胜利，与毛泽东对这一时期战争与革命时代主题的正确认识是分不开的。

就毛泽东对战争与和平时代的认识而言，其发端于解放战争时期，经

① 《毛泽东选集》（第1卷），人民出版社1991年版，第253页。

过新中国成立，一直到毛泽东去世。毛泽东对这一时期时代主题的认识，一直纠结于世界大战是否爆发，是否可以避免，以及中国人民如何应对等问题之上。纠结的结果是世界大战不可避免，中国人民必须为随时到来的世界大战做准备。毛泽东的这种认识影响了其探索中国道路的进程，逆转了其探索的方向。

二战后，国际帝国主义力量严重削弱，只有美国一家独大，有能力发动世界大战；帝国主义的三大矛盾（帝国主义国家中的无产阶级和资产阶级的矛盾、帝国主义国家之间的矛盾、殖民地半殖民地国家和帝国主义宗主国之间的矛盾）仍然存在，并有尖锐化的趋势①；加之，美国在华推行扶蒋反共政策，使中国陷入内战危机；因此，毛泽东认为世界大战的危险还是存在的。1946 年 4 月，毛泽东在《关于目前国际形势的几点估计》一文中指出，“世界反动力量确在准备第三次世界大战，战争危险是存在着的。”② 1947 年 12 月，他在《目前形势和我们的任务》一文中提到美国企图在将来发动第三次世界大战，借以打败苏联为首的民主力量。他说，第二次世界大战沉重地打击了世界资本主义，而美国的经济实力不断增强。随着美国国内外市场的进一步缩小，将会引发经济危机。危机所引发的各种矛盾威胁着美国，“迫使美帝国主义分子建立了奴役世界的计划，像野兽一样，向欧亚两洲和其他地方乱窜，集合各国的反动势力，那些被人民唾弃的渣滓，组成帝国主义和反民主的阵营，反对以苏联为首的一切民主势力，准备战争，企图在将来，在遥远的时间内，有一天发动第三次世界大战打败民主力量。”③

不过，毛泽东指出，美帝国主义发动新的世界大战的危险，并非不可避免。强大的社会主义国家苏联的存在，政治觉悟日益提高的世界无产阶级和人民坚决反对帝国主义发动反苏反共战争，以及资本主义国家同社会主义国家在许多国际事务上仍有妥协余地等因素，都制约着新的世界大战爆发；并且，“全世界反帝国主义阵营的力量超过了帝国主义阵营的力量”④，只要世界人民力量向世界反动力量进行坚决的和有效的斗争，就

① 《毛泽东选集》（第 3 卷），人民出版社 1991 年版，第 1103 页。

② 《毛泽东选集》（第 4 卷），人民出版社 1991 年版，第 1184—1185 页。

③ 同上书，第 1259 页。

④ 同上。

可以克服新的世界战争的危险[①]，因此，世界的前途是光明的[②]。

毛泽东上述分析，反映了其对抗战胜利后国际国内形势的准确把握，帮助中国人民认清了世界大势和所面临的主要敌人——美帝国主义，对于克服当时中国共产党内出现的惧怕美帝国主义及其发动新的世界大战，不敢同美蒋反动派进行坚决斗争等畏缩退让的错误思想，对于坚定全国人民打败美蒋反动派，争取民主革命在全国胜利的必胜信心，对于新中国制定内外方针政策，奠定了重要的思想基础。

新中国成立后，人民民主政权需要巩固，千疮百孔的国民经济需要恢复，社会秩序需要维护，人民生活状况急需改善，中国迫切需要一个便于休养生息的、和平安定的国际环境。毛泽东曾多次表达了为发展生产而对和平环境的向往。早在 1949 年，毛泽东在《新政治协商会议筹备会上的讲话》中就指出，“任何外国政府，只要它愿意断绝对于中国反动派的关系，不再勾结或援助中国反动派，并向人民的中国采取真正的而不是虚伪的友好态度，我们就愿意同它在平等、互利和互相尊重领土主权的原则的基础之上，谈判建立外交关系的问题。中国人民愿意同世界各国人民实行友好合作，恢复和发展国际间的通商事业，以利发展生产和繁荣经济。”[③] 1954 年，他在会见印度总理尼赫鲁时表达了对和平环境的向往。他说，“我们现在需要几十年的和平，至少几十年的和平，以便开发国内的生产，改善人民的生活。现在我们不愿打仗。假如能创造这样一个环境，那就很好。”[④] 然而，现实是残酷的。美国为首的帝国主义势力敌视中国共产党和新中国的立场始终没有改变。除运用经济封锁、军事包围和外交孤立等手段，企图将新中国扼杀于摇篮之中。此外，美国还发动朝鲜战争威胁中国安全；派遣第七舰队进入台湾海峡，阻挠中国统一；武装日本，对付中国（和苏联）；伙同东南亚国家向中国施压等等。对于美国敌视共产党和新中国的行为，毛泽东一方面进行了坚决还击。访问苏联，订立《中苏友好同盟互助条约》，同苏联结盟，寻求苏联的支持；抗美援朝，挫败了美国以朝鲜为跳板进一步侵略中国的图谋；参加日内瓦会议和万隆

---

① 《毛泽东选集》（第 4 卷），人民出版社 1991 年版，第 1184—1185 页。

② 同上书，第 1162—1163 页。

③ 同上书，第 1466 页。

④ 《建国以来毛泽东军事文稿》（中卷），军事科学出版社、中央文献出版社 2010 年版，第 242 页。

会议，处理战争遗留问题，化解与会国家（即亚非国家）矛盾，提升新中国的国际地位；提出和平共处五项原则，并得到国际社会的认同并使之成为处理国与国之间关系的基本准则；等等，都是毛泽东还击美国敌视行为的重要举措。另一方面，毛泽东也对美国敌视中国的行为表达自己的愤怒和无奈。他在批评战后美国的亚洲政策和对华政策时指出：太平洋不太平，根源主要在美国；像美国这样的大国不要和平，搞得我们不得安宁①。在中国面前站着一个强大的对手，“那就是美国。美国只要有机会，总是要整我们”②。他认为，“今天，世界战争的危险和对中国的威胁主要来自美国的好战分子。”③“只有帝国主义被消灭，才会有太平。”④此外，国际上，作为资本主义与社会主义两大阵营头目的美国和苏联在欧洲的“冷战”、亚洲的热战以及在亚、非、拉地区的争夺与摩擦不断。紧张的周边环境与国际局势使毛泽东感到，“帝国主义阵营的战争威胁依然存在，第三次世界大战的可能性依然存在”⑤。

应当看到，毛泽东当时头脑是清醒的，对当时世界形势的认识也是比较准确的。尽管他承认新的世界大战有发生的危险，但他仍然坚持世界大战是可以制止和避免的。在毛泽东看来，世界大战之所以可以避免，是由于世界上存在着多支制止战争发生的重要力量：一是以苏联为首的社会主义阵营力量增强和团结合作。1952 年，毛泽东在致斯大林的电报中（为《中苏友好同盟互助条约》订立两周年纪念所发）说道：“中苏两国强大的同盟是不可战胜的力量，是反对帝国主义侵略和维护远东和平及安全的坚强保证，也是争取世界和平的伟大事业胜利的保证。”⑥ 1959 年 10 月，毛泽东在会见野坂参三为首的日本共产党代表团时说：“社会主义国家是团结的，阵营加强了。帝国主义要发动战争已不是那么容易。苏联加强了，社会主义国家都靠在一块儿，而且巩固了。这样，帝国主义要发动战

① 《毛泽东与外国首脑及记者会谈录》，台海出版社 2012 年版，第 61 页。

② 同上书，第 67 页。

③ 《毛泽东、周恩来关于原子弹和原子能问题的若干论述（1955 年 1 月—1964 年 11 月）》，《党的文献》1994 年第 3 期，第 13—18 页。

④ 《毛泽东文集》（第 7 卷），人民出版社 1999 年版，第 73 页。

⑤ 《毛泽东文集》（第 6 卷），人民出版社 1999 年版，第 67—68 页。

⑥ 《新华日报》（1952 年 3 月号），转引自袁德金：《论新中国成立后毛泽东战争与和平理论的演变》，《军事历史》1994 年第 4 期，第 33—38 页。

争就不能不考虑。”① 二是战后西方国家内部爱好和平的人士、西方国家的无产阶级以及广大亚、非、拉国家中反对帝国主义奴役与控制的革命人民。毛泽东认为这些革命与进步力量同西方国家的政府有矛盾，有斗争。只要这些力量团结起来，进行反战斗争，就会加大帝国主义发动新的世界大战难度。三是西方国家害怕第三次世界大战爆发。毛泽东说，“西方国家的高压政策、实力地位政策，或者说是冷战政策，已难以继续下去了。西方统治集团，比如美国集团、英国集团的大部分，都对打第三次世界大战抱有恐惧。”② 此外，毛泽东认为，加强战备，也是防止帝国主义搞突然袭击和制止战争的有效手段。毛泽东在一次中国共产党全国代表会议的开幕词中指出，“帝国主义势力还是在包围着我们，我们必须准备应付可能的突然事变。今后帝国主义如果发动战争，很可能像第二次世界大战时期那样，进行突然的袭击。因此，我们在精神上和物质上都要有所准备，当着突然事变发生的时候，才不至于措手不及。”③ “世界的事情总是那样，你准备不好，敌人就来了；准备好了，敌人反而不敢来。”④ 为消除人民对美帝国主义发动侵华战争和新的世界大战的担忧，毛泽东在 1956 年 4 月 25 日中共中央政治局扩大会议上乐观地指出，“现在，新的侵华战争和新的世界大战，估计短时期内打不起来，可能有十年或者更长一点的和平时期。”⑤ 1959 年，他又指出，总的来看，整个国际形势是向好的方面发展的，“争取到十年至十五年的和平时间是可能的”⑥。

20 世纪 60 年代初，中国周边形势日趋紧张：在东部，蒋介石在美国的支持下策划反攻大陆，气焰嚣张，美国军舰与飞机不断侵扰我国的领海和领空；在南部，美国在越南的战事向北扩展，战火烧到了中越边境；在西南部，印度军队在中印边界制造流血事件，挑起中印战争；在北部，苏联在中苏、中蒙边界陈兵百万，不断制造流血冲突，中苏战争一触即发，等等。所有这些，都使新中国的独立、主权和安全受到严重威胁，同时也

---

① 《毛泽东与外国首脑及记者会谈录》，台海出版社 2012 年版，第 186 页。

② 同上。

③ 《毛泽东文集》（第 6 卷），人民出版社 1999 年版，第 392 页。

④ 逄先知、金冲及主编：《毛泽东传（1949—1976）》（下卷），中央文献出版社 2003 年版，第 1347 页。

⑤ 《毛泽东文集》（第 7 卷），人民出版社 1999 年版，第 26 页。

⑥ 《毛泽东与外国首脑及记者会谈录》，台海出版社 2012 年版，第 186 页。

促使毛泽东对战争与和平时代主题的认识发生了变化。1963年9月，他指出，“世界性的战争有可能避免。这里存在着战争可以避免和战争不可以避免这样两种可能。但是我们应当以可能挨打为出发点来部署我们的工作。”① 在这里，毛泽东对战争发生与战争可以避免的主次地位的认识，较之过去已经发生了转变。60年代以前，毛泽东更侧重于战争可以避免的认识。他告诫人民要抓紧难得的和平时机，发展经济，增强国家实力，不要被发生新的世界大战的谣传所蛊惑，就是例证。而60年代以后，毛泽东则突出了战争随时可能发生的危险性，并要求党和人民“以可能挨打为出发点来部署我们的工作”。这种认识的转变，不可避免地影响到党和国家重大方针政策的制定和工作重心的部署。

1964年以后，随着中苏关系极度恶化与破裂，中苏边境剑拔弩张，战争发生的可能性骤增。中国人民解放军总参情报部上交给毛泽东的一份报告中提到：国际帝修反已经对我国形成了包围圈，战争危险随时存在。② 既然战争不可避免，毛泽东认为，必须加强战备，做好早打、大打，甚至打原子战争的准备。③ 1965年，毛泽东还发出了“备战、备荒、为人民”的号召。1969年“珍宝岛事件”后，毛泽东在中共九届一中全会上明确强调“要准备打仗”。④ 70年代以后，毛泽东认为，苏联将发动对中国的战争。对此，联邦德国前总理施密特曾回忆1975年访华时同毛泽东讨论是否发生第三次世界大战问题情景。他说，在谈到是否发生第三次世界大战时，毛泽东坚持其战争不可避免的理论，认为苏联将发动一场战争。⑤ 基于认识到来自苏联的战争威胁，毛泽东希望通过改善同美国关系，以达到牵制苏联、制止其对中国发动战争的目的。中美“乒乓外交”，尼克松访华，中美关系实现正常化，就是在这种背景下发生的。

从新中国成立到毛泽东去世的近30年时间里，毛泽东对时代主题的

---

① 《毛泽东著作选读》（下卷），人民出版社1986年版，第894页。

② 陈帆：《攀枝花开发建设史上的“七个奇迹”》，《攀枝花日报》，2010-03-01（2）。

③ 李慎明认为，毛泽东这里所说的早打、大打、打原子战争，是指中苏之间的战争，并不是指特定的世界大战。参见李慎明：《对新中国成立后毛泽东战争与和平思想及实践的几点辨析、概述和思考》，《当代中国史研究》2004年第2期，第18—30、125页。

④ 李慎明：《对新中国成立后毛泽东战争与和平思想及实践的几点辨析、概述和思考》，《当代中国史研究》2004年第2期，第18—30、125页。

⑤ 《环球时报》，1997-03-02。

认识经历了战争有发生的危险但可以避免、战争可以避免又不可以避免以及战争不可避免等阶段。① 这一时期，毛泽东对时代主题认识的出发点是发展经济，改善民生，增强国力，巩固政权。60年代以前，毛泽东指出美帝国主义是威胁新中国安全的最主要的敌人，美国为首的帝国主义阵营是发动世界大战的最危险因素；他所分析的诸如社会主义阵营、西方国家的进步人士与无产阶级，以及亚、非、拉地区革命人民等是制止世界大战发生的重要国际进步力量；他提出的“可能有十年或者更长一点的和平时期”、进行精神与物质上的准备以防敌人的突然袭击等观点；以及他为对抗美国、制止可能发生的世界大战所采取的诸如与苏联结盟、抗美援朝、加强同亚非国家的友好关系等措施，等等；都是毛泽东对这一时期时代主题的认识所得出的重要结论，或所采取的重要应对措施。这些观点与措施基本上反映了当时国内外形势的基本情况。60年代以后，毛泽东对时代主题的认识，尽管存在一些合理的因素，如认为苏联是当时威胁中国安全的最主要因素；采取了改善中美关系的对策，牵制苏联，防止苏联对华发动战争；提出“三个世界划分”战略思想，寻求第三世界的支持，以削减来自美苏两极的压力，等等。不过，这一时期，毛泽东对时代主题认识的偏差和所采取对策的失误，是较为明显的。如他过分强调了战争发生的可能性，认为世界大战不可避免；他将苏联斥之为修正主义、社会帝国主义，并认为其与帝国主义同为战争的根源（尽管当时苏联对外扩张应当受到谴责）；他确立阶级斗争为纲，借口反修防修，将与苏联的分歧与斗争引入党内、国内，导致阶级斗争扩大化，等等。这些失误所产生的后果是严重的，其逆转了毛泽东探索中国道路的方向，导致了“文化大革命”的发生，给我国社会主义建设造成了不可估量的损失。

综观毛泽东对时代主题的认识，我们可以得出如下结论：首先，就客观环境而言，毛泽东领导中国革命与建设所面临的国际国内环境是十分严峻的，来自国际社会的战争威胁是始终存在的。新民主主义革命时期，从西方多国联合侵华及其导致国内军阀混战，到日本帝国主义为独霸中国所

---

① 袁德金认为，毛泽东对战争与和平形势的认识经历了三个阶段：1950—1956年第三次世界大战的可能性依然存在，但新的世界战争是能够制止的；1957—1963年存在着战争可以避免和战争不可避免两种可能性；1964—1976年，世界战争不可避免，要立足于早打、大打、打核战争。参见袁德金：《论新中国成立后毛泽东战争与和平理论的演变》，《军事历史》1994年第4期，第33—38页。

发动的侵华战争，再到美帝国主义扶持蒋介石发动反共反人民的内战。整个这一时期，中国革命的环境始终是被战争的硝烟所笼罩。新中国成立后到毛泽东去世这一时期，以美国为首的帝国主义国家一直敌视新中国（尽管曾有过为遏制苏联而改善对华关系的举措）。从新中国成立初的封锁、包围和孤立，到后来的发动对朝、对越战争威胁中国安全；从阻挠中国统一台湾，到支持蒋介石反攻大陆等等。可以说，新中国始终面临着来自美帝国主义的挑衅和战争威胁。60 年代以后，旧的战争威胁没有消除，又增加了以苏联为首的反华势力的战争威胁。南部有越南对华的侵扰，西南有印度发动的挑衅，北部又有陈兵百万的苏联的战争威胁等等。这种战争威胁使人产生的本能反应就是积极备战，随时打退来犯之敌。这种战争威胁促使新中国在进行经济建设的同时，绷紧着备战、防战、反战的神经。也就是说，新中国面临着两个中心任务：一是发展经济，改善民生，增强国力；二是防止和抵御外来侵略，维护国家安全。这种双重中心任务格局很容易因战争威胁的加重而被打破。毛泽东在 60 年代以后放弃经济建设这一中心，加强备战，突出阶级斗争为纲，应当与当时中国面临的战争威胁有一定关系。

其次，就主观认识而言，尽管毛泽东在很长一段时期对时代主题的认识是正确的，但其在晚年却出现了偏差。正是这种认识偏差导致毛泽东探索中国道路发生了逆转。毛泽东在新民主主义革命时期、新中国成立到 60 年代初期这段时期对时代主题的认识基本是正确的，但在 60 年代后期其认识发生了偏差（上文论述过毛泽东认识的正确与偏差）。致使毛泽东认识发生偏差的原因是多方面的。一方面受到当时国际国内形势，尤其是受中苏关系恶化与中苏对抗加剧所造成的战争威胁形势的影响；另一方面也与毛泽东个人因素有关①。其个人因素主要有：一是毛泽东的个人经历。毛泽东一生经历过多次战争洗礼，又亲自指挥过无数次战争，感受过战争的血雨腥风，加之，熟知近代中国的悲惨历史，因此，其对战争产生了职业的敏感与警惕，也深知战争对于新中国意味着什么。一旦国际局势

① 袁德金认为，毛泽东关于战争与和平主题认识的变化，一方面是由国际国内形势的发展变化所决定的，但是更主要还是其主观原因所造成的。这些主观原因主要有：对战争与革命关系的片面理解和对社会主义历史时期阶级斗争的错误认识。参见袁德金：《论新中国成立后毛泽东战争与和平理论的演变》，《军事历史》1994 年第 4 期，第 33—38 页。

吃紧，毛泽东就很容易产生战争随时可能发生的紧迫感。毛泽东对发生世界战争的认识转变与这种经历有一定关系。二是毛泽东对马克思列宁主义关于战争根源理论的误读。马克思、恩格斯揭示资本主义战争发生的根源在于其自身的各种矛盾，列宁指出帝国主义是现代战争的根源。毛泽东继承与发展了马克思主义经典作家关于战争根源的理论，曾提出过帝国主义，法西斯主义就是战争等正确论断，但后来因中苏分歧、矛盾与对抗而将苏联视为修正主义，社会帝国主义，并提出社会帝国主义是世界战争根源的论断。这种认识是对马克思主义经典作家关于战争根源理论的误读。毛泽东主观认识上的偏差所带来的后果是，一方面，强调发生战争的危险性，突出了备战、反战的工作中心，削减了经济建设的中心地位，造成社会主义建设偏离了以经济建设为中心的正确航道；另一方面，将国际社会的分歧与矛盾，引入党内国内，借以防止国内外反动势力里应外合，通过战争与政变，颠覆中国共产党领导和社会主义制度的阴谋。这种做法，夸大了阶级矛盾与阶级斗争的严重性，造成了阶级斗争扩大化和绝对化，影响了党和国家民主政治建设。

总之，战争与革命和战争与和平时代背景下长期严峻的国际形势，使中共建立的国家政权与领导进行的社会主义建设始终面临着来自美苏为首的国际社会的战争威胁，而毛泽东认识的偏差又使原本严峻的国际形势与战争威胁在主观认识上得以加重。其结果不可避免地影响了毛泽东对党和国家内外方针政策的制定，影响了毛泽东探索中国道路的进程。

二 毛泽东探索中国道路的诱因：苏共二十大

苏共二十大是国际共产主义运动史上的一个重要转折点，一方面，它造成了国际共产主义运动的思想混乱，使战后社会主义阵营出现了裂痕：东欧社会主义国家与苏联的矛盾逐步公开化，出现了波兹南事件和匈牙利事件，中苏两党两国关系出现分歧与矛盾；另一方面，它也促使社会主义各国开始探索适合本国国情的社会主义建设道路。而苏共二十大召开所引发的中苏两党的分歧与矛盾，成为毛泽东开始探索适合中国国情的社会主义建设道路的重要诱因。

（一）苏共二十大召开与中苏两党的矛盾与分歧

1956 年 2 月 14 日至 24 日，苏共二十大在莫斯科召开，参加会议的有苏联共产党的代表和应邀而来的 55 个国家和地区的共产党、工人党的代表。朱德、邓小平率领中国共产党代表团参加了会议。这次会议按正常的议程完成各项任务后，赫鲁晓夫在会议即将结束的当晚深夜，作了题为《关于个人崇拜及其后果》的秘密报告（即所谓“秘密报告”）。秘密报告长达两万余字，内容涉及了关于斯大林搞肃反运动、个人专断、对卫国战争准备不足以及在农业、民族和国际关系等方面的一系列错误，而对斯大林的历史功绩只字未提。这种只谈缺点，不考虑功绩的做法，被视为对斯大林的全盘否定。[①] 斯大林作为当时国际共产主义运动中的一面旗帜，赫鲁晓夫对他的否认，引起了国际共产主义运动的混乱。苏联受到的冲击最大，出现了各种极端观点，如斯大林是“国家的罪人”；30 年来的苏联社会是“高度独裁的专制国家”；等等。格鲁吉亚第比利斯市（斯大林的故乡）发生了大规模的流血冲突事件。[②] 一些国家的共产党，借反对教条主义之机，反对马克思列宁主义[③]；英、美等资本主义国家的共产党，出现了有人退党的现象。[④] 为应对这一突如其来的事件，毛泽东多次召集中央会议，商讨对策。

围绕苏共二十大与赫鲁晓夫的秘密报告，中苏两党产生了明显的矛盾与分歧。这些矛盾与分歧主要表现在：（1）关于赫鲁晓夫提出的“三和”（即和平共处、和平过渡和和平竞赛）路线。赫鲁晓夫提出“三和”路线

---

① 据吴冷西回忆，为研究赫鲁晓夫的秘密报告，毛泽东主持召开多次中央会议。会上，大家一致认为赫鲁晓夫是搞突然袭击，把斯大林骂得一塌糊涂，使各国党很被动。参见吴冷西：《十年论战——1956—1966 中苏关系回忆录》（上卷），中央文献出版社 1999 年版，第 5 页。不过，沈志华认为，赫鲁晓夫在报告中批判斯大林对中共来说并不是什么秘密或突然袭击。因为，早在苏共二十大召开之前，苏联党和国家领导人在会见中共代表团时就暗示要在大会上批判斯大林。参见沈志华：《以苏为鉴：毛泽东对苏共二十大的最初反应和思考》，《暨南史学》2004 年版，第 587—628 页。

② 沈志华：《以苏为鉴：毛泽东对苏共二十大的最初反应和思考》，《暨南史学》2004 年版，第 587—628 页。

③ 吴冷西：《十年论战——1956—1966 中苏关系回忆录》（上卷），中央文献出版社 1999 年版，第 21 页。

④ 同上书，第 19 页。

的目的是实现美苏合作，共同主宰世界。为此，苏联在社会主义阵营里推行老子党和大国沙文主义，要求其他社会主义国家服从苏联的利益需求，执行苏共在国际共产主义运动中采取的纲领、路线和决策。[①] 对此，中共是有不同意见的。毛泽东曾说，对苏共二十大上赫鲁晓夫所作的工作报告，我们是有意见的；在我们所发表的第一篇社论中只谈了和平竞赛和和平共处问题，没有谈和平过渡问题，我们对这个问题有不同的意见。[②]（2）对苏共不事先告知赫鲁晓夫作秘密报告的会议议程和不及时将秘密报告文件发给中共代表的做法，中共表示十分不满。赫鲁晓夫作秘密报告对于苏共领导层而言并不是什么秘密[③]，但与会各国代表会前是不知情的。各国代表“收拾行装准备次日打道回府。可就在这天深夜，所有代表又突然被召回克里姆林宫开会。”[④] 中共对此很有意见，认为赫鲁晓夫是搞突然袭击。在秘密报告后，苏共未能及时将报告文稿发放给中共代表，又引起了中共的不满。毛泽东对此批评道：大会闭幕后的第二天，苏共方面才把赫鲁晓夫的秘密报告向中共代表团通报，“只口译一遍就把稿子拿走了”，“搞得那么神秘”，“而西方却得到了文本。”[⑤] 邓小平、王稼祥、张闻天也对赫鲁晓夫作秘密报告，事先不打招呼，事后念一遍就完事的做法，表示不满。[⑥]（3）对斯大林的评价问题，中苏两党出现了分歧，具体而言主要有：一是如何总体上评价斯大林的问题。赫鲁晓夫在报告中大谈斯大林的错误而不提其历史功绩，中共认为这是对斯大林的全盘否定，是片面的、不符合历史事实的。毛泽东主张用马克思主义的立场、观点和方法分析斯大林的功过是非问题。他认为，斯大林一生正确是主要的，第一位的，错误是第二位的。在讨论是否应当阅读斯大林的著作时，毛泽东还用三个“第一”肯定了斯大林及其著作。他说，斯大林是用马

① 方连庆：《中苏关系的回顾与展望》，《国际政治研究》1990 年第 3 期，第 12—19 页。

② 吴冷西：《十年论战——1956—1966 中苏关系回忆录》（上卷），中央文献出版社 1999 年版，第 5 页。

③ 左凤荣认为，赫鲁晓夫作秘密报告是苏共高层讨论过的，只是报告内容会前没有确定。参见左凤荣：《苏共二十大的召开及其影响》，《河南师范大学学报》（哲学社会科学版）2006 年第 6 期，第 87—92 页。

④ 黄宗良、孔寒冰主编：《世界社会主义史论》，北京大学出版社 2004 年版，第 409 页。

⑤ 吴冷西：《十年论战——1956—1966 中苏关系回忆录》（上卷），中央文献出版社 1999 年版，第 3—4 页。

⑥ 同上书，第 6 页。

克思主义观点总结无产阶级专政历史经验的第一人；他写的《联共（布）党史》是第一部力图用马克思主义观点叙述共产党斗争历史，总结苏共革命斗争经验的书；他的《苏联社会主义经济问题》是第一本总结社会主义建设经验的书[①]。在毛泽东看来，斯大林是一个伟大的马克思列宁主义者，但也是一个犯了严重错误而不自觉其为错误的马克思列宁主义者。[②] 二是如何看待斯大林的错误的原因与责任问题。赫鲁晓夫在报告中罗列了斯大林一系列的错误，如破坏法制，对持不同意见的人、被怀疑有敌意的人、受到诬蔑的人，冠以“人民的敌人”的罪名而“横施镇压”；搞个人专断，破坏集体领导的列宁主义原则；对希特勒发动侵略苏联的战争准备不足；在农业问题、民族政策和国际关系等方面随心所欲地行动，也犯了许多错误，如将南斯拉夫共产党开除出共产党情报局等等[③]。对于斯大林所犯上述错误，中共是基本认同的[④]。但对斯大林犯错误的原因与责任问题，中共不赞成赫鲁晓夫将原因归结为斯大林的性格缺陷、将责任推给斯大林一人承担的做法。赫鲁晓夫认为，斯大林犯错误的原因主要是其个人性格、个人品质上的缺陷。中共对此予以驳斥。邓小平指出，赫鲁晓夫的秘密报告“主要是从斯大林个人性格方面讲的，但个人性格不能说明这么大的国家，这么大的党，在这么长的时期内犯了一系列的错误。”[⑤] 针对赫鲁晓夫说到斯大林听不进不同意见，谁提不同意见就要掉脑袋的说法，邓小平认为这种说法难以服人。他指出，“共产党人应当坚持真理，不坚持真理，阿谀逢迎，算什么共产党人。……赫鲁晓夫说怕丢脑袋，不能以此来原谅他们自己的错误。不能说错误都是斯大林的，没大

---

① 吴冷西：《十年论战——1956—1966 中苏关系回忆录》（上卷），中央文献出版社 1999 年版，第 22 页。

② 同上书，第 26 页。

③ 黄宗良、孔寒冰主编：《世界社会主义史论》，北京大学出版社 2004 年版，第 410 页。

④ 刘少奇在分析了斯大林所犯错误时指出，斯大林错误主要有四条：肃反扩大化、卫国战争对希特勒的闪电战缺乏准备（但不赞成赫鲁晓夫说的斯大林按地球仪指挥战争的说法）、农业问题犯有错误、在指挥各国党上犯有许多错误（如南斯拉夫、中国党等问题）。参见吴冷西：《十年论战——1956—1966 中苏关系回忆录》（上卷），中央文献出版社 1999 年版，第 16 页。

⑤ 吴冷西：《十年论战——1956—1966 中苏关系回忆录》（上卷），中央文献出版社 1999 年版，第 8 页。

家的份儿。功劳是大家的，没斯大林的份儿。这两个片面性都是不对的。”[①] 刘少奇也认为，把所有问题都说成是斯大林个性粗暴造成的，把种种复杂现象归结为斯大林的个人品质，这样不仅不能解释错误的本质，更重要的是不能从错误中吸取历史教训。斯大林错误主要是思想方法问题，主观主义问题，思想方法片面性问题，理论和实践脱节的问题。他强调指出，只有对这些错误做历史的分析，把它放在一定的历史背景下加以分析，才能得出正确的结论。[②] 三是关于批判斯大林的错误是否合适的问题。苏共把对斯大林的批判当成是苏共非斯大林化的一个重要步骤，是有历史必然性的。[③] 苏共批判斯大林的根本目的，“并不是个人或小集团谋求权力的工具（尽管不排除在党内斗争中有人利用之），而是要以此为铺垫改变斯大林的某些政策和做法”[④]。中共对批判斯大林的错误还是赞同的，但对赫鲁晓夫批判斯大林的方式表示反对。毛泽东指出，赫鲁晓夫反斯大林的秘密报告，一是揭了盖子，这是好的。揭开盖子，表明斯大林及苏联的种种做法不是没有错误的，各国共产党可根据各自的情况办事，不要再迷信了。二是捅了娄子，全世界都震动。捅了娄子，搞突然袭击，不仅各国党没有思想准备，苏联党也没有思想准备。这么大的事情，这么重要的国际人物，不同各国党商量是不对的；还使全世界的共产党出现混乱。[⑤] 在毛泽东看来，苏共的突然袭击对国际共产主义运动造成了不良影响。

（二）苏共二十大引发中共对中苏两党关系和社会主义建设问题的思考

苏共二十大与赫鲁晓夫的秘密报告不仅引发了中苏两党在国际共产主义运动中的重大问题的矛盾与分歧，也触动着中国共产党对中苏两党关系和社会主义建设问题的思考。

---

① 吴冷西：《十年论战——1956—1966 中苏关系回忆录》（上卷），中央文献出版社 1999 年版，第 19 页。

② 同上书，第 16—17 页。

③ 黄宗良、孔寒冰主编：《世界社会主义史论》，北京大学出版社 2004 年版，第 411 页。

④ 沈志华：《苏共二十大、非斯大林化及其对中苏关系的影响——根据俄国最近披露的档案文献》，《国际冷战史研究》2004 年版，第 28—69、8 页。

⑤ 吴冷西：《十年论战——1956—1966 中苏关系回忆录》（上卷），中央文献出版社 1999 年版，第 6 页。

关于中苏两党关系，十月革命以来，同志加兄弟般的中苏两党关系至此已走过了近40年的风雨历程。无论是新民主主义革命还是社会主义革命与建设，苏共都给中共以重要的指导和帮助，当然也出现过干涉中共内部事务、牺牲中国利益为己服务等错误做法。对于两党间的恩恩怨怨，长期以来，中共尽管心有怨气，但很少在公开场合表达自己的不满。在谈到两党关系，尤其是苏共和斯大林时，中共往往是褒奖多，批评少，没有对两党关系进行总结和反思。然而，苏共二十大以后，鉴于苏共对斯大林错误的批判，中共终于在公开场合（主要是在党的会议上）表达了埋藏心中多年的对苏共和斯大林的不快，对他们在中国问题上所犯的错误，提出了批评，并对如何处理两党关系进行了思考。

为讨论苏共二十大和赫鲁晓夫的秘密报告，中共召开了多次党的中央会议。与会代表在肯定苏共、斯大林给予中国革命与建设事业以指导与帮助的同时，对其在中国问题上所犯的错误提出了批评。王稼祥认为，历史上党出现立三路线和王明路线错误，是同斯大林和共产国际的指导有关系的。周恩来指出，历史上党出现的许多问题“并不是我们决定的，而是苏共决定的，或由苏共主持的共产国际决定的。……现在谈斯大林的错误，应该说中国革命受的损失，苏共要负一定责任。”他还批评了苏共在外交斗争上不讲策略，不善于利用敌人矛盾等错误做法。① 毛泽东则明确指出了斯大林在中国问题上的四次错误：王明“左”、右倾机会主义路线，都是斯大林或斯大林主持的共产国际决定的；抗日战争结束后，蒋介石发动内战，我党自卫反击，斯大林发来电报，要我们无论如何不能打内战，否则中华民族要毁灭；访问苏联时，斯大林对中国党不信任，让我在莫斯科待了整整两个月，迟迟不与我们订立《中苏友好同盟互助条约》。毛泽东认为，直到中国出兵朝鲜，抗美援朝战争开始后，斯大林才对我们比较放心，认为我们是国际主义者，是真正的共产党了。苏联决定援助中国的141个项目也是在这个时候才完全定下来。②

既然苏共与斯大林在中国问题上犯了这么多错误，那中共为何未能及时指出并加以批评呢？原因是多方面的。一方面，较之中共，苏共在革命

---

① 吴冷西：《十年论战——1956—1966中苏关系回忆录》（上卷），中央文献出版社1999年版，第11页。

② 同上书，第18页。

与建设上更有经验，更有力量，中共需要苏共的指导和帮助。另一方面，苏共与斯大林是国际共产主义运动的领导者，具有相当的权威，批评苏共与斯大林被视为对其不敬，可能会遭到不应有的惩罚。过去，铁托领导的南斯拉夫共产党，由于坚持按照本国国情走自己的社会主义建设道路，结果被斯大林视为帝国主义的代理人，而被开除出情报局。这一事件中共是知道的。此外，批评苏共与斯大林会加大中苏两党的分歧与矛盾，不利于国际共产主义力量的团结。1956 年 5 月，毛泽东曾说，斯大林犯过许多错误，这些错误“可以写一本书”，只是没有这个必要，因为“对共同事业不利”。[①] 基于此，中共没有及时指出和批评苏共与斯大林的错误。按照毛泽东的说法，斯大林指导中国革命出现过许多错误，“过去我们只讲是我们自己错了，没有联系到斯大林。那时我们党采取这样的方针是对的。”[②] 可以看出，对斯大林的错误，中共不是不想说，或许是不能说，或不敢说，只好采取自我批评而不言及斯大林与苏共的策略方针，这反映出中共的某些无奈。

在中共看来，苏共和苏联之所以在中国问题上犯诸多错误，主要原因在于其奉行老子党和大国沙文主义。张闻天在批评苏联的大国沙文主义时说，苏联非常强调欧洲问题，是欧洲第一主义，以大国自居，看不起亚洲、非洲。周恩来批评说，苏联的大国主义问题由来已久，在中国的许多事情上，都是由苏共或苏共主持的共产国际做决定，然后交由中国照办，结果出了问题。[③] 后来，毛泽东在会见米高扬（苏共代表团团长，9、10 月中共八大与国庆节时）时也谈到兄弟党之间有不平等的现象，存在着好像老子党对儿子党的关系。[④] 中共认为，苏联、苏共的大党大国沙文主义做法，违背了马克思列宁主义的基本原则，不可避免地会造成决策的失误。周恩来批评说，一个外国党，即使是一个大党或历史很长的党，由于

---

① 沈志华：《以苏为鉴：毛泽东对苏共二十大的最初反应和思考》，《暨南史学》2004 年版，第 587—628 页。

② 吴冷西：《十年论战——1956—1966 中苏关系回忆录》（上卷），中央文献出版社 1999 年版，第 12—13 页。

③ 同上书，第 9—12 页。

④ 据吴冷西回忆，1956 年 9、10 月间，米高扬率领苏共代表团出席了中共八大和国庆庆典。苏共代表团在中共八大上致词时大讲苏共如何伟大，对中国革命如何帮助等等，俨然以老子党自居。参见吴冷西：《十年论战——1956—1966 中苏关系回忆录》（上卷），中央文献出版社 1999 年版，第 32 页。

不了解别国国情，不能把马克思列宁主义原理与别国革命运动的具体实践相结合，就对别国的革命提出这样那样的意见，难免会犯错误，“甚至可以说肯定会犯错误”①。

对苏联社会主义建设存在的问题，中共进行了反思和总结。中共谈得最多的是经济建设和党的领导问题。在经济建设上，中共认为，苏联工业化建设是值得肯定的，它增强了苏联的国防力量，为后来战胜德国法西斯奠定了基础。但是，苏联农业、轻工业没有搞好，粮食问题始终没有解决，轻工业产品几十年没有改进；农轻重的比例关系处理得也不好，似乎太偏重工业，尤其是农业、轻工业、重工业的关系没有处理好，值得吸取教训。② 中共的这些认识是比较符合事实的。仅以食品为例，1952 年苏联人均消费的主要食品才接近（牛奶及乳制品、鱼类及水产品）甚至还低于（面粉、大米、肉类及油脂）1913 年的水平。③ 在党的领导上，中共认为，苏共和斯大林存在主观主义、教条主义、个人崇拜、个人迷信和个人专断等错误。刘少奇认为，斯大林犯有主观主义问题，思想方法片面性以及理论和实践相脱节等错误。邓小平批评了斯大林搞个人崇拜的错误，指出个人崇拜同群众路线和集体领导是相对立的。毛泽东在总结斯大林的错误时指出，斯大林“错误地把自己的作用夸大到不适当的地位，把个人的权力放在和集体领导相对立的地位，他骄傲，不谨慎，脱离群众，脱离集体。他思想里产生主观主义，产生片面性。他接受个人崇拜和实行个人专断。他离开了自己原来宣传的马克思列宁主义某些基本观点，理论同实践脱节，从而在某些重大问题上不可避免地作出了不合实际的错误决定，并且使那些个别的、局部的和暂时的错误发展成为全国性的和长时期的严重错误。”④

毛泽东为代表的中共党人指出苏共和斯大林在处理中国问题上存在的错误，以及苏联在社会主义建设上存在的问题，目的并非是为了攻击或丑

---

① 吴冷西：《十年论战——1956—1966 中苏关系回忆录》（上卷），中央文献出版社 1999 年版，第 12 页。

② 同上书，第 19 页。

③ 沈志华：《苏共二十大、非斯大林化及其对中苏关系的影响——根据俄国最近披露的档案文献》，《国际冷战史研究》2004 年版，第 28—69、8 页。

④ 吴冷西：《十年论战——1956—1966 中苏关系回忆录》（上卷），中央文献出版社 1999 年版，第 26 页。

化苏共和斯大林的形象，而是为了从中吸取经验教训，避免中国出现类似的错误。为此，毛泽东专门要求中央书记处根据中央政治局扩大会议精神，针对苏共二十大与赫鲁晓夫报告写一篇文章，表明中共的态度。后来一篇题为《关于无产阶级专政的历史经验》文章经毛泽东修改和批示于4月5日刊发在《人民日报》上。在文章中，毛泽东指出，总结苏联的经验教训最重要的一条就是“独立自主，调查研究，摸清本国国情，把马克思列宁主义的基本原理同我国革命和建设的具体实际结合起来，制定我们的路线、方针、政策。”他指出，新中国成立以来，由于缺乏社会主义的经验，我们只好模仿苏联，但这样做，束缚了我们的积极性和创造性。“现在我们有了自己的初步实践，又有了苏联的经验和教训，应当更加强调从中国的国情出发，强调开动脑筋，强调创造性，在结合上下功夫，努力找出在中国这块大地上建设社会主义的具体道路。”①

从苏共二十大召开与赫鲁晓夫秘密报告批判斯大林所引发的中苏两党间的矛盾与分歧，到中共反思中苏两党关系和总结苏联社会主义建设经验教训，可以看出，对斯大林错误的批判，打破了质疑苏共和斯大林的禁忌，解放了思想，促使中共总结苏联在社会主义建设上的经验教训，开启了中共探索适合中国国情的社会主义建设道路的征程，为即将到来的中共八大全面探讨中国社会主义建设作了一定的思想和舆论准备。

三　毛泽东探索中国道路的动因：苏联社会主义建设经验教训

中共领导的社会主义建设是在苏共和苏联的指导和帮助下开始的，在许多领域，中共几乎照搬了苏联社会主义建设的模式与经验。作为舶来品的苏联模式与经验，随着中国社会主义建设深入开展，其不适应性开始显现。与此同时，作为世界社会主义建设模板的苏联社会主义建设也在实践中日益显现出其弊病。这些促使中共反思和总结社会主义建设的经验教训，探索适合中国国情的社会主义建设道路。

① 吴冷西：《十年论战——1956—1966中苏关系回忆录》（上卷），中央文献出版社1999年版，第23—24页。

（一）中国社会主义建设起步及其弊病初露

新中国成立后，中共领导中国人民就开始了恢复国民经济和社会主义建设。尽管早在中共七届二中全会上就提出要使中国稳步地由农业国转变为工业国、由新民主主义国家转为社会主义国家的总任务，但是对于如何建设社会主义，中共仍是一头雾水。缺乏经验的中共只得请教拥有社会主义建设经验的老师——苏联共产党。对此，毛泽东早在《论人民民主专政》一文指出：苏联共产党已经建设起来了一个伟大的社会主义国家，"苏联共产党就是我们的最好的先生，我们必须向他们学习。"① 这样，中国社会主义建设就在苏联的指导和帮助下拉开了序幕。

中国社会主义建设学习苏联是全方位的，涉及了经济、政治、思想文化等众多领域，尤以经济领域的学习和仿效最为突出。我国经济发展战略、向社会主义过渡的时间安排、所有制结构、经济体制和分配制度等都受到苏联的影响或指导。作为我国经济发展战略、以优先发展重工业为中心的"一五"计划的设计与制定，受到了苏联的影响，得到了苏共的指导。苏联通过多个五年计划的发展所取得的显著成效（发展成为可与美国匹敌的国家，取得卫国战争胜利等），令面临着类似处境的中国共产党羡慕不已。为制定好"一五"计划，1952 年 8 月，中共特派周恩来率团到苏联取经。斯大林还为我国的"一五"计划问诊把脉，提出了建议。他说，《五年计划轮廓草案》考虑 5 年中（工业）年平均增长 20% 的速度是勉强的，建议降到 15% 或 14%；还强调，计划不能打得太满，必须留有后备力量，以应付意外的困难。② 米高扬则详细地向中共代表团副团长李富春传达了苏联方面对中共"一五"计划的意见，内容涉及了肯定"一五"计划以工业化为基础，优先发展重工业的正确性；要保证"一五"计划完成或超额完成，并建议将工业年平均增长速度调低到 15% 或 14%；要培养自己的专家；巩固人民币，扩大购买力，发展商品流通等八个方面。这些意见后来被中共采纳，并对"一五"计划草案作了较大的

① 《毛泽东选集》（第 4 卷），人民出版社 1991 年版，第 1481 页。

② 薄一波：《关于重大决策与事件的回顾》（上卷），中共党史出版社 1991 年版，第 286 页。

调整。[①] 关于用多长时间过渡到社会主义社会，中共的设想也受到了苏联的影响。苏联由农业国变成工业国，从社会主义改造开始到完成，用 10 年或稍多一些时间。毛泽东作出 10 年到 15 年基本上过渡到社会主义的判断，曾经参考过苏联的经验。[②] 此外，所有制上，建立以全民所有制和集体所有制为形式的单一社会主义公有制；经济体制上，强调行政控制、排斥市场调节的高度集中统一的计划经济管理体制；分配制度上，遵守按劳分配原则，实行平均主义，城市职工采取工资制，农村社员实行工分制等等，都是在学习和借鉴了苏联经验。毛泽东后来承认，“那时候有这样一种情况，因为我们没有经验，在经济建设方面，我们只得照抄苏联，特别是重工业方面，自己的创造性很少。这在当时是完全必要的”[③]。此外，政治体制上，党政不分，以党代政，权力过分集中，领导干部终身制；思想文化上，思想宣传中美化社会主义制度、丑化资本主义制度的意识形态色彩，突出国家与集体利益的爱国主义和集体主义的思想教育和宣传，甚至是百姓看的电影、唱的歌曲等等，都仿效苏联。当然，在学习和模仿苏联的同时，我国社会主义建设也有自己的一些创新，如社会主义改造中对资本主义工商业，采取“赎买”政策，将其改造成社会主义国营经济；政治制度方面，实行无产阶级领导的、以工农联盟为基础的人民民主专政制度、中国共产党领导的多党合作与政治协商制度以及根据民族平等原则，实行民族区域自治制度等。这些反映了中国共产党在建设社会主义上的创新意识。

不过，总体上看，起步阶段的中国社会主义建设，受到苏联的影响大，抄袭照搬的多。据薄一波回忆，“从 1953 年开始，在苏联帮助下，我国开展了大规模的经济建设，成绩卓著，举世瞩目。但是，同社会主义改造比较起来，在建设方面我们自己的创造比较少，农业方面、商业方面比

① 薄一波：《关于重大决策与事件的回顾》（上卷），中共党史出版社 1991 年版，第 287—288 页。

② 根据联共（布）党史简明教程，1926 年开始国家的社会主义工业化建设，到 1933 年年底取得彻底性胜利，共花了 8 年时间；按斯大林 1936 年所作的关于苏联宪法草案的报告所讲的情况，苏联 1924 年开始社会主义改造，到 1936 年资本主义在国民经济所有部门中被完全消灭，时间为 13 年。参见薄一波：《关于重大决策与事件的回顾》（上卷），中共党史出版社 1991 年版，第 217—218 页。

③ 《毛泽东文集》（第 8 卷），人民出版社 1999 年版，第 305 页。

较好一点，工业（特别是重工业）、计划管理、金融、统计等方面，基本是照搬苏联的。”① 这种囿于主客观因素制约的学习与模仿，随着中国社会主义建设的发展，其局限性和不适应性开始暴露出来。例如，随着经济恢复与发展，高度集中统一的计划经济管理体制所固有的僵化、缺乏活力的弊端逐渐暴露出来，阻碍着社会生产力的发展；权力过分集中的政治体制，出现了损害党内民主和人民民主、挫伤人民群众积极性等现象。② 又如，违背自愿原则而加速推进的农业生产合作化运动出现了社员退社，合作社解散的现象。在浙江，1955 年，在已建立起来的 5.5 万多个合作社中就有 1.5 万多个宣布解散。而且，还围绕合作化与农业社会主义改造是否加速问题，党内产生了重大分歧。邓子恢由于同毛泽东在合作化速度问题上的分歧而被视为犯有“小脚女人走路”或“经验主义”甚至右倾机会主义的错误而遭到批判③，造成了党在社会主义建设问题上的分歧，埋下了后来批判所谓右倾机会主义的种子。中共中央在 1981 年通过的《关于建国以来党的若干历史问题的决议》中指出了当时对邓子恢批判的错误。《决议》指出，“在一九五五年夏季以后，农业合作化以及对手工业和个体商业的改造要求过急，工作过粗，改变过快，形式也过于简单划一，以致在长期间遗留了一些问题。”④ 此外，手工业改造中盲目集中，一律合作，统一核算，也带来了诸如群众不方便；合并后手工业生产合作社无法生产（原因是供销脱节）；吃“大锅饭”，出“大路货”，产品品种减少，质量降低；师徒关系淡薄，影响技术传授等弊端。⑤ 在“一五”计划执行一年半之际，陈云谈到了实施“一五”计划所面临的困难。他指出，农产品的供需是紧张的；轻工业的增产，主要不是增加投资的问题，而是原材料问题。工业存在的问题是国防工业突出，石油工业落后，

---

① 薄一波：《关于重大决策与事件的回顾》（上卷），中共党史出版社 1991 年版，第 471 页。

② 张亚斌：《50 年代毛泽东对苏联建设经验的认识》，《东北师大学报》1995 年第 6 期，第 1—5 页。

③ 薄一波：《关于重大决策与事件的回顾》（上卷），中共党史出版社 1991 年版，第 356 页。

④ 《十一届三中全会以来重要文献选读》（上卷），人民出版社 1987 年版，第 307 页。

⑤ 薄一波：《关于重大决策与事件的回顾》（上卷），中共党史出版社 1991 年版，第 450 页。

煤电紧张，铁路运输紧张。① 他还强调了根据实际情况按比例发展的重要性。他说，“按比例发展的法则是必须遵守的，但各生产部门之间的具体比例，在各个国家，甚至一个国家的各个时期，都不会是相同的。一个国家，应根据自己当时的经济状况，来规定计划中应有的比例。究竟几比几才是对的，很难说。唯一的办法只有看是否平衡。合比例就是平衡的；平衡了，大体上也会是合比例的。”② 上述问题的出现，反映了苏联经验在中国推广遇到了困难，说明了“外国的经验可以借鉴，但是绝不能照搬”③，揭示了探索适合中国国情的社会主义建设之路的必要性和紧迫性。

（二）苏联社会主义建设的成败得失与中共的反思

苏联社会主义建设是在斯大林领导下，围绕联共（布）十四大提出的把苏联由农业国变成工业国的任务，坚持优先发展重工业的方针，根据五年计划的发展战略而逐步开展的。从 1928 年苏联“一五”计划开始实施到 50 年代中期，苏联社会主义建设已走过了近 30 年的发展历程，形成了具有苏联特色的社会主义模式。这种模式既给苏联带来了初期成功的喜悦，也使其拖着沉重的枷锁前行，埋下了后来苏联败亡的种子。

就苏联社会主义建设的成就而言，首先是确立了社会主义经济和政治制度，确立了苏联共产党在全国的唯一领导地位和马克思列宁主义在意识形态领域中的指导地位。这些成果在 1936 年通过《苏联社会主义宪法》用法律的形式确定下来。其次，以重工业为中心的社会主义工业化建设，提升了苏联的工业生产水平，促进了苏联国民经济的发展，缩小了苏联同发达资本主义国家的差距，提升了苏联的硬实力。再次，提高了劳动人民的物质和文化水平。1937 年苏联“二五”计划完成时，全国基本上消灭了失业现象；1939 年，基本上扫除了文盲，还在全国范围内普及了初级义务教育，发展了高等教育。最后，为苏联卫国战争和世界反法西斯战争奠定了物质基础。④ 可以想象，如果没有优先发展重工业的方针，苏联的

---

① 薄一波：《关于重大决策与事件的回顾》（上卷），中共党史出版社 1991 年版，第 303—304 页。

② 《陈云文选》（第 2 卷），人民出版社 1995 年版，第 241—242 页。

③ 《邓小平文选》（第 3 卷），人民出版社 1993 年版，第 140 页。

④ 黄宗良、孔寒冰主编：《世界社会主义史论》，北京大学出版社 2004 年版，第 323—324 页。

国防力量就难以迅速增强；如果没有高度集中的统一领导，要迅速集中全国的人力、物力和财力打败德国法西斯的入侵和为世界反法西斯战争作出贡献，那也是一句空话。这些成就反映了社会主义建设在苏联初见成效，也初步体现了社会主义制度的优越性，引起了同样信仰马克思列宁主义的人民民主国家的敬仰和学习。不仅如此，一些当时对西方资本主义世界的颓废大失所望且无马克思列宁主义信仰的西方学者，也慕名来到苏联参观访问。法国著名作家、诺贝尔文学奖得主罗曼·罗兰访问苏联并写下颇具先见之明的《莫斯科日记》① 就是在苏联社会主义建设初见成效之时。

就苏联社会主义建设的失误而言，其突出表现是苏联社会主义模式及其所带来的弊病。这种模式的基本特征主要有：经济方面，所有制上，实行涵盖全民所有制和集体所有制两种形式的单一的公有制；经济发展战略上，强调优先发展重工业和军事工业的战备型战略方针；经济管理体制上，排斥市场调节，限制价值规律作用，实行自上而下的指令性的统一计划经济体制；经济管理方法上，用高度集中的行政手段管理经济等。政治方面，一党高度集权；中央高度集权，地方缺乏自主权；人民群众缺乏充分的民主权利；实行最高领导人个人集权制和职务终身制；国家安全机关拥有至高无上的权力，成为个别领导人控制的工具。文化体制方面，斯大林理论是马克思主义的“终极真理”，成为衡量真理的唯一标准，禁止思想理论的自由研究与探索；以行政命令、阶级斗争和大清洗等手段干预思想文化建设；实行封闭禁锢甚至是封杀的文化政策等等。对外关系方面，将社会主义与资本主义对立起来，使苏联长期处于封闭和半封闭状态。②这种模式所造成的弊病是经济上，过度集权经济管理体制，限制了地方、企业和职工的生产与经营的积极性；优先发展重工业和军事工业的战略方针，造成了国民经济发展的畸形等；政治上，一党专政、过度集权与领导职务终身制，导致独断专行，滥用权力，破坏法治，滥杀无辜，酿成苏联30年代大清洗运动的悲剧；思想文化上，个人崇拜之风盛行，禁锢高压

① 罗曼·罗兰在1935年6月23日到7月2日访问苏联，受到了斯大林、布哈林等苏联领导人的接见，拜会了高尔基等苏联作家。其将自己在苏联的所见所闻与所思记录下来，编成《莫斯科日记》，并留下遗嘱：要求50年内不得将日记公布于世。参见［法］罗曼·罗兰：《莫斯科日记》，夏伯铭译，上海人民出版社1995年版。

② 黄宗良、孔寒冰主编：《世界社会主义史论》，北京大学出版社2004年版，第319—321页。

文化政策，破坏了人民的民主自由权利，窒息了思想文化领域的生机与活力；对外关系上，强调资本主义与社会主义两制对立与斗争，搞世界革命、大党主义、大国主义，致使苏联走上了霸权主义道路。①

上述苏联社会主义模式的基本特征及其弊病，在苏联社会主义建设初期其弊病往往被其所带来的成绩所掩盖，表现得并不突出。苏联人民在当时封闭禁锢而又高度思想统一的环境下对这种模式的弊病或许有某种感受，却不愿多想细想。然而，事实上，这一模式所带来的弊病确已存在。旁观者清。法国作家罗曼·罗兰莫斯科之行，就看出了当时苏联社会的弊病和潜伏的危机。这里可以举几个例子加以说明。例一，特权阶级开始脱离群众。罗曼·罗兰在高尔基家作客，感受到一代社会主义文豪家中的奢华：花园围绕的宽敞二层别墅、专职的保姆兼女护士、家庭女教师、汽车司机等等，令这位来自于发达资本主义国家而又早在1915年因获得“诺贝尔文学奖”而享誉世界文坛的法国文学巨匠自叹不如！而且，与莫斯科普通百姓家庭食物短缺不同，高尔基家中的浪费很严重。罗曼·罗兰说，“像高尔基这样善良和宽厚的人，在吃饭时（虽然自己难得碰一下吃的东西）浪费够许多家庭吃的食物，不知不觉地过着封建领主的生活方式。”② 由此，他推知到苏联特权阶级已同苏联人民间的关系出现了裂痕。他这样写道，“我选取的例子不是来自真正的共产党员、政治领导人的生活，而是来自宫廷知识分子的生活……可是，了解下述这一点就已足够：宫廷中的上层达官显贵（即使应该得到这种恩赐）过着特权阶级的生活，但人民却仍然不得不为了谋取面包和空气（我想说的是住房）而进行艰苦的斗争。而且，这一切的发生是为了证明革命的胜利，可革命的首要目的确是确立劳动者的平等，形成统一的阶级。我深信，我在纸上叙述的想法早已记在那些没有特权的人们的心里。在我们的汽车驶过的城郊公路上，我从铺浇柏油的农民和工人的眼睛中看出了这种想法。”③ 例二，物质生活资料缺乏已是不争事实。罗曼·罗兰说，苏联面临的困难“仍是实质性的，干瘪的母牛仍是干瘪的；在莫斯科，物质生活（工资、食物、

---

① 高放、李景治、蒲国良主编：《科学社会主义的理论与实践》，中国人民大学出版社2014年版，第118—119页。

② ［法］罗曼·罗兰：《莫斯科日记》，夏伯铭译，上海人民出版社1995年版，第116页。

③ 同上书，第117页。

住房）依然非常困难；在列宁格勒和苏联其他地区，物质生活大概更折磨人。"① 例三，个人崇拜、虚假宣传、封闭排外使苏联社会潜伏着危机。罗曼·罗兰对以牺牲个人自尊而达到对某种思想或某个人物信仰的狂热以及通过丑化一种制度而达到宣传另一种制度优越的做法，感到吃惊。他指出，"甚至高尔基也当着我的面对正在蜕化成虚荣心的自尊感的滥用表示可惜"。工人们的个人自尊与工作自尊，以及苏联公民的自尊，"都以歪曲真相的代价而得到强化。来自国外的消息本来能使苏联劳动者对他们国境之外的世界上的事态具有正确的概念，但这种消息却遭到系统的隐瞒和歪曲。"真担心有朝一日苏联人民将苏联同西方资本主义国家比较而发生动荡。② 罗曼·罗兰的担心被后来的事实所证明，并被视为有关苏联解体的"先见之明"。对于罗曼·罗兰的日记所描写的苏联社会的情况，前外交部部长钱其琛曾将其与另一位访苏归来的法国作家安德烈·纪德对苏联社会情况的记叙作了比较。他说，两人在日记中都提到：高大的纪念性建筑、宽敞的别墅同窄小、简陋、拥挤的普通老百姓住房形成鲜明对比；苏联人对国外的局势和状况处于惊人的无知之中，但他们却被弄得深信：外国的一切都远不及苏联好。③

此后，尤其是二战结束后，苏联社会主义建设模式的弊病日益暴露，苏共党内已有人觉察到其社会主义建设存在的问题，提出了调整和改革措施。经济方面，主管农业工作的苏共中央政治局委员安德烈也夫积极支持农村实行"包产到组"的改革。苏共中央政治局委员、部长会议第一副主席沃兹涅先斯基指出了战后苏联继续优先发展重工业的经济战略和高度集中的管理体制的弊病；主张国民经济的综合平衡发展；扩大地方和企业的自主权；利用价值规律的调节作用，促进经济发展。政治方面，苏共党内提出了诸如给地方和各人民委员部下放权力；取消战时特别法庭；扩大党内民主；实行干部轮换制原则；废除死刑法令，等等。④ 不过，这些主

---

① ［法］罗曼·罗兰：《莫斯科日记》，夏伯铭译，上海人民出版社 1995 年版，第 114 页。

② 同上书，第 113 页。

③ ［法］安德烈·纪德（1869—1951），法国著名作家，1947 年获得诺贝尔文学奖。其曾于 1935 年访问苏联，写下了题为访苏归来的日记（1937 年公开发表），描写了苏联社会主义模式的弊病。参见钱其琛：《外交十记》，世界知识出版社 2003 年版，第 222 页。

④ 高放、李景治、蒲国良主编：《科学社会主义的理论与实践》，中国人民大学出版社 2014 年版，第 132—133 页。

张与建议或未被采纳，或因遭到压制而没有产生任何效果。斯大林去世后，苏共加强了对苏联社会主义建设所存在问题的调整。经济上，修改工业发展计划，强调在“优先发展重工业的基础上，加速发展轻工业和食品工业”；政治上，苏共宣布“加强法制”，“扩大社会主义民主”，对一批重大冤假错案进行平反，开始对“个人迷信”的谴责与批判，提倡正确处理“领袖和群众”之间的关系；对外关系上，宣布对外开放，允许外国人到苏联旅游，与资本主义国家开展文化交流和往来；改善与印度、埃及的关系，恢复与南斯拉夫的国家关系（1955 年）等。[①]

苏共对社会主义建设存在问题的调整与改革，已使毛泽东和党中央觉察到斯大林和苏联经验中存在的一些问题[②]，开始了自己的反思与总结。1955 年底，毛泽东就发现苏联的某些经验不适合中国国情，提出了“以苏为鉴”的问题。1955 年底到 1956 年 1 月毛泽东南方视察，听取地方党委汇报，以及 2 月听取 34 个部委的汇报，拉开了中共以苏为鉴，总结社会主义建设经验的序幕。在苏共二十大批判斯大林后，中共“以苏为鉴”的思想更加明确了。[③] 当时总结社会主义建设的经验，主要涉及的问题有：（1）产业结构问题,主要是农、轻、重的比例关系问题。中央各部委认为，“一五”期间重视重工业发展的方针是正确的，但是存在着重工业投资比例过大，影响农业和轻工业投资的问题；主张吸取匈牙利和捷克斯洛伐克等东欧国家因比例失调所引起的中途改变计划，以及因重工业过重所引起的工资水平下降等经验教训。（2）生产力的布局问题,主要是沿海工业和内地工业的关系问题。“一五”期间，出于合理布局和国防安全考虑，加大了内地工业发展力度，限制了沿海工业的发展。对此，毛泽东指出，“沿海地区要充分合理发展，不能限制。”“有的同志好像战争就要来的样子，准备着架子在对待战争，因此要限制沿海，这样不妥。轻工业百分之七十在沿海，不积极利用，还靠什么来搞生产？”[④] 中央部委一致认为，要充分利用和发展沿海工业优势，促进内地工业的发展。（3）国防工

① 王春良、祝明主编：《世界现代史》（下卷），山东人民出版社 1990 年版，第 245—247 页。

② 薄一波：《关于重大决策与事件的回顾》（上卷），中共党史出版社 1991 年版，第 472 页。

③ 同上。

④ 同上书，第 483—484 页。

业建设的规模和速度问题,从经济上看实际上是更深层次的产业结构问题,即重工业内部的国防工业与民用工业的关系问题。针对国防工业建设规模过大,要求过急,引起了整个工业建设全面紧张的情况,中央有关部委建议安排工业建设时,既要考虑需要,又要考虑可能,使人力、物力、财力和建设规模相适应。[①]（4）经济体制问题,主要是国家、集体、个人的权利、责任、利益分配问题。主要问题有:当时国家对企业实行统收统支办法,限制了企业增收节支的积极性的发挥;农村生产合作社自身积累不够,各行各业存在不爱惜民力现象;劳动部门负责同志平时思想上只重视劳动生产率,而没有足够重视改善职工生活和提高工资问题。一些工厂职工家庭粗粮、咸菜都不能吃饱,住房更是困难。工人批判领导"只关心炉况,不关心人况。"[②]（5）关于国家对经济和其他事业的管理体制问题,主要是中央和地方的关系问题。存在的问题主要有,开办工厂由中央部委包办的做法,不利于调动地方的积极性;财政预算与收入,中央权力集中,地方权力太小且不完整,形成了县要钱向省要,省要钱向中央要的局面,不利于发挥地方组织财政收入的积极性。[③]上述问题是中共反思和总结初步社会主义建设经验教训的结果,为后来毛泽东论述十大关系,全面探索中国道路,提供了重要参考。

（三）毛泽东探索适合中国国情的社会主义建设道路

1956年4月,毛泽东在中共中央政治局扩大会议所作的《论十大关系》的讲话,揭开了毛泽东全面探索中国特色社会主义道路的序幕[④]。毛泽东在《论十大关系》的讲话中首先指出了全面探索中国道路的原因。他说,"最近苏联方面暴露了他们在建设社会主义过程中的一些缺点和错误,他们走过的弯路,你还想走吗?过去我们就是鉴于他们的经验教训,

---

① 薄一波:《关于重大决策与事件的回顾》(上卷),中共党史出版社1991年版,第475—476页。

② 同上书,第478—479页。

③ 当时省财政收入只有三项:5%的农业税附加、3%的总预备费、自筹部分资金,且数额不大;县、乡无财权。参见薄一波:《关于重大决策与事件的回顾》(上卷),中共党史出版社1991年版,第480—481页。

④ 李慎明:《党的八大前后开始的中国特色社会主义道路的探索与当今中国的发展壮大》,《当代中国史研究》2006年第5期,第18—21页。

少走了一些弯路，现在当然更要引以为戒。”① 对于如何以苏为鉴，总结经验教训，毛泽东运用矛盾分析方法，阐述了社会主义建设需要解决好的十大关系（矛盾）。针对苏联出现的农、轻、重关系失调问题，毛泽东认为，我们在处理这方面关系时，尽管没有犯原则性的错误，但也存在一些问题，需要适当地调整重工业和农业、轻工业的投资比例，更多地发展农业、轻工业。在谈到国家、集体和个人关系问题时，毛泽东指出，鉴于苏联和我们自己的经验，三者必须兼顾，不能只顾一头。关于如何处理中央与地方的关系，毛泽东强调在巩固中央统一领导的前提下，要扩大一些地方的权力，给地方更多的独立性，注意发挥地方的积极性。针对苏联出现俄罗斯民族同少数民族关系不正常的现象，毛泽东认为，我们对于汉族和少数民族关系的政策是比较稳当的，少数民族也是比较赞成的。我们要着重反对大汉族主义，同时也要反对地方民族主义。关于中外关系问题，毛泽东指出，学习外国的长处是必要的，也是需要一点勇气的，“我们的方针是，一切民族的、一切国家的长处都要学，……但是，必须有分析有批判地学，不能盲目地学，不能一切照抄，机械搬用。”② 毛泽东提出社会主义建设需要处理好的十大关系，是其总结苏联和我国社会主义建设经验教训的重要成果，表明中共已经开始根据本国国情，积极探索适合中国的社会主义建设道路。其中包含着走自己的路，建设有中国特色的社会主义的重要思想观点③。对此，毛泽东后来回忆道，“前八年照抄外国的经验。但从一九五六年提出十大关系起，开始找到自己的一条适合中国的路线。”④

为了进一步总结社会主义建设经验教训，团结一切可以团结的力量，把我国建设一个伟大的社会主义国家，1956 年 9 月，中国共产党召开了第八次全国代表大会，作出了关于社会主义建设的一系列重要决策。其一，关于社会主要矛盾和主要任务。大会指出，社会主义制度基本建立后，我国社会的主要矛盾已经是人民对于建立先进的工业国的要求同落后的农业国现实之间的矛盾和人民对于经济文化迅速发展的需要同当前经济

---

① 《毛泽东文集》（第 7 卷），人民出版社 1999 年版，第 23 页。

② 同上书，第 41 页。

③ 郭德宏主编：《中国共产党的历程》（第 2 卷），河南人民出版社 2001 年版，第 253 页。

④ 逄先知、金冲及主编：《毛泽东传（1949—1976）》（上卷），中央文献出版社 2003 年版，第 486 页。

文化不能满足人民需要状况之间的矛盾。全国人民的主要任务是集中力量发展社会生产力，实现国家工业化，满足人民的物质文化需要。这就明确规定了把党和国家的工作重心转移到社会主义建设上来，为全党和全国人民规定了建设社会主义的总方向。其二，关于经济建设方针。大会总结“一五”计划的经验教训，提出了既反保守又反冒进，即在综合平衡中稳步前进的经济建设方针。其三，关于经济管理体制。大会提出了一些改革经济管理体制的新构想。刘少奇主张企业在国家统一领导和统一计划下，在计划管理和财务管理等方面，给企业以适当的自治权；周恩来主张运用价值规律为社会主义建设服务；陈云提出了“三个主体、三个补充”的著名观点，即既要以国家经营和集体经营为主体，又要有一定数量的个体经营作补充；既要以计划生产为主体，又要有自由生产作补充；既要以国家市场为主体，又要有自由市场为补充。其四，关于政治民主建设。大会提出了在国家政治生活中开展反对官僚主义的斗争，进一步扩大社会主义民主，健全社会主义法制，巩固社会主义的建设秩序。其五，关于党的建设。大会强调要坚持民主集中制原则，解决权力过分集中的倾向，在集中统一领导的前提下，中央要给予下级独立处理问题的广泛权利；继续坚持党的集体领导，防止个人崇拜，避免个人专断和个人决定重大问题。① 中共八大关于社会主要矛盾和主要任务、经济建设方针、民主法制建设和党的建设等重要决策，既是中共总结苏联和中国社会主义建设经验教训的重要成果，也为进一步探索适合中国国情的社会主义建设道路指明了方向。遗憾的是，“由于当时党对于全面建设社会主义的思想准备不足，八大提出的路线和许多正确意见没有能够在实践中坚持下去。八大以后，我们取得了社会主义建设的许多成就，同时也遭到了严重挫折。”②

中共八大后，毛泽东继续着探索中国道路的步伐，其中一个重要的表现，就是其在 1957 年 2 月在最高国务会议第十一次（扩大）会议上所作的《关于正确处理人民内部矛盾的问题》的讲话。促使毛泽东采取这一举措的一个重要原因是国际国内形势的变化。国际上，苏共二十大后国际社会主义运动混乱的局面愈演愈烈，在东欧出现了“波兹南事件”和“匈牙利事件”，反映了东欧社会主义国家内部的人民内部矛盾的复杂和

---

① 王桧林主编：《中国现代史》（下册），高等教育出版社 2003 年版，第 107—110 页。

② 《邓小平文选》（第 3 卷），人民出版社 1993 年版，第 2 页。

尖锐；在国内，由于社会主义改造要求过急、工作过粗，以及一些地方领导干部官僚主义作风等原因，一些省市出现了学生罢课、工人罢工和农民退社等现象，反映了国内人民内部矛盾的尖锐。这种状况迫切需要中共解决社会主义建设所面临的人民内部矛盾问题。《关于正确处理人民内部矛盾的问题》的讲话就是基于这种需要而发表的。毛泽东在讲话中首先分析了社会主义社会的基本矛盾和特点。他指出，社会主义社会的基本矛盾仍然是生产力与生产关系、经济基础与上层建筑之间的矛盾。但是社会主义社会的基本矛盾是非对抗性的矛盾，可以通过社会主义制度的自我完善与发展而得到解决。其次，指出了社会主义社会存在两类不同性质的矛盾及其解决方法。他指出，社会主义社会存在着敌我矛盾和人民内部矛盾两种性质完全不同的矛盾。其中，敌我矛盾是对抗性的矛盾，必须用专政与革命的方法加以解决；而人民内部矛盾则是非对抗性的矛盾，是人民在根本利益一致基础上的矛盾，只能用民主的方法去解决，即用"团结—批判—团结"方式去解决。最后，提出把正确处理人民内部矛盾作为国家政治生活的主题，阐述了正确处理各类人民内部矛盾的方针政策。如在经济工作中对全国城乡各阶层实行"统筹兼顾，适当安排"的方针，兼顾国家、集体、个人三者的利益；在共产党与民主党派的关系上，实行"长期共存，互相监督"的方针；在科学文化工作上，实行"百花齐放，百家争鸣"的方针；在肃反问题上，坚持"有反必肃，有错必纠"的方针①；等等。毛泽东上述关于社会主义社会矛盾的学说，对于认识和解决社会主义建设所面临的各类矛盾具有重要的指导意义，也是毛泽东探索中国道路的重要成果。不过，受波匈事件、中苏关系恶化的影响，毛泽东对国内阶级斗争形势估计得过于严重，出现了反右派斗争扩大化倾向，结果使原本沿着正确方向进行的探索发生了转向。

四　毛泽东探索中国道路方向的逆转：中苏关系由分歧走向对抗

苏共二十大和苏联社会主义建设的失误促使中共反思和总结社会主义建设的经验教训。中共通过召开八大等一系列中央会议，发表《论十大

① 王桧林主编：《中国现代史》（下册），高等教育出版社2003年版，第119—120页。

关系》与《关于正确处理人民内部矛盾的问题》等重要文件，总结出了许多关于社会主义建设的积极成果，为进一步探索中国道路提供了借鉴。然而，随着中苏关系由分歧走向对抗，毛泽东对中国国内外形势的估计出现了严重失误，导致其探索中国道路发生了转向。

（一）中苏关系由分歧走向对抗及其影响

中苏关系[①]早在苏共二十大时围绕斯大林评价等问题就出现了分歧，不过，由于中共对双方的分歧采取了认真而又慎重的态度[②]，中苏两党间的分歧与矛盾并没有公开化。此后，在"波兹南事件"、"匈牙利事件"以及苏共党内斗争等问题的处理上，中共尽管对赫鲁晓夫为首的苏共中央的做法表示异议，并提出了严厉的批评（在中共党内），但出于维护苏共的威信和苏联稳定的大局考虑，均给予赫鲁晓夫以雪中送炭般的支持。对此，赫鲁晓夫心存感激，甚至还主动提出增加对中国建设的援助项目，答应帮助中国建立一个试验性核反应堆和给中国一个小型的原子弹样品。[③]1957 年 11 月莫斯科会议召开，毛泽东率领中国代表团参加会议。会上，中苏两党代表团在关于从资本主义向社会主义过渡等问题上产生了分歧。苏共认为资本主义存在向社会主义和平过渡[④]的可能性，无产阶级完全有可能通过议会斗争来取得政权；而中共强调资产阶级不会自动让出政权，相反会千方百计甚至不惜使用武力来维护政权，因此面对资产阶级的武力威胁，无产阶级必须进行武力自卫并夺取政权。后经双方多番协商讨论，

---

① 沈志华认为，中苏关系经历了同盟（1949—1953）、蜜月（1954—1957）、分歧（1958—1960）、争论（1961—1964）、破裂（1965—1967）、冲突（1968—1979）以及走向正常化（1980—1991）等不同阶段。参见沈志华：《中苏同盟破裂的原因和结果》，《中共党史研究》2007 年第 2 期，第 29—42 页。

② 吴冷西：《十年论战——1956—1966 中苏关系回忆录》（上卷），中央文献出版社 1999 年版，第 32 页。

③ 同上书，第 94 页。

④ 和平过渡问题是英国共产党最早提出，认为在资本主义比较发达、资产阶级民主比较发达的国家，特别是英国，有可能通过议会斗争取得政权，进入社会主义社会。后来这个观点在欧洲各国党内比较流行，也为苏共所接受。和平过渡问题成为赫鲁晓夫在苏共二十大报告中提出的一个重大原则问题。由于当时国际共产主义运动正面临全世界的反苏反共浪潮，如何维护共产主义和苏联的威望是当时社会主义国家所面临主要课题，因此，当时，中共虽然不同于赫鲁晓夫的和平过渡路线，但并没有就这一问题同其争论。参见吴冷西：《十年论战——1956—1966 中苏关系回忆录》（上卷），中央文献出版社 1999 年版，第 135—136 页。

会议通过宣言，在指出和平过渡的可能性的同时，也指出非和平过渡的道路，并强调“统治阶级是不会自愿让出政权的”。这次会议在和平过渡问题上的分歧成为中苏两党争论的开始。[①]

1958 年以后，中苏两党两国间的分歧与矛盾进一步加深，并最终走向了公开论争与对抗。1958 年 4 月，苏联提出建立联合舰队和长波电台，严重侵犯中国主权，遭到中共的拒绝。8 月，中国人民解放军炮击金门、马祖[②]，赫鲁晓夫无端指责中共的行动将苏联拖入美苏交战的危险地步，并要求中共作出让步，以牺牲中国国家和民族利益，满足美国制造“两个中国”、分裂中国的阴谋，结果遭到了中共的坚决抵制。1959 年初，苏共干涉中国内政，批评中共的“人民公社”和“大跃进”等路线政策。8 月，苏联单方面撕毁两国订立的军事技术协定，拒绝向中国提供原子弹样品和有关技术资料，致使中共研制原子弹的计划搁浅，引起了中共的强烈不满。9 月，在中印边界冲突问题上，苏联发表偏袒印度的声明，无理指责中国挑起边境冲突，诬蔑中国进行的反击是“狭隘的民族态度的表现”，还攻击中国领导人“为了追求扩张主义和霸权主义的目的，也是为了使苏中关系尖锐化，……挑起了中印边界冲突”[③]。苏联这种歪曲事实，公开偏袒印度的行为，不仅加深了彼此间的矛盾，也使两党两国间的分歧与矛盾公开化。10 月，赫鲁晓夫在新中国成立 10 周年庆典前后攻击中共，反对中国的内外政策。[④]

苏共上述不顾中苏友好关系，肆意侵犯中国主权，干涉中国内政外交的做法，引起了中共的强烈不满，也增加了中共对苏联转变为现代修正主义的担忧。1960 年 4 月，中共发表了《列宁主义万岁》等三篇文章，提出了高举列宁主义的革命旗帜，批判现代修正主义问题。中共尽管没有点名批判苏共，但矛头直指赫鲁晓夫为首的苏共，这引起了赫鲁晓夫的强烈

---

① 王桧林主编：《中国现代史》（下册），高等教育出版社 2003 年版，第 188 页。

② 1958 年 8 月，中国政府为惩罚台湾当局的挑衅行为，阻止美国制造“两个中国”、分裂中国的阴谋，决定炮击金门、马祖，并事先将中方的意图告知苏共。但赫鲁晓夫担心中共的行为会使苏联卷入台湾海峡危机而同美国发生战争，因而指责中共的炮击行为，并粗暴干涉中国内政。参见方连庆等编著：《战后国际关系史（1945—1995）》（上卷），北京大学出版社 1999 年版，第 273—274 页。

③ 方连庆等编著：《战后国际关系史（1945—1995）》（上卷），北京大学出版社 1999 年版，第 275 页。

④ 伍修权：《回忆与怀念》，中共中央党校出版社 1991 年版，第 333 页。

不满。5月，美国U－2飞机入侵苏联领空，中共借此批评苏共对美政策，使赫鲁晓夫处境难堪并宣布拒绝参加巴黎四国首脑会议。赫鲁晓夫因此“恼羞成怒”，准备发动一个反华运动。[①] 6月，赫鲁晓夫利用51国共产党和工人党参加罗马尼亚工人党第三次代表大会的机会，策划了布加勒斯特会议。会上，苏共对中共发动了突然袭击，指责中共的独立自主立场，诬蔑中共是“疯子”、“要发动战争”，在中印边界问题上的“纯粹民族主义”；还纠合与会各国代表，企图压服中共，结果因遭到中共代表团的坚决抵制而未能如愿。此后，苏共则变本加厉地对中共施加各种压力。7月，苏联违背《中苏友好同盟条约》，突然照会中国，单方面决定全部撤走在中国帮助工作的专家1390人，撕毁12个协定和1个协议书以及343个专家合同和合同补充书，废除了257个科学技术合作项目。[②] 苏联的上述行为给中国社会主义建设造成了巨大损失，加重了中国的经济困难，也使两国关系进一步恶化。

针对苏联恶化中苏关系的举措，中共从维护国际共产主义运动和中苏友谊的大局出发，依然保持着克制和忍让。1960年11月，中国共产党代表团参加了在莫斯科举行的81国共产党和工人党代表会议，以示对苏共的友好与支持。然而，苏联领导人并不领情，相反趁机在与会国代表中散发文件，攻击中国共产党，挑起中苏两党代表团的激烈争论。更有甚者，在1961—1963年间，苏联采取了进一步恶化中苏关系的举措：逼迫中国偿还抗美援朝战争时的军用物资贷款；在中国新疆地区策动分裂反叛活动，制造“伊犁暴乱事件”；给予印度以经济和军事援助，支持其发动侵犯中国边界的战争；还发表一系列反华文章，挑起中苏公开论战等等。对此，中共予以还击，一方面谴责和粉碎苏联策动的反华分裂等活动；另一方面在1962年12月—1963年3月间发表了《全世界无产者联合起来反对我们的共同敌人》等7篇文章，驳斥苏联的反华论调，阐明中共的立场观点。这一时期，尽管苏共指名道姓地攻击中共，但中共还是决定要留

---

① 吴冷西：《十年论战——1956—1966中苏关系回忆录》（上卷），中央文献出版社1999年版，第310—311页。

② 方连庆等编著：《战后国际关系史（1945—1995）》（上卷），北京大学出版社1999年版，第382—383页。

有余地，在还击时仍然未直接点苏共和赫鲁晓夫的名。[1] 1963 年 7 月，在中苏两党代表团举行莫斯科会谈期间，苏共中央在《真理报》上发表《苏共中央给苏联各级党组织和全体共产党员的公开信》，全面系统且指名道姓地攻击中共和中共领导人，从而使中苏论战进一步升级。为驳斥苏共的攻击，1963 年 9 月到 1964 年 7 月，中共发表了《苏共领导同我们分歧的由来和发展》等 9 篇评论苏共公开信的文章，驳斥和还击了苏共对中共的指责和攻击。由此中苏两党两国关系急剧恶化。[2]

1964 年 10 月赫鲁晓夫下台后，中共为修复中苏关系，派周恩来率代表团出席十月革命 47 周年纪念活动，并会晤了苏共领导人勃列日涅夫。勃列日涅夫宣称：在国际共产主义运动和中苏关系问题上，他们同赫鲁晓夫没有丝毫分歧，“甚至没有细微的区别”。[3] 这给中共代表团当头一棒。后来，在苏共举行的招待会上，苏联国防部长马利诺夫斯基竟然向中共代表（贺龙）提议将毛泽东赶下台，作为中苏关系和好的条件。[4] 对此，中共表示强烈抗议。1965 年，苏共未经同中共等商议，擅自召集有 26 国共产党参加的莫斯科三月会议，企图借机压服中共。中共拒绝出席会议。这次会议以后，中苏两党关系虽然没有公开宣布破裂，但只保持一种形式上的将破未破的关系，中苏关系已朝着不断恶化的方向发展。[5] 1966 年 4 月苏共二十三大召开，中共拒绝派代表参加。至此，中苏关系彻底破裂。此后，中苏走上了全面对抗之路。苏联在中苏边境不断增加驻军（最多时达 100 万），挑起中苏边境武装冲突（如“珍宝岛事件”），威胁中国的安全，给中国社会主义建设事业造成了巨大危害。

---

① 吴冷西：《十年论战——1956—1966 中苏关系回忆录》（下卷），中央文献出版社 1999 年版，第 632 页。

② 方连庆等编著：《战后国际关系史（1945—1995）》（上卷），北京大学出版社 1999 年版，第 384—385 页；王桧林主编：《中国现代史》（下册），高等教育出版社 2003 年版，第 189—191 页。

③ 王桧林主编：《中国现代史》（下册），高等教育出版社 2003 年版，第 191 页。

④ 1964 年 11 月 7 日晚，苏共举行的招待会上，苏联国防部长马利诺夫斯基对贺龙说，我们现在已经把赫鲁晓夫搞掉了，你们也应该照我们这么办，把毛泽东搞掉，这样我们就能和好了。参见吴冷西：《十年论战——1956—1966 中苏关系回忆录》（下卷），中央文献出版社 1999 年版，第 861 页。

⑤ 吴冷西：《十年论战——1956—1966 中苏关系回忆录》（下卷），中央文献出版社 1999 年版，第 931—933 页。

中苏关系由分歧走向对抗，对中国社会主义建设产生了重要负面影响。首先，恶化了中国社会主义建设的国际环境，加大了社会主义建设的难度。中苏分歧与对抗前，苏联是中国社会主义建设的指导者和帮助者，也是中国在国际上抗衡美国为首的资本主义势力的有力支持者。苏联的支持与援助为中国经济恢复和社会主义建设提供了有力的外援，也使中国社会主义建设处于相对缓和的国际环境之中。而中苏分歧与对抗后，苏联撕毁条约，撤走专家，催逼还债，中止经济技术援助等，使我国的经济建设遭受巨大损失，加重了我国的经济困难；同时，苏联在外交上孤立中国，军事上威胁中国安全，使中国所面临的国际威胁除了美国外，又增加了苏联，从而恶化了中国社会主义建设的国际环境，加大了社会主义建设的难度。其次，促使中共对国际国内形势作出错误的判断，导致社会主义建设指导方针发生偏差。中苏分歧与对抗前，尽管面临着美国等资本主义势力的威胁，但中共认为总体国际形势是朝着和平方向发展的。由此，中共确定党和国家的中心任务是发展社会生产力，逐步满足人民日益增长的物质文化需要。然而，中苏分歧与对抗后，面对苏联的军事威胁，中共认为新的世界大战不可避免，于是将备战作为党和国家的工作重心之一。加之，由于中苏在意识形态上的分歧，中共将赫鲁晓夫视为修正主义分子，并且担心中共党内出现赫鲁晓夫式的人物，于是作出了阶级矛盾仍然是社会主要矛盾的错误论断，确定了阶级斗争为纲的指导方针，致使党和国家的工作重心偏离了发展经济和社会生产力的正确轨道。最后，致使毛泽东探索中国道路发生了转向（对此问题下文将详细论述）。中苏分歧与对抗前，毛泽东吸取和总结苏联和中国社会主义建设的经验教训，试图探索出一条适合中国国情的社会主义建设道路，并取得了许多积极成果。然而，中苏分歧与对抗后，毛泽东探索中国道路的方向发生左转，出现了“左”的错误，如偏离了经济建设中心，走上以阶级斗争为纲的道路；以总路线、“大跃进”和人民公社（“三面红旗”）作为评判社会主义建设的重要标准；国际上以反对帝国主义、现代修正主义和各国反动派为战略方针，等等。[①]

① 李明斌：《试析中苏论战对中共和中国的消极影响》，《当代世界社会主义问题》2009 年第 3 期，第 82—91 页。

（二）毛泽东探索中国道路转向

毛泽东探索中国道路转向是从1957年整风运动开始的。促使毛泽东开展整风运动的原因固然有多方面的国内因素，如历史经验昭示：整风是正确解决党内矛盾，加强党的建设，提高党的马克思列宁主义理论水平和政治觉悟的好形式；整风时机到来：社会主义改造任务基本完成后，正确处理人民内部矛盾成为国家政治生活的主题；整风的必要性：新中国成立后，党内出现的诸如刘青山、张子善贪污案以及“高岗、饶漱石事件”等，说明加强党的建设十分必要，等等。不过，促使毛泽东开展整风运动的一个国际因素是不能忽视的。在毛泽东看来，“波匈事件”发生与苏联社会主义建设出现一系列问题，其中一个重要原因在于这些国家的执政党出现了脱离工农劳动群众等错误。对此，刘少奇曾在1956年11月八届二中全会上指出：“为了把我们的工作做好，要特别注意一个问题，就是我们的党以及我们国家的领导机关和各级领导人员无论如何也不要脱离工农劳动群众。这是一个根本问题。东欧这些国家就有这个问题，就是脱离了工农劳动群众。”①

为了克服党内存在的脱离工农劳动群众、脱离实际等思想作风问题，提高全党的马克思列宁主义思想水平，以适应社会主义建设的需要，从1957年5月1日开始在全党开展以反对官僚主义、反对宗派主义和反对主观主义为主要内容的整风运动。为了使整风运动取得满意效果，毛泽东和党中央决定邀请党外人士帮助整风。党外人士提出了许多有益于加强党的建设的正确而又中肯的建议。然而，极少数资产阶级右派分子趁机攻击中国共产党领导和社会主义制度，并把矛头指向党中央和毛泽东，说什么“三害”（官僚主义、主观主义、宗派主义）应该到中共中央和毛泽东那里挖，等等。这种状况引起了毛泽东的警惕与担忧，即担心中国出现类似于波兰和匈牙利的事件。② 5月15日，毛泽东写了《事情正在起变化》一文，批判了右派分子的进攻，决定对右派分子发动进攻。由此一场大规模的反右派斗争在全国展开。由于对于什么是右派分子，没有一个统一的

① 薄一波：《关于重大决策与事件的回顾》（下卷），中共党史出版社1993年版，第605页。

② 同上书，第612页。

划分标准，加之对于右派分子进攻的形势估计得过于严重，结果反右派斗争犯了严重扩大化的错误。反右派斗争的严重扩大化导致的后果是：在理论上改变了中共八大关于社会主要矛盾的论断，从而中断了党的工作重心的转移，使党和国家长期陷入阶级斗争扩大化的迷误，严重干扰了社会主义经济建设①，也使毛泽东和党中央探索中国道路开始发生转向。1957 年 9 月召开的党的八届三中全会对社会主要矛盾作出了重新界定，认为当前中国社会的主要矛盾仍然是过渡时期主要矛盾，即无产阶级和资产阶级的矛盾，社会主义道路和资本主义道路的矛盾。② 1958 年 5 月，党的八大二次会议进一步强化了对这一社会主要矛盾的认识。刘少奇在所作的工作报告中指出："整风运动和反右派斗争的经验再一次表明，在整个过渡时期，也就是在社会主义社会建成以前，无产阶级同资产阶级的斗争，社会主义道路同资本主义道路的斗争，始终是我国内部的主要矛盾。"在谈到毛泽东修改中共八大关于主要矛盾的论断时，薄一波曾说，国际上，"波匈事件，特别是匈牙利事件，对毛主席和我们党的影响和震动太大了，仿佛中国也存在着这种现实的危险，再加上国内有极少数资产阶级右派分子利用帮助党整风的机会发动进攻，就更加重了这种危机感。"③

一波未平，一波又起。在反右派斗争扩大化的同时，1957 年 9 月召开的党的八届三中全会围绕社会主义建设又开始了批评反冒进。④ 中共八大确定的在综合平衡中稳步前进的经济建设方针要求社会主义建设应当在积极稳妥的情况下开展。而批评反冒进显然违背了中共八大确定的经济建设方针，"助长了'左'的思想的发展，为 1958 年'大跃进'的发动起了清道和催化的作用。"⑤ 尤其需要指出的是，批评反冒进本属于有关社

---

① 薄一波：《关于重大决策与事件的回顾》（下卷），中共党史出版社 1993 年版，第 623 页。

② 同上书，第 629 页。

③ 同上书，第 631 页。

④ 反对经济建设上的冒进早在 1956 年初就提出，由于当时毛泽东忙于应付"波匈事件"和对斯大林评价问题，对反冒进采取了保留态度。1957 年下半年随着形势发展（"波匈事件"已经过去，反右派斗争基本结束，"一五"计划提前完成任务）毛泽东开始对反冒进的做法提出了批评，认为反冒进束缚了人民的积极性，使建设速度放慢，阻碍了"跃进"局面的出现。参见薄一波：《关于重大决策与事件的回顾》（下卷），中共党史出版社 1993 年版，第 635 页。

⑤ 薄一波：《关于重大决策与事件的回顾》（下卷），中共党史出版社 1993 年版，第 655 页。

会主义建设速度和建设规模的问题，但是，毛泽东却不恰当地将其同1956年的国际国内形势联系起来，并将其上升到是否属于马克思主义性质的问题。他在1958年3月成都会议上为《中国农村的社会主义高潮》一书部分按语写说明时指出："我们没有预料到1956年国际方面会发生那样大的风浪，也没有预料到1956年国内方面会发生打击群众积极性的'反冒进'事件。这两件事，都给右派猖狂进攻以相当的影响。"① 他还认为，冒进是马克思主义的，而反冒进是非马克思主义的；并将反冒进与右派进攻联系起来，认为反冒进和右派进攻，给群众泼冷水，打击了群众积极性，一前一后，相互联系，犯了方针性错误。

毛泽东为何热衷于以高速度的冒进方式加快社会主义建设？一是与毛泽东总结近代中国屈辱历史的经验教训有关。他认为，近代中国遭受帝国主义侵略、掠夺和欺凌的一个重要原因就是，中国"没有独立、自由、民主和统一，不可能建设真正大规模的工业。没有工业，便没有巩固的国防，便没有人民的福利，便没有国家的富强。"② 毛泽东希望早日建成社会主义，避免历史悲剧重演。二是当时中国现实状况促使毛泽东决定加快社会主义建设步伐。新中国成立后，帝国主义敌视新中国的立场一直没有改变，1958年西方几个大国与中国的关系紧张，蒋介石在美国支持下叫嚣着"反攻大陆"，台湾海峡局势紧张。面对帝国主义的威胁，中国自身的防护能力十分有限。毛泽东在1954年谈到把中国建成一个伟大的社会主义国家时指出："现在我们能造什么？能造椅子，……但是，一辆汽车、一架飞机、一辆坦克、一辆拖拉机都不能造。"③ 由此，毛泽东希望通过加快社会主义建设，增强抵御帝国主义侵略的能力。三是受到了苏联社会主义赶超战略的影响。1957年11月，在庆祝十月革命胜利40周年大会上，赫鲁晓夫提出，在今后15年内苏联赶上和超过美国。同时，在内部确定，从1959年算起，在12年达到共产主义。④ 出席会议的毛泽东深受赫鲁晓夫发言鼓舞。随后，毛泽东在会议上发言，提出了中国用15

---

① 薄一波：《关于重大决策与事件的回顾》（下卷），中共党史出版社1993年版，第645页。

② 《毛泽东选集》（第3卷），人民出版社1991年版，第1080页。

③ 《毛泽东文集》（第6卷），人民出版社1999年版，第329页。

④ 薄一波：《关于重大决策与事件的回顾》（下卷），中共党史出版社1993年版，第769页。

年左右的时间在钢产量等方面赶上英国的目标。他说："赫鲁晓夫同志告诉我们，十五年，苏联可以赶超美国。我也可以讲，十五年后，我们可能赶上和超过英国。"12 月 2 日，刘少奇代表中共中央向中国工会第八次全国代表大会致祝词时，公开宣布："在十五年后，苏联的工农业在最重要的产品的产量方面可能赶上和超过美国，我们应当争取在同一时间，在钢铁和其他重要工业产品的产量方面赶上或超过英国。"① 由此可见，毛泽东批评反冒进，决定加速社会主义建设步伐，既与历史上帝国主义的侵略和现实帝国主义的威胁有关，又受到了苏联赶超战略的影响。

批评反冒进打开了社会主义建设高速跃进之门。此后，"大跃进"和"人民公社化"运动轰轰烈烈在全国展开。由于"大跃进"和"人民公社化"运动严重脱离实际，给国家建设和人民的生产生活带来了巨大危害，从而引起了党内在社会主义建设问题上的分歧。为纠正"左"的错误，总结教训，消除分歧，统一全党认识，1959 年中共召开了庐山会议。这次会议基本上是在肯定"大跃进"和"人民公社化"运动的前提下召开的，注定难以取得预期的成果。最后，会议因彭德怀给毛泽东的一封信而导致由纠"左"转为反右，演变成对彭德怀为首的所谓右倾机会主义反党集团的错误批判。对彭德怀的批判，尽管是由党内关于社会主义建设问题的分歧所引起的，但是也受到国际因素的影响。从给彭德怀所定罪名来看，其中一条就是其"里通外国"，"国际反动别动队"②。这说明毛泽东已将党内的分歧同国际上中苏两党两国间的分歧与矛盾联系起来，将国际问题国内化或党内化了。庐山会议反右倾斗争所带来的严重后果是：经济上，纠"左"有名无实，政治上，"左"的错误愈演愈烈，把阶级斗争引入党内乃至党的高级领导层。

此后，为克服困难，中共于 1962 年 1、2 月间召开了"七千人大会"，初步总结了"大跃进"运动以来的经验教训，取得了一些积极成果。但是中共高层关于"大跃进"等社会主义建设问题的分歧依然存在。例如，毛

① 薄一波：《关于重大决策与事件的回顾》（下卷），中共党史出版社 1993 年版，第 691—692 页。

② 因为彭德怀在庐山会议前，奉命到苏联和东欧访问，结果，庐山会议上被无端地说成"从国际取经"，"里通外国"。参见薄一波：《关于重大决策与事件的回顾》（下卷），中共党史出版社 1993 年版，第 1094 页；或伍修权：《回忆与怀念》，中共中央党校出版社 1991 年版，第 331 页。

泽东认为，“大跃进”的成绩与缺点错误是九个指头与一个指头的关系；而刘少奇则认为，“过去我们经常把缺点、错误和成绩，比之于一个指头和九个指头的关系。现在恐怕不能到处这样套。有一部分地区还可以这样讲。……可是，全国总起来讲，缺点和成绩的关系，就不能说是一个指头和九个指头的关系，恐怕是三个指头和七个指头的关系。还有些地区，缺点和错误不止是三个指头。……我到湖南的一个地方，农民说是‘三分天灾，七分人祸’。你不承认，人家就不服。全国有一部分地区可以说缺点和错误是主要的，成绩不是主要的。”① 中共高层的这种分歧，后来因中苏关系的恶化而被逐渐放大，并被上纲上线，当作阶级斗争来对待，还同国际上反对苏联赫鲁晓夫修正主义的斗争结合起来。这样，一些有别于中共最高层的关于社会主义建设的主张或建议（如包产到户），由被冠以右倾机会主义的帽子变为所谓修正主义的帽子。1962 年 9 月党的八届十中全会召开，毛泽东在会上着重讲的就是怎样对待国内和党内的修正主义的问题。他指出，我们除了在国际上同“帝、修、反”的矛盾外，在国内也还有人民群众同修正主义的矛盾。我们过去叫它做右倾机会主义，现在看，恐怕以改一个名字为好，叫中国的修正主义。② 八届十中全会一方面过分强调阶级斗争，把一定范围内存在的阶级斗争扩大化、绝对化；另一方面，将党内关于社会主义建设问题的分歧当作阶级斗争问题来看待，并同反修防修斗争结合起来，预示着毛泽东将阶级斗争的重点放在防止党内出现修正主义分子的问题上了。

八届十中全会以后，为了防止修正主义，巩固社会主义制度，1963 年毛泽东发动了全国范围的城乡社会主义教育运动（即农村“四清”运动，城市“五反”运动）。这场运动是在八届十中全会阶级斗争扩大化与绝对化思想指导下开展的，“对当时的阶级斗争形势看得过于严重了，甚至把党变修、国变色、全国发生反革命复辟看成已是面临的现实危险，这就严重脱离了当时的党内实际和社会实际。”③ 运动中，围绕“四清”运动性质等问题，中央高层间的分歧进一步加大。刘少奇认为“四清”运

---

① 《刘少奇选集》（下卷），人民出版社 1985 年版，第 421 页。

② 薄一波认为，毛泽东这里所说的修正主义实际上是指 1962 年上半年的“三风”问题，即党内在社会主义建设问题上的认识分歧，包括所谓“黑暗风”“单干风”和“翻案风”。参见薄一波：《关于重大决策与事件的回顾》（下卷），中共党史出版社 1993 年版，第 1100 页。

③ 薄一波：《关于重大决策与事件的回顾》（下卷），中共党史出版社 1993 年版，第 1110 页。

动的性质是“四清”与“四不清”的矛盾，或人民内部矛盾与敌我矛盾交织在一起。毛泽东则把问题的性质看得严重得多，认为是社会主义和资本主义的矛盾，具有反社会主义性质。[①] 毛、刘间分歧的后果是使毛泽东产生了对刘少奇的不信任，从而埋下了毛泽东发动“文化大革命”的种子。毛泽东在1966年8月在八届十一中全会上写的《炮打司令部——我的一张大字报》，就把“一九六四年形‘左’实右的错误倾向”，作为刘少奇的一条罪状。[②]

城乡社会主义教育运动轰轰烈烈开展之际，正值中苏论战激烈，中苏关系行将破裂之时。期间，毛泽东一方面希望通过社会主义教育运动以及随后的文化战线的批判运动，从根本上挖掉所谓修正主义的根子[③]；另一方面又因中共高层在运动中的分歧，增强了他对中央高层出现赫鲁晓夫式修正主义分子的担忧。毛泽东指出，赫鲁晓夫从苏共二十大以来的行径表明，社会主义国家会产生修正主义，甚至篡夺党和国家的领导权，因此，我们必须在党内和国内开展反修防修斗争。[④] 后来（1966年10月），毛泽东在同越南国家主席胡志明会谈时表达了这种担忧。他说：我们都是七十以上的人了，总有一天被马克思请去。接班人究竟是谁，是伯恩施坦、考茨基，还是赫鲁晓夫，不得而知。要准备，还来得及。[⑤] 对于如何选好接班人，防止修正主义分子出现，在毛泽东看来，首先，遴选接班人要注意五个条件，即马列主义、人民、多数、民主和自我批评。他解释说，这五条是互相联系不可分割的。第一条是理论也是方向；第二条是目的，到底为谁服务；第三、四、五条是方法问题。要团结多数人，要搞民主集中制，不能一人说了算，要有自我批评，要谦虚谨慎。[⑥] 其次，在组织上撤换一些有“问题”的领导人。罗瑞卿、彭真、陆定一和杨尚昆等同志就被当作有“问题”的领导人而被停止或撤销了领导职务。最后，将隐藏在领导干部

---

① 薄一波：《关于重大决策与事件的回顾》（下卷），中共党史出版社1993年版，第1128—1129页。

② 同上书，第1134页。

③ 同上书，第1146页。

④ 吴冷西：《十年论战——1956—1966中苏关系回忆录》（下卷），中央文献出版社1999年版，第778页。

⑤ 薄一波：《关于重大决策与事件的回顾》（下卷），中共党史出版社1993年版，第1167页。

⑥ 同上书，第1160—1161页。

队伍中的所谓“修正主义分子”揪出来。毛泽东认为城乡社会主义教育运动难以担当这一任务，于是决定发动更大规模的群众运动，来完成这一使命。为了打倒刘少奇及一大批中央领导同志，毛泽东最后不顾后果发动了“文化大革命”。①“文化大革命”的发动，标志着自1956年以来毛泽东探索中国道路转向的完成。从此，中国社会主义建设步入到以阶级斗争为纲，脱离经济建设中心的歧途，给国家和人民带来了巨大的危害。直到1978年十一届三中全会召开，中共才逐步拨正了中国社会主义建设的航向。

综观毛泽东探索中国道路转向的全过程，从整风运动转向反右派斗争及其扩大化，再从反右倾斗争转到召开八届十中全会确立阶级矛盾与阶级斗争是社会的主要矛盾和主要任务，最后发展到发动“文化大革命”；毛泽东探索中国道路的重心转变先是在以经济建设为中心阶段，出现了由注重经济建设的稳步平衡发展向急躁冒进畸形发展的转变，这一转变受到了赫鲁晓夫为首的苏共赶超战略的影响；后又偏离了经济建设为中心的正确轨道，转到以阶级斗争为纲、以阶级斗争为中心的歧途上去。这种转变也深受当时国际形势，尤其是赫鲁晓夫全盘否定斯大林和中苏关系由分歧走向对抗的国际形势影响。正是由于担心中共党内出现赫鲁晓夫式修正主义分子，担心国外敌对势力与国内反动势力“里应外合”，颠覆中国共产党领导和社会主义制度，毛泽东才决心将党和国家的工作重心转到阶级斗争，并将阶级斗争引向党内高层。毛泽东希冀通过这种方式将隐藏在党内的所谓“修正主义分子”挖掘出来，达到防止党变修、国变色的目的。因此，可以说，中苏关系恶化是促使毛泽东探索中国道路转向的重要外部因素。

五　毛泽东探索中国道路的评价：毛泽东认识与处理国外因素的经验教训

毛泽东探索中国道路，取得了一系列积极成果②，也出现不少失误。

① 薄一波：《关于重大决策与事件的回顾》（下卷），中共党史出版社1993年版，第1149页。

② 毛泽东探索中国道路所取得的积极成果主要涉及：社会主要矛盾与主要任务、经济建设方针、生产关系改革、阶级矛盾的地位、民主与法制建设、对外关系和党的建设等十个方面。参见《中国共产党中央委员会关于建国以来党的若干历史问题的决议》，改革开放三十年重要文献选编（上卷），中央文献出版社2008年版，第212—215页；或李捷：《毛泽东在开创中国特色社会主义道路中的历史功绩和地位》，《毛泽东邓小平理论研究》2013年第9期，第1—10页。

这些成果的取得或失误的出现，都同毛泽东在探索中国道路过程中认识与处理国外因素密切相关。毛泽东认识与处理国外因素的经验教训，值得总结。

就毛泽东认识与处理国外因素的经验而言，主要有：

第一，坚持围绕实现民族独立、国家富强和人民幸福的根本目标认识与处理国际关系。维护国家主权和民族独立，实现国家富强和人民幸福，是毛泽东探索中国道路的根本目的，也是毛泽东认识与处理国际关系的基本准则。新中国成立初，面对美国为首的帝国主义威胁，毛泽东采取“一边倒”外交方针，与苏结盟，联苏抗美，为的是粉碎美帝国主义颠覆新生人民民主政权的图谋；社会主义革命与建设初期，毛泽东选择学习借鉴苏联经验，加快社会主义建设步伐，目的是为了尽快把我国建设成为伟大的社会主义强国，增强维护国家主权和民族独立的本领，使人民过上幸福生活；即使如开展反右派斗争和反右倾斗争，发动“文化大革命”，毛泽东的主观目的也是为了巩固中国共产党的领导和社会主义制度，防止资产阶级复辟，避免中国重新回到黑暗的旧社会；只不过，由于经验不足与认识偏差，在具体行动上出现了差错。而当国外敌对势力危及国家主权和民族利益时，毛泽东则义无反顾地予以还击。毛泽东不惜冒着中苏关系破裂的风险，拒绝赫鲁晓夫建立长波电台与联合舰队的要求；顶着苏联的压力，炮击金门、马祖，粉碎美帝国主义制造“两个中国”、分裂中国的阴谋；进行中印边界和中苏边境反击战，捍卫国家主权和领土完整，等等，就是例证。毛泽东为维护国家主权和民族独立，实现国家富强和人民幸福所表现出来的勇气和决心是值得充分肯定的，他在认识与处理国际关系时坚持国家主权与民族独立至上的原则，也是中国共产党人必须坚持和发扬的。

第二，坚持从时代主题出发，把握国际社会的主要矛盾和发展趋势，并以此作为制定党和国家内外方针政策的重要依据。时代主题内含着一定时期国际社会的主要矛盾与主要问题，反映着这一时期国际社会的发展趋势。[①] 准确把握时代主题，了解一定时期国际社会的主要矛盾和发展态势，明确团结与斗争的对象，对于一个国家制定内外方针政策具有重要指导意义。民主革命时期，毛泽东从战争与革命时代主题出发，抓住了帝国

① 杨守明：《时代主题的演变与中国的和平发展》，《当代世界与社会主义》2006 年第 5 期，第 93—96 页。

主义战争与无产阶级革命这一国际社会的主要矛盾，确定中国革命团结的对象即以社会主义苏联为代表国际进步力量，和主要敌人即帝国主义，采取建立国际联合战线的方针策略，团结一切可以团结的力量，推翻了帝国主义等“三座大山”的压迫，取得了新民主主义革命胜利。新中国成立后，毛泽东从战争与和平的时代主题出发，坚持世界大战是可以避免的，由此，确定国家的主要任务是恢复发展经济，增强国力，改善民生，制订了以“一五”计划为代表的国民经济发展战略。即使20世纪60年代后期“备战”、“反战”方针，也是毛泽东根据当时战争与和平时代背景下战争危机加深的形势作出的。尽管毛泽东因对时代主题认识的偏差造成过国家方针政策的失误，但其坚持从时代主题出发，寻找制定国家方针政策依据的思想是值得继承和发扬的。

第三，坚持与时俱进，根据国际形势的变化，适时调整对外方针策略，争取国际援助，提升国际地位，维护国家权益。国际竞争从根本上说是国家综合实力的竞争。由于国力不足为恃，弱国、小国要想在激烈的国际竞争中求得国际力量的声援，赢得生存和发展空间，制定恰当的外交策略就显得尤为重要。这就要求其决策者对国际形势洞若观火，准确把握。毛泽东时代大而弱的中国是难以凭实力与美苏两霸抗衡的，但是，毛泽东善于根据国际形势的变化，适时调整外交策略，游离于美苏之间，积极寻求国际力量对中国的支持或声援，规避可能的战争风险，削减来自美苏两霸的威胁，维护了国家权益，提升了国际地位。建国初期，面对美苏为首的两大阵营对抗的国际格局，毛泽东抓住中苏两国的共性（即共同的马克思主义信仰和共同的敌人美国），积极与苏结盟，不仅赢得了苏联对新中国的支持，促进了经济恢复与发展，巩固了人民政权，而且上演了联合对敌，取得抗美援朝战争胜利的好戏，粉碎了美国企图以朝鲜为跳板，进一步侵略中国的图谋。后来，借助苏联的支持，通过日内瓦等国际会议，提升中国的国际地位；利用美国同法国等资本主义国家的矛盾，努力改善同法国等国家的关系，打破美国对华封锁。20世纪60年代后期，面对苏联对华战争威胁的国际形势，毛泽东认识到仅凭中国自身的力量是难以抗衡苏联的，需要赢得美国的支持。他在同周恩来、姬鹏飞谈话时说，“两霸我们总要争取一霸，不能两面作战”。[①] 而此时，美国正面临着二战结

① 宫力：《毛泽东与美国》，世界知识出版社1999年版，第185页。

束以来最为严峻的形势。越南战争的沉重负担、国内政治、经济以及社会危机的加深，使美国在同苏联的争霸斗争中日益处于不利地位。[①] 因此，美国也希望改善对华关系，增加与苏联对抗的砝码。尼克松认为："考虑到将来，在我和苏联人进行对话的同时，我也可能需要在中国问题上为自己找个可以依靠的有利地位。"[②] 这样，毛泽东及时调整对美政策，书写小球推动大球的"乒乓外交"传奇，最终实现中美关系正常化，有效地遏制了苏联对华战争威胁，维护中国的国家安全。此外，面对美苏两霸的共同威胁，毛泽东积极发展同美苏之外第三种国际力量的友好合作关系。他提出"三个世界划分"的战略思想，寻求亚、非、拉广大发展中国家（即第三世界）的支持，打破了美苏对华的外交孤立，并且在这些国家的支持下，恢复了在联合国的合法席位，使中国的国际地位空前提高。对此，江泽民曾评价说，"中国是由第三世界的穷朋友抬进联合国的"。[③] 毛泽东在国力不足为恃的背景下，准确把握国际形势的发展变化，适时调整对外方针政策，书写了一曲曲维护国家权益的外交传奇，其经验值得发扬光大。

就毛泽东认识与处理国外因素的教训而言，主要有：

第一，学习与借鉴他国经验，必须坚持从中国实际出发，批判地吸收，切忌抄袭照搬。列宁认为："在分析任何一个社会问题时，马克思主义理论的绝对要求，就是要把问题提到一定的历史范围之内；……此外，如果谈到某一个国家（例如，谈到这个国家的民族纲领），那就要估计到在同一历史时代这个国家不同于其他国家的具体特点。"[④] 这要求在认识与处理社会问题时，既要将其置于一定的历史环境中去考察，同时又要考虑其所处国家的特殊国情。脱胎于半殖民地半封建社会的新中国，生产力落后，国弱民贫，缺乏建设社会主义的经验，加之，遭受美国等帝国主义的威胁，由此，毛泽东在探索中国道路过程中寻求苏联的支持和帮助，学习和借鉴苏联社会主义建设经验，是十分必要的，也是值得充分肯定的。

---

① 方连庆等编著：《战后国际关系史（1945—1995）》（上卷），北京大学出版社 1999 年版，第 585 页。

② ［美］理查德·尼克松：《尼克松回忆录》（中卷），裘克安等译，世界知识出版社 2001 年版，第 446 页。

③ 《江泽民文选》（第 2 卷），人民出版社 2006 年版，第 373 页。

④ 《列宁选集》（第 2 卷），人民出版社 1995 年版，第 375 页。

毛泽东学习与借鉴苏联经验，尽管也不乏有别于“苏联模式”的创新之处，但应当看到，其在经济、政治和思想文化等众多领域中的学习与借鉴存在着如前文所述的诸多照搬照抄苏联经验的情况。这种脱离中国国情、囫囵吞枣式的照搬，所带来的后果是：一方面，促使毛泽东探索中国道路出现转向。正如有的学者指出：1956 年毛泽东探索中国道路，“从本质上讲还是没有摆脱斯大林所指引的苏联道路，只是要通过采用那些自己熟悉的方法（如群众运动）比苏联走得更快些。再者，同苏共领导人一样，在毛泽东看来，斯大林模式的原则没有错，只是方法有问题。正是在这种思维方式下，中共八大继续探索而产生的思想火花，很轻易地就在突然爆发的波匈事件和反右派运动中熄灭了。从此，毛泽东对中国社会主义道路的探索便走上了另一条道路。”① 另一方面，给我国社会主义建设带来了巨大危害：使毛泽东时代中国社会主义建设出现严重失误，延缓了中国社会发展的步伐，也影响到后继者对中国特色社会主义道路的开辟。毛泽东学习借鉴苏联正反两方面的经验教训宣示：建设社会主义没有固定的模式可套，只有坚持从本国实际出发，批判地学习与借鉴他国经验，才能探索出符合自己国情的社会主义建设道路。

第二，处理国家间党际关系，必须坚持独立自主、完全平等、互相尊重、互不干涉内部事务等原则，妥善解决彼此间的分歧与矛盾。不同国家间的党际关系与同一国家内的党际关系不同，其除了政党组织间的关系外，还包含其所代表的国家间的关系，这就要求在处理国家间党际关系时不仅要从政党组织层面去考虑，而且更要从两国关系层面去考虑。中苏两党尽管由于共同的信仰、共同的敌人（美国）而建立起“同志 + 兄弟”般的友谊，但是这种友谊的建立与维持是以不损害彼此所代表国家的利益为前提的。一旦突破了这一前提条件，两党关系就难以维持，甚至有可能由朋友变成敌人。中苏两党在处理彼此关系时，苏共坚持老子党和大国沙文主义，挑起论战，粗暴干涉中国的内政外交，损害中国主权和民族利益，使两党两国关系由友好合作走向分裂对抗。而毛泽东领导的中共，一方面坚决抵制苏共老子党和大国沙文主义，捍卫国家权益，值得肯定；另一方面又不适当地将中苏两党的分歧与矛盾上升到意识形态的高度，指责

① 沈志华：《以苏为鉴：毛泽东对苏共二十大的最初反应和思考》，《暨南史学》2004 年版，第 587—628 页。

苏联是社会帝国主义，赫鲁晓夫是修正主义分子，引起了苏共的不满，同时，激化两党间矛盾，加剧了彼此间的对抗。对此，邓小平同志评价说，“我们反对‘老子党’，这一点我们是反对得对了。……但我们自己也犯了点随便指手画脚的错误。”[①] 中苏两党关系由友好合作走向分裂对抗的历史昭示：不同国家间政党组织要想建立和维持友好合作关系，必须坚持独立自主、完全平等、互相尊重、互不干涉内部事务等原则，妥善处理彼此间的分歧与矛盾。

第三，认识与处理党内分歧与矛盾，必须坚持实事求是原则，力戒捕风捉影，避免国内问题国际化（或国际问题国内化）。建设社会主义对中国共产党人来说属于新事物，中国共产党人在社会主义建设中出现失误，在所难免；由于中国共产党人的思想觉悟和认识水平有别，其在如何建设社会主义问题上产生分歧与矛盾，也很正常。如何看待社会主义建设的失误和如何认识与处理中国共产党人在社会主义建设问题上的分歧与矛盾，考量着中国共产党人的智慧。毛泽东为核心的中国共产党人在这方面曾取得过许多积极成果，如把正确处理人民内部矛盾作为国家政治生活的主题、提出社会主义社会两类矛盾学说以及遵循“团结——批评——团结”公式开展党内斗争等。然而，当毛泽东同彭德怀和刘少奇等围绕社会主义建设速度和方法等问题产生分歧与矛盾时，毛泽东却将这种分歧与矛盾同中苏两党两国关系恶化的国际形势联系起来，错误地将本属于党内和国内的人民内部矛盾，夸大为敌我矛盾，并给彭、刘等冠以“里通外国”、“右倾机会主义”、“修正主义”等罪名，进行批判和打击。这种捕风捉影式的指责与批判，严重违背了党的实事求是原则，不仅给彭德怀和刘少奇等人的身心带来了巨大的摧残，而且中断了党的纠“左”进程，导致了阶级斗争扩大化，使党和国家的工作重心偏离了经济建设的轨道，最终促成了“文化大革命”的发生。毛泽东将上述国内问题国际化所造成的后果是严重的，其教训应当汲取。

---

① 《邓小平文选》（第3卷），人民出版社1993年版，第237页。

第二章
国外因素与邓小平开创中国道路

"左"的错误发展和"文化大革命"发生使中国社会主义建设脱离了经济建设这一中心，步入阶级斗争为纲的歧途，给中国社会发展带来了巨大危害，拉大了中国与世界的差距。面对思想、经济和政治上的混乱局面，邓小平敏锐地观察到世界局势的变化，并以战略家的智慧与胆魄，在完成拨乱反正的同时，重新确立了经济建设这一中心，开启了改革开放的伟大征程，在实践中开创了中国道路。诚然，邓小平是在总结新中国成立以来我国社会主义建设经验教训，尤其是"文化大革命"以来经验教训的基础上开创中国道路的。① 不过，应当看到国外因素对邓小平开创中国道路所产生的重要影响。其中，和平与发展时代成为邓小平开创中国道路的重要历史前提；新科技革命与资本主义新变化为邓小平开创中国道路提供了机遇与挑战；西方国家对华"和平演变"成为邓小平开创中国道路的压力；苏东国家改革失败为邓小平开创中国道路提出了警示。邓小平开创的中国道路，促进了中国社会主义事业的发展，避免了苏联式悲剧在中国重演，也为其他社会主义国家探索适合本国国情的社会主义建设道路提供了重要借鉴。

一　邓小平开创中国道路的时代背景：和平与发展时代主题

随着战争与革命时代向和平与发展时代转变，争取和平、促进发展、谋求合作成为国际社会的共同呼声。顺应这一历史潮流，以邓小平为核心的党的第二代中央领导集体在全面审视国际形势和总结我国社会主义建设

① 徐崇温：《邓小平对建设中国特色社会主义新道路的开辟》，《中国特色社会主义研究》2010 年第 5 期，第 11—22 页。

经验教训的基础上，作出了将党和国家的工作重心转移到社会主义现代化建设上来的重大决策，从而在实践上为中国道路的开创奠定了基础。

（一）时代主题转换：战争与革命时代向和平与发展时代过渡

战争与革命时代是在发动战争与制约战争两大力量此消彼长的背景下逐步向和平与发展时代转变的。马克思主义经典作家指出，资本主义与帝国主义是世界战争的根源。第二次世界大战沉重打击了资本帝国主义势力：德、意、日三个法西斯国家被打垮，英、法等资本主义国家被严重削弱，有能力发动世界大战的资本帝国主义国家，只有美国。这就意味着传统的资本帝国主义诸强争霸而诱发世界大战的因素被严重削弱，这在一定程度上降低了发生世界大战的风险。

与此相反，二战后制约战争的力量（即世界和平力量）有了很大的发展。一方面，东欧、亚洲和加勒比海等地区出现了十几个社会主义国家，它们代表着社会进步的方向，其力量不断增强，成为制约世界大战爆发的中坚力量。另一方面，亚洲、非洲、拉丁美洲新兴民族独立国家在战后开展了一系列的反帝反殖反霸斗争。20 世纪 50 年代亚非国家联合反帝斗争，第三世界国家在 60 年代发起不结盟运动、组织“77 国集团”，以及 70 年代开展反帝反殖反霸斗争等，沉重打击了资本帝国主义势力，成为战后抑制世界大战爆发的一支重要力量。此外，欧美资本主义国家的人民觉悟提高，厌恶战争，渴望和平，反战情绪高涨，也是制约世界大战发生的一支不可缺少的力量。

与此同时，国际上影响或制约战争的其他因素不断增多。一是美苏势均力敌，制约战争发生。战后两极国际格局下的美、苏都具有发动世界大战的能力，但长时期内彼此势均力敌，没有取胜对方的绝对优势，并且拥有的核武器足以毁灭对方乃至整个地球，这使得任意一方都不敢贸然行事，发动战争。20 世纪 90 年代初，苏联解体，两极国际格局（“冷战”时代）宣告结束，进一步降低了世界大战发生的风险。二是资本主义各国政府调整统治政策，缓解了导致战争的矛盾。战后各国政府为维护统治，不断调整内外政策。对内，通过采取革新技术、调整生产关系、加强宏观调控以及实行福利政策等措施，借以缓解国内矛盾；对外，通过协商、谈判等和平手段，处理资本主义国家间的分歧与矛盾。这些政策的实施，在一定程度上缓解了资本主义内外矛盾，抑制了战争的发生。三是联合国等国际组织在制约战争方面发挥了越来越大的作用。二战结束时成立的联合国，尽管长期被大国操纵，成为其实施霸权政策的讲堂，但是应当看到，联合国毕竟为和平协商解决国际矛盾与冲突提供了一个平台，并且随着越来越多的爱好和平、反对战争的国家加入，其在协调国际关系、化解国际危机和抑制战争发生等方面发挥的作用越来越明显。

上述发动战争力量的削弱、和平力量的增长以及抑制战争因素的存在，并非意味着世界从此太平了。由于帝国主义是世界战争的根源，是否打世界大战，取决于帝国主义①；加之，由于霸权主义和强权政治的存在，世界大战发生的危险依然存在。就是在两极格局结束后的今天，尽管世界大战爆发的危险大大降低，但核武器的发展、局部战争与地区冲突、恐怖活动与其他类型的非传统安全因素等，都威胁着世界和平与安全。②因此，维护世界和平依然是世界人民共同面临的一大难题。

世界所面临的又一大难题就是发展问题。亚洲、非洲、和拉丁美洲广大发展中国家，因长期受到西方殖民主义者的奴役，底子薄，基础差，经济落后，百姓贫困，民族问题突出，社会矛盾尖锐复杂；加之，受旧的国际经济政治秩序的影响，这些国家独立与主权遭受着新殖民主义者的威胁，因此，它们迫切需要发展经济，改善国计民生，缓和社会矛盾，维护国家的主权与独立。关于发展中国家贫困的根源，就是宣称历史将终结于资本主义的美国学者弗朗西斯·福山也在引用他人（普雷彼什，阿根廷经济学家，曾担任联合国拉丁美洲经济委员会主席）之观点时谈到，不仅拉丁美洲，而且第三世界的落后也都是全球资本主义制度造成的结果，“欧洲和美洲早期的发达国家实际上已经依照他们的意志建立了世界经济结构，并且使后来发展的国家处于原材料供应国的附属地位。”③

发达资本主义国家也面临着发展中所遇到的一系列难题。战后初期，为医治战争创伤，恢复经济，需要发展；后来为对抗苏美两霸，增强国际竞争力，需要发展；为应对资本主义制度下的经济危机以及为巩固资产阶级统治所实行的诸如社会保障体系和福利制度等，也需要发展。由于广大

① 《王稼祥选集》，人民出版社 1989 年版，第 450 页。

② 周敏凯主编：《当代世界政治经济与国际关系》，高等教育出版社 2006 年版，第 6 页。

③ ［美］弗朗西斯·福山：《历史的终结及最后之人》，黄胜强等译，中国社会科学出版社 2003 年版，第 46—47 页。

发展中国家的斗争，发达国家过去借助于不平等的国际经济政治秩序、依靠掠夺广大发展中国家以发展本国经济的方式逐渐失去了效力，这使得发达资本主义国家在发展问题上面临着市场有限、资金不足等多重困难，其继续发展经受考验。即使如两极之一的苏联，也因多年的霸权之争，国内经济政治危机日益严重，面临解体的危险，其也需要发展。所有这些都说明发展问题已成为世界各国普遍关注的问题。

维护世界和平，谋求共同发展，已成为世界普遍关注的重大问题，反映了时代主题逐步由战争与革命时代向和平与发展时代过渡。

比较战争与革命时代，和平与发展时代具有以下的特征。其一，世界整体局势趋于缓和。两极格局下美苏在亚洲、拉丁美洲的争夺致使战争一触即发的局势在苏联解体后不复存在；尽管美国为实施其霸权政策，到处煽风点火或直接进行干预，导致地区冲突不断，但整个世界的局势较之过去更加缓和。这种缓和的国际局势，为世界各国发展本国经济，改善民生，增强国力，提供了相对和平的国际环境。其二，世界各国的交流合作不断加强。两极格局下社会主义阵营与资本主义阵营相互敌视的局面在苏联解体后大为改观；联合国机构的健全、世界贸易组织等国际组织的建立与发展，为世界各国的交流与合作提供了更多的机会与平台；诸如恐怖主义、环境污染问题、传染性疾病等全球性问题需要世界各国加强合作，共同应对；经济全球化浪潮席卷全球，世界经济一体化趋势日益加强，世界各国的经济交往日益密切。所有这些说明，参与国际交流与合作，寻找发展机会，已成为世界各国之共识。其三，世界各国的中心任务转向发展经济。战争与革命时代，世界各国虽曾注重过发展经济，但这种发展往往是围绕备战、防战、反战等中心任务而展开的，并且很容易受国际局势的影响而发生转变。而在和平与发展时代，面对缓和的国际局势，世界各国在反对霸权主义和强权政治，谴责霸权国家的战争行为的同时，更主要的则是注重本国发展。世界各国的中心任务都转到发展经济，改善民生，增强国力上来。

上述特征反映了世界的发展趋势，也说明了一个国家只有顺应这一历史潮流，调整发展战略，积极主动参与国际交往与合作，谋求更多的发展机会，不断增强自身实力，才能在激烈的国际竞争中赢得一席之地，有效地维护国家权益。

（二）邓小平对和平与发展是时代主题的认知与影响

面对不断变化的国际形势，当毛泽东晚年坚持以战争与革命作为时代主题来制定党和国家内外方针政策的重要依据时，被错误打倒的邓小平就开始思考毛泽东内外方针政策失误及其原因，并且在“文化大革命”结束后领导中国共产党作出了把党和国家工作重心转移到经济建设上来和实行改革开放的重大决策。对此，邓小平毫不讳言。当美国哥伦比亚广播公司记者迈克·华莱士问及邓小平在“文化大革命”中的遭遇时，邓小平避重就轻地回答说，“那件事，看起来是坏事，但归根到底也是好事，促使人们思考，促使人们认识到我们的弊端在哪里。……为什么我们能在七十年代末和八十年代提出了现行的一系列政策，就是总结了‘文化大革命’的经验和教训。”[①] 邓小平的这种个人经历有助于其冷静分析国际形势，作出对时代主题的正确判断。在邓小平主政中央，成为中共第二代中央领导集体的核心之后，他运用马克思主义时代理论，全面审视国际形势，作出了和平与发展是时代主题的科学论断。邓小平对和平与发展为时代主题的认识主要涉及了和平与发展时代出现的背景、和平与发展时代世界所面临的突出问题及其相关应对策略以及中国在和平与发展时代下的工作重心和对外方针政策等问题。

就和平与发展时代出现的背景来看，邓小平从战争的含义入手，通过对引发与制止战争因素的分析，指出世界战争可以避免，维护世界和平是有希望的。战争是与和平相对应的一个概念，对战争含义的理解关系到对时代主题的判断。一场战争如果是局部的而非全局的，其重要性和影响范围毕竟有限，而以这样的战争作为判断一个时代的重要依据，显然是不合适的。只有对全局产生重大影响的世界性的战争，即世界战争或世界大战，才能成为判断时代的重要依据。在邓小平看来，战争与革命时代为主题中的“战争”，“不是指小打小闹，是指世界战争”[②]，即世界大战。而世界大战的发动是有条件的，并不是随便哪一个国家都有资格发动。他认为，判断一个国家是否会发动世界大战，主要抓住两大因素：是否有能力打世界大战和是否推行霸权主义政策。邓小平指出，当今世界上，美国和

---

① 《邓小平文选》（第3卷），人民出版社1993年版，第172页。

② 同上书，第104页。

苏联对外推行霸权主义政策，并且拥有强大的军事打击能力，因此，只有它们才真正有资格和能力打世界大战。

为何美苏有资格和能力发动世界大战而没有付诸行动呢？邓小平认为其原因是多方面的。其一，世界人民反对世界大战。他指出，由于广大第三世界国家（包括中国），反对战争；日本、欧洲等资本主义世界的人民反对战争；美苏两国人民不支持战争；因此，美苏不敢置世界人民的反战情绪于不顾，执意发动世界大战。其二，美苏两国各有顾虑和难处。邓小平认为，美苏虽有资格打世界大战，但由于它们拥有大量的原子弹和常规武器，彼此都有毁灭对方的能力而又没有取胜的绝对优势，担心战争一旦打起来，会自身难保；加之，两国在全球的战略部署都受挫，没有完成，因此，美苏都不敢率先发动世界战争。[①] 其三，世界发展形势使然。邓小平认为，二战后，世界新科技革命蓬勃发展，经济和技术在国际竞争中的地位日益突出，而战争在国际竞争中的地位却日渐下降。面对这种形势，美苏两国“不能不认真对待”。因此，“在较长时间内不发生大规模的世界战争是有可能的，维护世界和平是有希望的。”[②] 他甚至断言，世界大战打不起来，“至少十年打不起来”[③]。不过，邓小平对世界大战是否发生的认识是清醒的、辩证的。他指出，尽管世界和平的力量在发展，但由于霸权主义和强权政治的存在，世界大战的危险依然存在，因此，反对霸权主义和强权政治，维护世界和平，是当今世界面临的一大课题。

就和平与发展时代世界所面临的突出问题来说，邓小平指出现在世界上突出的两大问题是和平问题与发展问题，也就是东西问题与南北问题，其中核心问题是南北问题。1984 年 5 月 29 日，邓小平在会见巴西总统菲格雷多时指出，“现在世界上问题很多，有两个比较突出。一是和平问题，现在有核武器，一旦发生战争，核武器就会给人类带来巨大的损失。要争取和平就必须反对霸权主义，反对强权政治。二是南北问题。这个问题在目前十分突出。发达国家越来越富，相对的发展中国家越来越穷。南北问题不解决，就会对世界经济的发展带来阻碍。”“发达国家应该清楚地看到，第三世界国家经济不发展，发达国家的经济也不可能得到较大的

① 《邓小平文选》（第 3 卷），人民出版社 1993 年版，第 127 页。

② 同上。

③ 同上书，第 25 页。

发展。”[①] 在邓小平看来，和平问题存在的原因是由于存在核战争、霸权主义和强权政治，而南北问题实质上是发达国家与发展中国家的关系问题，是发达国家与发展中国家间贫富差距拉大进而影响世界经济发展的问题。1984 年 10 月 31 日，他在会见缅甸总统吴山友时再次指出，“国际上有两大问题非常突出，一个是和平问题，一个是南北问题。还有其他许多问题，但都不像这两个问题关系全局，带有全面性、战略性的意义。现在世界上北方发达、富裕，南方不发达、贫困，而且相对地说，富的愈来愈富，穷的愈来愈穷。南方要改变贫困和落后，北方也需要南方发展……资本主义发达国家遇到的最大问题是发展速度问题，再发展问题。”[②] 在这里，邓小平指出了和平问题和南北问题的全球性、战略性等特征，强调了它们在诸多世界性问题中的突出地位，指出了发达国家发展问题的症结，即发展速度与再发展问题。1985 年 3 月 4 日，邓小平会见日本商工会议所访华团，在谈到中国发展对世界的影响时明确提出了和平与发展问题，指出了它们同东西问题、南北问题的关系。他说：“现在世界上真正大的问题，带全球性的战略问题，一个是和平问题，一个是经济问题或者说发展问题。和平问题是东西问题，发展问题是南北问题。概括起来，就是‘东西南北’四个字。南北问题是核心问题。”[③] 这可以说是邓小平对和平与发展问题的最经典、最全面的概括。

此外，邓小平还论述了和平与发展相互联系、相互影响的辩证关系。一方面，他认为，和平是发展的前提和基础，和平问题的解决可以为发展问题的解决创造相对安定的国际环境。在会见坦桑尼亚副总统姆维尼时，邓小平说：“争取和平是世界人民的要求，也是我们搞建设的需要。没有和平环境，搞什么建设！”[④] 后来他在会见荷兰首相吕贝尔斯时也指出，要进行建设，没有和平环境是不行的。[⑤] 另一方面，他指出，发展是实现和平的根本保障和重要途径，只有世界各国共同发展，才能减少或消除彼此间的矛盾与冲突，避免世界战争的发生。邓小平尤其重视第三世界国家（发展中国家）等世界和平力量的发展在维护世界和平中的作用。1987 年

① 《邓小平文选》（第 3 卷），人民出版社 1993 年版，第 56 页。

② 同上书，第 96 页。

③ 同上书，第 105 页。

④ 同上书，第 116—117 页。

⑤ 同上书，第 233 页。

7 月，邓小平在会见孟加拉国总统艾尔沙德时指出，第三世界国家希望世界和平，“如果世界和平的力量发展起来，第三世界国家发展起来，可以避免世界大战。”①

就和平与发展问题的现状来说，邓小平认为，和平问题虽有解决的希望，但并没有得到解决，而发展问题不仅没有得到解决，相反却变得愈益严重。1988 年 12 月，他在会见印度总理拉吉夫·甘地时指出，“和平问题是有希望的，发展问题还没有得到解决。”国际社会虽然提出要解决南北问题（发展问题）很多年了，但是南北差距不但没有缩小，反而在扩大。② 1990 年 3 月，面对东欧剧变和苏联即将解体的国际形势，邓小平在同几位中央负责同志谈话时指出，国际格局正在发生重大变化，“旧的格局在改变中，但实际上并没有结束，新的格局还没有形成。和平与发展两大问题，和平问题没有得到解决，发展问题更加严重。”③ 1992 年春，在南方谈话中，邓小平更是明确指出，“世界和平与发展这两大问题，至今一个也没有解决。”④

面对世界上愈益突出的和平与发展问题，邓小平提出了相关的应对策略。在解决和平问题上，邓小平从引发世界大战的原因、制止世界大战爆发的因素等方面提出了自己的主张。鉴于战争威胁主要来自美苏超级大国及其霸权主义，邓小平主张通过裁减军备，尤其是裁减超级大国的核军备和其他军备，以降低世界大战的风险，同时，主张反对一切侵略和霸权主义。⑤ 考虑到世界大战的发生往往是由于国家间因权益之争，致使矛盾与冲突升级而引发的，邓小平提出了一系列缓和矛盾、稳定局势的原则与办法，如主张“不用战争手段而用和平方式”，解决国际争端问题；一些国际上的领土争端，“要从尊重现实出发，找条新的路子来解决”，“可以先不谈主权，先进行共同开发”⑥；“处理国与国之间关系，和平共处五项原则是最好的方式”⑦；等等。由于第三世界国家是制约世界大战爆发的重

---

① 《邓小平文选》（第 3 卷），人民出版社 1993 年版，第 249 页。
② 同上书，第 281 页。
③ 同上书，第 353 页。
④ 同上书，第 383 页。
⑤ 同上书，第 70 页。
⑥ 同上书，第 49 页。
⑦ 同上书，第 96 页。

要和平力量，邓小平主张，第三世界国家应当利用难得的一段和平时期，发展经济，逐步摆脱贫困落后状况，壮大世界和平力量，制止或避免世界大战的发生。[①] 在发展问题上，邓小平告诫发达国家应当抛弃过去那种将自身发展建立在掠夺和压迫广大发展中国家基础之上的错误做法，重视和支持发展中国家的发展；要不然，发达国家将失去发展中国家这一广阔市场，致使发展速度和再发展受到影响。对于广大发展中国家，邓小平提出了建立国际政治经济新秩序、促进南北对话、加强南南合作等主张。

中国作为世界上最大的发展中国家（第三世界国家），邓小平不仅强调了中国在维护世界和平，促进世界发展中的重要作用，而且指出了中国在和平与发展时代背景下的工作重心和对外方针政策。首先，邓小平指出中国永远是第三世界国家，是维护世界和平与发展的重要力量。他在会见外国客人时多次强调，“中国永远属于第三世界”[②]；“中国现在是维护世界和平和稳定的力量，不是破坏力量。中国发展得越强大，世界和平越靠得住。”[③] “第三世界国家中人口最多的中国的力量，是世界和平力量发展的重要因素。”当中国达到小康水平时，“中国对于世界和平和国际局势的稳定肯定会起比较显著的作用。”[④] 其次，邓小平指出在和平与发展时代下我国的工作重点是发展经济，发展生产力，进行现代化建设。他认为，过去我们由于错误地判断国际局势，以为世界大战很快就会打起来，结果忽视了生产力发展和经济建设，“现在根据新的观察、新的分析，下决心一心一意搞建设。”[⑤] 邓小平这里所说的“建设”就是经济建设，现代化建设。其主要目标是通过发展经济，进行现代化建设，把我国建设成为具有中国特色的社会主义国家，使中国摆脱贫困落后的面貌，增强国家的力量，逐步改善人民生活。[⑥] 邓小平强调，任何情况都不能动摇经济建设和现代化建设这一中心。他甚至把经济建设和现代化建设上升到党的政治路线的高度来看待。1984 年 6 月，他在会见日本客人时指出，“我们的政治路线，是把四个现代化建设作为重点，坚持发展生产力，始终抓住这

---

① 《邓小平文选》（第 3 卷），人民出版社 1993 年版，第 249 页。

② 同上书，第 56 页。

③ 同上书，第 104 页。

④ 同上书，第 105 页。

⑤ 同上书，第 250 页。

⑥ 同上书，第 57、244 页。

个根本环节不放松，除非打起世界大战。即使打世界大战，打完了还搞建设。”① 第三，邓小平提出了在和平与发展时代下我国的对外方针政策。（1）坚持独立自主的和平外交方针，反对霸权主义，维护世界和平。邓小平认为，我国的经济建设和现代化建设要取得成功，其中的一个重要条件就是持久、和平的国际环境。1980 年 1 月，他在中央干部会议上的讲话中指出，我国对外反对霸权主义，就是为了“寻求一个和平的国际环境来实现四个现代化”。② 为营造持久和平的国际环境，邓小平曾在许多场合强调中国必须坚持独立自主的和平外交方针，反对霸权主义，维护世界和平。他在会见新西兰总理朗伊时说，“我们奉行反对霸权主义、维护世界和平的外交政策。谁搞和平，我们就拥护；谁搞战争和霸权，我们就反对。我们同美苏两个超级大国都改善关系，但是他们哪件事做得不对，我们就批评，就不投赞成票。我们不能坐到别人的车子上去。我们这种独立自主的外交政策，最有利于世界和平。”③ 后来，邓小平在同荣氏亲属会谈时也强调指出，“我们坚持独立自主的和平外交政策，不参加任何集团。同谁都来往，同谁都交朋友，谁搞霸权主义我们就反对谁，谁侵略别人我们就反对谁。我们讲公道话，办公道事。”这个政策，“我们要坚持到底”。④（2）坚持对外开放，促进中国经济发展。邓小平认为，和平与发展时代下的世界是开放的世界，任何闭关锁国的行为都会窒息国家的生机，影响国家的发展，造成国家的贫困落后。因此，他主张中国应当扩大对外开放，积极学习和利用发达国家的经验和技术来为中国的发展服务。1983 年 7 月，邓小平在同中央负责同志谈话时指出，“搞现代化建设，我们既缺少经验，又缺少知识”，“要利用外国智力，请一些外国人来参加我们的重点建设以及各方面的建设”，“要抓住西欧国家经济困难的时机，同他们搞技术合作，使我们的技术改造能够快一些搞上去。”⑤（3）坚持遵照和平共处五项原则处理国与国关系，不搞意识形态争论，主张以和平方式解决国际争端。1984 年 10 月，邓小平在新中国成立 35 周年庆典上的讲话中强调，中国“愿意在和平共处五项原则的基础上，同世界一切

① 《邓小平文选》（第 3 卷），人民出版社 1993 年版，第 64 页。
② 《邓小平文选》（第 2 卷），人民出版社 1994 年版，第 241 页。
③ 《邓小平文选》（第 3 卷），人民出版社 1993 年版，第 156 页。
④ 同上书，第 162 页。
⑤ 同上书，第 32 页。

国家建立、发展外交关系和经济文化关系。我们主张用谈判方式解决国际争端”。[①] 面对苏联因国内变化是否坚持社会主义道路的局势，1990 年 3 月，邓小平告诫中央负责同志说，“不管苏联怎么变化，我们都要同它在和平共处五项原则的基础上从容地发展关系，包括政治关系，不搞意识形态的争论。”[②]（4）坚持在国际社会中有所为和有所不为的方针。邓小平认为，霸权主义和强权政治是世界大战的根源，是对世界和平的最大威胁，国际政治经济旧秩序是导致发展中国家（第三世界国家）贫困落后的重要根源，中国作为最大的发展中国家，就应当要在反对霸权主义与强权政治、维护世界和平和建立国际政治经济新秩序等方面有所作为。而邓小平所说的“有所不为”，就是指中国永远不称霸，永远不当头。1978 年 5 月，邓小平在会见马达加斯加经济贸易代表团时说，中国作为一个社会主义国家，“永远属于第三世界，永远不能称霸”[③]。1990 年 12 月，他在同几位中央负责同志谈话时再次指出，“第三世界有一些国家希望中国当头。但是我们千万不要当头，这是一个根本国策。”“中国永远站在第三世界一边，中国永远不称霸，中国也永远不当头。”但是在国际社会要有所作为，这个作为就是要积极推动建立国际政治经济新秩序。[④]

上述关于和平与发展为时代主题的认识，是邓小平运用马克思主义理论并以战略家的眼光全面审视国际形势的发展变化以及总结过去党在认识与处理时代问题的经验教训的结果，对中国社会主义建设产生了重要影响。一方面，邓小平对世界战争形势的科学判断，纠正了党内长期存在的关于战争形势认识上的偏差，为党确立将工作重心转移到经济建设和现代化建设上来的战略决策，提供了理论依据。在战争与革命时代，毛泽东由于对世界战争的形势估计得过于严重，认为世界大战不可避免，即将爆发，结果将党的工作重心由经济建设转到备战、反战和以阶级斗争为纲的轨道上去，导致探索中国道路出现了挫折。“文化大革命”结束后，由于受“两个凡是”方针的影响，党对世界战争形势认识的偏差并没有得到及时纠正，结果党的工作出现了在徘徊（即在阶级斗争与经济建设中徘

① 《邓小平文选》（第 3 卷），人民出版社 1993 年版，第 70 页。

② 同上书，第 353 页。

③ 《邓小平文选》（第 2 卷），人民出版社 1994 年版，第 112 页。

④ 《邓小平文选》（第 3 卷），人民出版社 1993 年版，第 363 页。

徊）中前进的局面。即使在中共十一届三中全会作出将党的工作重心转移到经济建设上来的重大决策后，由于一些党政干部对世界战争形势的认识模糊不清，一些地区出现对十一届三中全会所作出的决策贯彻执行不力的现象。然而，在邓小平主政中央后，他通过全面审视国际形势，对世界战争形势作出了“世界大战可以避免，维护世界和平是有希望的”的正确判断，纠正了长期以来党内存在的对世界战争形势认识的偏差，为党确立将工作重心转移到经济建设和现代化建设上来的战略决策提供了理论依据。正如邓小平所说，1978 年我国制定“一心一意搞建设的方针，就是建立在这样一个判断上的。”① 后来，不管国际风云如何变幻，中共始终坚持经济建设的中心不动摇，不断推进中国社会主义事业向前发展。中共正是在社会主义建设实践中逐渐开创了中国道路。

另一方面，邓小平指出和平与发展问题是国际社会所面临的共同问题，并为解决这一共同问题提出了一系列的应对策略，有利于促进各国在全球性问题上达成共识，化解国际矛盾，缓和国际局势，为中国社会主义建设营造相对和平的国际环境。在战争与革命时代，由于意识形态分歧等因素的影响，社会主义阵营与资本主义阵营间的矛盾与斗争尖锐激烈，世界各国很难就世界热点或难点问题达成共识，结果彼此间的矛盾与冲突不断升级，危及世界和平，影响着各国的发展。随着国际形势的发展变化，这种状况迫切需要改变。然而要改变这种状况，就需要有一个事关各国利益或发展的全球性问题以及为解决这一问题所采取的且能被各国接受的适当策略方式。邓小平所提出的需要各国共同参与才能得到解决的全球性问题，即和平与发展问题，正好满足了这一需要。而他所提出的诸如以和平共处五项原则作为处理国与国关系的基本准则；以和平谈判等和平方式处理国际争端；涉及领土与主权之争，先搁置争议，共同开发；摒弃意识形态分歧，加强各国的交往与合作；促进南北对话，加强南南合作；裁减军备，降低战争的风险；发展世界和平力量，制约战争发生等主张和建议，又为各国缓和矛盾，加强合作，解决全球性问题，提供了可资借鉴的策略方式。尽管邓小平所提出的上述主张和建议并未完全得到世界各国的认同或采纳，但其关于和平与发展问题是世界各国共同面临的问题、和平共处五项原则作为处理国与国关系的基本准则、以和平方式解决国际争端等主

① 《邓小平文选》（第 3 卷），人民出版社 1993 年版，第 233 页。

张和建议已被各国普遍接受并运用于各自的外交实践之中，有利于各国在全球性问题上达成共识，化解国际矛盾，缓和国际局势，避免了世界战争的发生。正由于此，国际局势尽管时有紧张，但是始终未能演变成世界大战，未能改变和平与发展这一时代主题。这种相对和平的国际环境，有利于中国社会主义事业的发展。

总之，在和平与发展时代主题下形成了世界大战可以避免的国际局势，为中共将工作重心由以阶级斗争为纲转到以经济建设和现代化建设为中心的轨道上来提供了相对和平的国际环境；而邓小平对和平与发展作为时代主题的认知，进一步坚定了党和人民坚持经济建设和现代化建设这一重心不动摇的决心。正是在这种相对和平的国际环境下，中国共产党领导中国人民坚持以经济建设和现代化建设为中心，逐步推进中国社会主义建设，找到了适合中国国情的社会主义道路。

二 邓小平开创中国道路的机遇与挑战：新科技革命与资本主义新变化

新科技革命给资本主义世界带来了意想不到的变化，主要资本主义国家运用新技术革命的最新成果，发展经济，增强国力，改善民生，取得显著成效。然而，中国由于“文化大革命”错失了这次机会，拉大了同主要资本主义国家的差距，这使得中国的国际生存压力和社会主义制度的优越性备受挑战。以邓小平为核心的党的第二代中央领导集体敏锐地觉察到这一形势，果断调整了内外政策，推动中国社会主义建设向前发展，促进了中国道路的开创。

（一）新科技革命及其对中国道路开创的影响

20 世纪 40 年代末开始的以原子能、电子技术和航空航天技术为主要标志的第三次科技革命（新科技革命），从美国开始，席卷了西欧、日本等主要发达资本主义国家，到 70 年代进入到以微电子技术、生物工程技术和新材料技术为主要标志的新发展阶段。比较以往的科技革命，新科技革命具有的新特点主要有：其一，综合性。新科技革命突破了过去科技革命局限于某一领域或某一部门的界限，涉及数学、物理学、化学、生物学、天文学和地理学等众多领域，其技术成果表现出复杂综合性色彩。其二，深刻性。新科技革命大大促进了社会生产力发展，使其较之过去在量和质两个方面有显著提高。一方面，新科技革命所带来的机器设备和管理方式的更新，使劳动生产率大大提高；另一方面，作为生产力重要要素的劳动者和劳动对象也发生了质变。对劳动者的素质要求不仅仅体现在身体素质或体力上，更重要的是体现在脑力或智力上；体力劳动在生产中的作用大大降低，而脑力劳动在生产中的作用愈益突出。劳动对象也突破了过去自然物或自然物加工品的局限，增加了人工合成的新材料，等等。其三，加速性，即科技转化为现实生产力速度加快。第二次科技革命时，一种发明转化为生产大约需要 30 年时间，再从生产到市场大约需要用 17 年，整个实现时间是 37 年；而新科技革命时期，一种发明转化为生产平均用时为 9 年，再从生产到市场平均用时为 5 年，整个实现时间为 14 年。[①] 此外，科技对国民生产总值增长速度的贡献率大大提高。第二次科技革命时，科学技术对西方国家国民生产总值增长速度的贡献率仅为 5% 到 20%；而新科技革命时期，这种贡献率达到 60% 到 80%。[②]

新科技革命的上述特点反映其较之以往的科技革命对世界的影响所涉及的领域更广，内涵更深刻，成果更丰富。综观新科技革命对世界的影响，其中一个突出的特点是科学技术渗透到国家、社会和人们生活的各个领域。人们生活方式的改变、社会生产方式和经济结构等的变革、国家阶级关系的变化和综合实力的增强，以及国际关系中的时代主题和竞争机制的变化等，无不打上了新科技革命影响的烙印。对于一个国家的内政而言，掌握最新的科学技术，也就掌握了发展经济、改善民生、增强国力，实现国家宏伟蓝图的钥匙。对一个国家的外交而言，科学技术在国际竞争中的作用日益突出。生产领域最新技术的掌握与运用带来的是产品量与质的提升，使本国产品在国际竞争中处于难以匹敌的地位；军事领域最新技术的利用，可以生产出诸如原子弹、远程导弹等先进武器，增强本国的防务能力，提升本国的国际地位。随着时代主题由战争与革命时代向和平与发展时代的转变，建立在新科技革命基础上的一国人民生活水平的提高、

---

① 黄宗良、孔寒冰主编：《世界社会主义史论》，北京大学出版社 2004 年版，第 390、392 页。

② 罗文东：《新科技革命与资本主义、社会主义》，《江汉论坛》2006 年第 7 期，第 12—16 页。

制度文化所散发出来的吸引力和感召力等在国际竞争中的作用愈益明显。所有这些因素（即硬实力和软实力，统称为综合国力）都与新科技革命息息相关。因此，可以说，新科技革命为世界各国提供了难得的发展机遇。一个国家如果能够充分利用新科技革命所引起的相对和平的国际环境，通过掌握和利用最新的科学技术及其成果，发展本国经济，增强本国的综合国力，那么它就掌握了国际竞争的主动权和制高点，并在国际竞争中处于有利地位。相反，一个国家如果没有充分认识到新科学技术的作用，没有把握新科技革命所带来的发展机遇，发展壮大自己，那么它就会落伍于时代，落后于竞争对手，进而面临着来自国际社会的压力和挑战。从这个意义上说，新科技革命对于世界各国来说又是一个挑战。

"科学技术本身是没有阶级性的，资本家拿来为资本主义服务，社会主义国家拿来为社会主义服务"①；"科学技术没有国界"②。所有这些说明科学技术是不论掌握者是资产阶级还是无产阶级，是大国强国还是小国弱国，是资本主义国家还是社会主义国家，谁掌握了它，它就为谁服务。面对新科技革命，如何参与其中，如何利用其所提供的难得发展机遇，发展和壮大本国的综合实力，是各国面临的一项重要课题。美国、西欧与日本等主要资本主义国家同社会主义中国采取了怎样的应对策略，取得了怎样的效果呢？

美国、西欧和日本等主要资本主义国家是新科技革命的首批参与者，也是主要的受益者，它们利用新科技革命成果发展壮大各自的综合实力，给社会主义国家带来了严峻挑战。二战后，主要资本主义国家为了在争霸斗争中处于优势地位，或者为了恢复本国经济，进而在国际竞争中取得有利地位，采取各种措施加强对新技术的研发和利用。就政府而言，各国制定了各种科技发展的政策和法令，建立各种科研体制，以确保国家科技发展目标的顺利实现；采取由国家出面并提供大量的科研经费、组织大型科研活动等方式，加大政府对企业发展科技的干预和支持；重视尖端技术的开发研究，并注重将原本用于发展军事工业的先进科技成果推广到民用和工农业生产上，以推动整个社会的科学技术发展，等等。就企业而言，企业加大联合力度，组建各种超大型跨国公司，提高参与国际竞争的能力；

---

① 《邓小平文选》（第2卷），人民出版社1994年版，第111页。

② 《江泽民文选》（第3卷），人民出版社2006年版，第102页。.

各跨国公司每年拨出大批经费，研制新产品，开发新技术，改进生产工艺，以期保持市场竞争优势。如美国的IBM公司为了提升和保持自己在市场的竞争优势，每年都要拨出大笔经费从事产品的研制和开发，每年花在科研方面的经费占净利润总额的50%①；由此，到20世纪70年代中期，IBM公司发展成为世界上最大的电子计算机企业，并且成为一个集科研、生产、销售、技术服务和教育培训为一体的综合性企业。

主要资本主义国家对新技术革命的重视，给它们带来了丰厚的回报。它们借助于新科技革命成果，医治了战争创伤，恢复了社会经济，使人民生活水平得到提高。据统计，1950—1973年间，发达国家经济增长的平均比率是4.9%，创造的工作机会增加了29%，美国的平均失业率维持在4.8%，英国的平均失业率为2.7%。② 20世纪60年代，美国居民每2个人就拥有一部汽车，并且可以将汽车停在郊区的车库里；生活在美国城郊的居民，有汽车、有带有诸如煤气、电冰箱、浴室等现代化生活设备的住宅；即使是收入低微、生活困难的美国社会底层的居民，也可以从政府发放的救济金中安稳度日。③ 由此，主要资本主义国家稳定了社会秩序，巩固资产阶级统治，还摆脱了20世纪70年代的经济滞胀状态。对此，有学者指出，“科技革命、自我调节和资本扩张，内外配合、互为补充，恰似三条竹篙，把资本主义的渡船暂时撑出了覆灭的漩涡，使它得以在喘息之后又一次意气扬扬地面对世界。”④ 美国还借助于新科技革命成果，进一步增强了综合国力，提升了在国际社会的霸主地位，使其在同苏联争霸斗争中处于主动地位，为最终通过没有硝烟的战争（即和平演变）令苏联解体创造了条件。正如有学者指出，苏联等社会主义国家经不住西方资本主义国家的“和平演变”而解体的原因是多方面的，但根本的原因在于西方资本主义国家借助新科技革命增强了经济、文化和军事优势，而苏联等社会主义国家则没有实现社会主义和高科技的新结合，没有将社会主义

① 黄宗良、孔寒冰主编：《世界社会主义史论》，北京大学出版社2004年版，第386—387页。

② ［英］菲利普·布朗、休·劳德：《资本主义与社会进步：经济全球化及人类社会未来》，刘榜离等译，中国社会科学出版社2006年版，第26页。

③ 同上书，第30、32页。

④ 求是课题组：《当代资本主义的基本矛盾——论资本主义发展的历史进程》，《求是》2001年第3期，第13—18页。

的巩固和发展建立在高科技的发展基础之上。①

再看看新中国成立后我国科学技术发展的情况。“文化大革命”以前，中共中央十分重视发展科学技术，采取了一系列发展科学技术的措施，取得了一系列科技成果。诸如组建中国科学院等研究机构、召开全国知识分子大会并提出“向科学进军”口号、组织编制了科学技术发展规划、成立国家科学技术委员会领导科学技术规划工作等等，都是这一时期我国发展科技的重要举措；而无线电、半导体、电子计算机、原子能和宇航工业等新兴工业相继兴起，第一架喷气式飞机试飞成功；第一枚运载火箭试验成功；第一颗原子弹爆炸成功以及人工合成胰岛素成功等等；是这一时期我国科技发展的代表性成果。应该说，当时我国科学技术取得了一系列可喜的成就。不过，这一时期科学技术发展的一个突出特点是借鉴苏联发展科技的经验，偏重于工业和国防等领域的科学技术研究，而对有关农业与民生方面的科学技术研究重视相对不足。其结果是，某些重要领域的个别尖端技术世界领先，而涉及民生的众多领域的研究成果则比较落后，即使有些研究成果处于世界先进水平，但由于推广应用不够，其效果也不明显。因此，这一时期，我国总体科学技术水平与世界发达国家比较是有相当差距的。当然，要求成立不久的新中国在短时间内在科技方面全面赶超发达国家，显然是不现实的。不过，如果按照新中国成立初发展科技的势头，经过多年发展，我国逐步缩小同发达国家的科技差距，是有希望的。然而，“文化大革命”发生，打乱了中国科技发展的步伐。由于一大批科技工作者遭到迫害，许多有价值的科研资料被销毁，以及大部分科研机构被迫停止研究工作等原因，我国的科学技术事业遭到了严重摧残，拉大了同发达国家的差距。有资料显示，20 世纪 70 年代末，我国科技水平与发达国家相比落后大约 40 年，同韩国、巴西等国家相比落后大约 20 年。②

科学技术的落后影响着我国经济社会发展和人民生活水平的提高。从 1980 年我国 GDP 的世界排名情况看，当时，我国人均平价 GDP 为 252. 38

---

① 徐耀新：《新科技革命和社会主义的命运》，《南京社会科学》1992 年第 1 期，第 35—42 页。

② 香港凤凰网报道，http：//news. ifeng. com/history/1/mdiang/200809/0901_2664_756228_shtml，2013 - 05 - 15。

美元，人均现价 GDP 为 313.32 美元（折算为人民币为 469.48 元，当时人民币兑换美元官方价为 1.5∶1）。据 IMF 资料（当时有数据的共有 149 个国家和地区）显示，当时我国人均平价 GDP 排列世界第 145 位，位居倒数第五位，低于印度（印度为 400.97 美元）；人均现价 GDP 位居世界 130 位，排列倒数第 20 位。当时，我国占世界经济总量的比值是 2.01%，而中国人口占世界总人口的 24.38%，中国人均平价 GDP 是世界平均数的 8.23%，也就是说世界人均 GDP 是中国人均 GDP 的 12 倍。① 对于这样的数据，或许有人会提出异议，认为中国人口多，人均的 GDP 难免会低。而当时中国人民真实的生活情况又如何呢？从 1980 年我国人民的生活水平来看，当时人民生活水平很低，普通家庭基本上没有积蓄，拥有万元存款的富裕家庭，其荣耀不亚于当今的亿万富翁，不过，数量十分有限；人民生活清苦，用“过着吃不饱、穿不暖”的生活来形容并不为过。中国人民的生活状况同西方发达国家人民的生活状况形成鲜明反差，难以体现出我国社会主义制度的优越性。再看看当时我国在国际社会中的竞争力情况。从 1980 年我国进出口情况来看，当时，中国出口总额是 181.1 亿美元，进口总额是 200.2 亿美元，比巴西、新加坡都低（巴西出口总额为 201.3 亿美元，进口总额为 249.6 亿美元；新加坡出口总额为 193.8 亿美元，进口总额为 240.1 亿美元），更没法跟发达国家日本相比了（日本的出口总额为 1304.4 亿美元，进口总额为 1413 亿美元）。② 资源丰富、人口众多的中国，进出口总额连弹丸之地的新加坡都比不上，可见当时我国的国际竞争力有多弱。

不同的应对策略带来了不同的效果，中国由此同西方发达国家的差距大而显著。如何调整策略，缩小差距，迎头赶上，成为“文化大革命”结束后中国共产党人思考的重要课题。邓小平以其敏锐的洞察力和战略家的智慧，觉察到新科技革命的发展趋势及其在社会发展中的重要作用，提出了一系列发展科学技术的策略方针和原则方法。

首先，邓小平指出了新科技革命的发展趋势及其在社会发展中的重要作用。他认为，现代科学技术正在经历着一场伟大的革命。三十年来，现代科学技术从个别科学理论和个别生产技术，到各门科学技术领域都发生

---

① 数据来源：http//www.imf.org/external/pubs/ft/weo/2008/02/weodata/index.aspx。

② 数据来源：联合国统计月报 1996 年 4 月；国际货币基金组织国际金融统计年鉴 1995 年。

了深刻变化，出现了新的飞跃，产生了一系列新兴科学技术；科学技术的变革和发展，极大地提高了生产自动化程度和劳动生产率，促进了社会生产力的发展。[①] 在邓小平看来，发展科学技术关系到我国现代化建设成败和社会主义制度巩固。1978 年 3 月，他在全国科学大会开幕式上的讲话中指出，“四个现代化，关键是科学技术的现代化。没有现代科学技术，就不可能建设现代农业、现代工业、现代国防。没有科学技术的高度发展，也就不可能有国民经济的高速度发展。”“不搞现代化，科学技术水平不提高，社会生产力不发达，国家的实力得不到加强，人民的物质文化生活得不到改善，那末，我们的社会主义政治制度和经济制度就不能充分巩固，我们国家的安全就没有可靠的保障。”[②] 邓小平还认为，世界上诸如实现人类的希望、第三世界摆脱贫困以及维护世界和平等重大事件都离不开科学技术的发展。[③]

其次，邓小平指出了中国科学技术的落后状况及其主要原因。1977 年 5 月，邓小平指出，我国科学技术同西方发达国家相比，“整整落后了二十年。科研人员美国有一百二十万，苏联九十万，我们只有二十多万，还包括老弱病残，真正顶用的不很多。”[④] 后来，他在谈到我国科学技术的落后现状时又说，“六十年代前期我们同国际上科学技术水平有差距，但不是很大，而这十几年来，世界有了突飞猛进的发展，差距就拉得很大了。同发达国家相比较，经济上的差距不止是十年了，可能是二十年、三十年，有的方面甚至可能是五十年。”[⑤] 科学技术这种落后状况，“远不能适应现代化建设的需要”，也同我国这样一个社会主义国家的地位是“很不相称的”。[⑥] 在邓小平看来，造成我国科学技术落后原因主要是由于林彪、“四人帮”的干扰，影响了我国科学技术的发展。

最后，邓小平提出了一系列发展科学技术的主张和建议。（1）要正视科技落后的现实，承认差距，学习先进，迎头赶上。邓小平认为，“认识落后，才能去改变落后。学习先进，才有可能赶超先进”；“科学技术

---

① 《邓小平文选》（第 2 卷），人民出版社 1994 年版，第 87 页。

② 同上书，第 86 页。

③ 《邓小平文选》（第 3 卷），人民出版社 1993 年版，第 183 页。

④ 《邓小平文选》（第 2 卷），人民出版社 1994 年版，第 40 页。

⑤ 同上书，第 132 页。

⑥ 同上书，第 90 页。

是人类共同的财富。任何一个民族、一个国家，都需要学习别的民族、别的国家的长处，学习人家的先进科学技术。"[①] 我国科学技术落后是事实，要敢于正视，要认真分析其中原因，只有这样，才能激发我们改变现状的斗志，促使我们虚心学习，迅速掌握世界最新的科学技术。（2）提出了发展科学技术的思想观点和策略方针。邓小平在坚持马克思主义"科学技术是生产力"[②] 思想基础上，提出了"科学技术是第一生产力"[③] 著名论断；强调实现现代化关键在发展科学技术，而要发展科学技术，必须重视教育，"尊重知识，尊重人才"[④]；强调要缩小同西方发达国家的科技和经济差距，必须实行和扩大对外开放政策，将"引进国际上的先进技术、先进设备，作为我们发展的起点"[⑤]；指出发展科学技术要注重自我创新，同时注意借鉴学习国外长处，必须坚持独立自主、自力更生的方针[⑥]；要着眼未来，制订高科技发展计划，努力发展高科技，力求在世界高科技领域占有一席之地[⑦]；要改革科技体制，善于发现人才，团结人才，使用人才，为科技人才提供良好的科研环境[⑧]；强调科技发展与经济建设相结合，为经济建设服务，提出了"用先进技术和管理方法改造企业"[⑨]、"发展高科技，实现产业化"[⑩] 等主张。（3）指出引进国外先进技术的方法、目的和原则。在邓小平看来，我国要缩小同西方发达国家的科技差距，只依靠我国现有的科技基础是不够的，必须以"引进国际上的先进技术、先进设备，作为我们发展的起点"[⑪]，实行和扩大对外开放政策。他强调，我国引进先进技术目的是为了发展社会生产力，提高人民生活水平，巩固我们的社会主义国家和社会主义制度；我国对外开放政策，引进世界先进科学技术，必须以坚持社会主义制度和社会主义公有制等根本制度不动摇

---

① 《邓小平文选》（第 2 卷），人民出版社 1994 年版，第 91 页。
② 同上书，第 87 页。
③ 《邓小平文选》（第 3 卷），人民出版社 1993 年版，第 274 页。
④ 《邓小平文选》（第 2 卷），人民出版社 1994 年版，第 40—41 页。
⑤ 同上书，第 132 页。
⑥ 同上书，第 91 页。
⑦ 《邓小平文选》（第 3 卷），人民出版社 1993 年版，第 279 页。
⑧ 同上书，第 109 页。
⑨ 《邓小平文选》（第 2 卷），人民出版社 1994 年版，第 129 页。
⑩ 《邓小平文选》（第 3 卷），人民出版社 1993 年版，第 409 页。
⑪ 《邓小平文选》（第 2 卷），人民出版社 1994 年版，第 132 页。

为原则。①

邓小平在准确把握世界科技发展趋势的基础上，针对我国科技发展现状，提出了一系列发展科学技术的策略方针和原则方法，尤其是，他提出的关于实行和扩大对外开放政策，发展科学技术的策略方针，对促进我国科学技术和现代化建设具有重要指导意义。由于对外开放是邓小平开创中国道路的两大重要起点之一，而邓小平提出实行和扩大对外开放政策的一个重要国际因素是新科技革命及其所引起的变化，因此，可以说新科技革命促进了邓小平开创中国道路。

（二）资本主义新变化及其对中国道路开创的影响

资本主义新变化是在新科技革命的影响下出现的，其主要表现在资本主义生产力、生产关系、上层建筑和国际关系等变化方面。就生产力变化而言，主要资本主义国家工业企业的生产打破了过去单一机器设备的独立作业模式，出现了一系列机器设备的流水线式的作业方式；后来随着电子计算机和自动控制系统等的运用，工业企业生产的自动化水平大大提高；劳动者的脑力和智力因素在生产中的作用越来越突出；劳动对象从单一的自然物或自然加工物扩大到各种人工合成的新材料，使生产资料和劳动产品种类更为丰富。所有这些都大大地提高了劳动生产率，促进经济社会发展。

就生产关系变化而言，主要资本主义国家的生产社会化程度大大提高，所有制结构发生显著变化，尽管私有制的主体地位并未改变，但国有经济在国民经济中的比重明显增加，出现国家资本所有制形式，资本社会化和国际化趋势日益增强；产业结构发生变化，第一、二产业在国民经济中的比重下降，而第三产业的比重增加，并在国民经济中独占鳌头。主要资本主义国家的第一、二产业在国民生产总值中所占的比重在 1963 年下降到 46%，到 1980 年进一步下降到 44%②；分配方式发生变化，国家通过税收等方式调节分配，实行社会福利政策，建立社会保障制度，减轻贫

① 《邓小平文选》（第 2 卷），人民出版社 1994 年版，第 133 页。

② 吴攀龙、杨恕：《新科技革命与资本主义新变化》，《社会主义研究》2005 年第 6 期，第 32—35 页。

富悬殊和两极分化；企业实行利润分享制度，让职工分享企业发展的红利。①

就上层建筑变化而言，一方面，国家职能由“守夜人”变为“调控者”，加强了对经济和社会生活的直接干预和调节：实行指导性的计划，对社会总供给进行宏观调控；通过税收、信贷、补贴或直接投资等手段，对某些经济部门或企业进行调控；通过双边或多边的经济政策，进行国际化的经济调节，以转嫁国内的经济困难和危机。② 另一方面，国家的阶级结构发生了变化：一是资产阶级出现了多层次化。新型的经理资本家的人数和作用增加，上层知识分子在资产阶级中享有特殊地位，传统家族资本家控制企业由直接控制转为间接控制，垄断资产阶级与国家政权的结合更加密切等。二是工人阶级出现了多领化。蓝领、白领、金领、灰领、粉领等各种类型的工人出现，尽管各类工人的社会地位并没有发生根本改变，但不同类型的工人的生产生活方式和经济状况等差别较大，这对工人阶级的联合斗争产生了影响。三是中间阶级出现分化和扩大化。以小业主、小商人、自耕农和高利贷者为代表的传统中间阶级逐渐减少，而以经理、教师、工程师、医生、律师、中下级官员和职员为代表的新型中间阶级出现且数量迅速增长。③ 此外，国家的职能和法制日趋完备：在维护资产阶级统治和社会秩序上，政府改变了过去主要依靠军队、警察和监狱等国家机器采取强制性措施的做法，转而主要采取意识形态和经济手段等非强制性手段；在法制上，资产阶级依靠多党议会民主制度，以保持政权合法性和稳定性；社会管理领域的法制比较完备、管理机制比较成熟。④

就国际关系变化而言，尽管霸权主义和强权政治依然存在，但集硬实力与软实力于一体的综合国力在国际竞争中的作用愈益突出；主要资本主义国家处理国际关系的手段发生了变化，从过去主要依靠暴力压服竞争对

---

① 高放、李景治、蒲国良主编：《科学社会主义的理论与实践》，中国人民大学出版社2014年版，第233页。

② 靳辉明、罗文东主编：《当代资本主义新论》，四川出版集团、四川人民出版社2005年版，第33页。

③ 黄宗良、孔寒冰主编：《世界社会主义史论》，北京大学出版社2004年版，第396—399页。

④ 李青宜：《当代资本主义的新变化与世界社会主义的新思路》，《改革开放与当代世界社会主义学术研讨会暨当代世界社会主义专业委员会2008年年会论文集》，中国广东深圳，2008年第9期，第306—314页。

手的方式开始向借助非暴力因素诱使竞争对手屈服的方式转变，具体表现在：在处理同主要资本主义国家关系上，各国建立各种形式的国际或地区组织，召开国际会议，加强了联系与协商，缓和了矛盾，降低了冲突的风险。在处理同发展中国家关系上，实行新殖民主义，即表面上承认殖民地藩属国的政治独立，实际上利用“援助”、“赠予”和“贷款”等新的国家资本输出形式以及技术专利、深加工制成品贸易等经济手段，对新独立的发展中国家进行剥削和控制，将其纳入自己的势力范围。① 在处理同社会主义国家关系上，除了惯用的军事威胁手段外，更主要借助新科技革命带来的成果，利用贷款、贸易和科技等手段诱压社会主义国家，使其向资本主义国家靠拢；或者通过意识形态宣传，向社会主义国家人民展示其社会经济成就，宣传其所谓民主自由原则、价值观念和思想文化等，希冀社会主义国家从内部“和平演变”到资本主义社会，等等。

资本主义上述变化对世界社会主义运动提出了严峻挑战。马克思主义经典作家们提出的一些关于资本主义社会和科学社会主义的理论观点受到挑战。资本主义国家实行国家干预经济的政策，使资本主义基本矛盾得到缓解，减少了经济危机发生的频率，减轻了经济危机的危害程度，这就使马克思、恩格斯提出的资本主义社会基本矛盾不可调和、经济危机不可避免的观点受到挑战；资本主义国家借助新科技革命成果使资本主义社会生产力获得前所未有的发展，使资本主义国家渡过了经济困难以及后来经济滞涨的难关，给资本主义带来了一段时期的繁荣，这使列宁提出的帝国主义是腐朽的、垂死的资本主义观点受到挑战；资本主义国家通过各种形式的国际合作与协调机制，缓解了彼此矛盾，避免了世界大战爆发，这使马克思主义经典作家们提出的资本帝国主义经济政治发展不平衡必然导致资本帝国主义世界战争爆发的观点受到挑战；资本主义国家实行计划经济，采取宏观调控等手段，减轻了资本主义生产的盲目性，促进了资本主义经济发展，这使马克思主义经典作家们所持的计划经济是社会主义的、商品经济与市场经济是资本主义的观点受到挑战；资本主义国家借助新科技革命成果，建立社会福利制度和社会保障体系，提高了人民的生活水平，使马克思主义经典作家们提出的社会主义制度比资本主义制度具有无比优越性的观点受到挑战；资本主义国家阶级结构分化，尤其是工人阶级的分化

① 高放主编：《科学社会主义的理论与实践》，中国人民大学出版社 1994 年版，第 316 页。

及其社会地位与生产状况等差异，影响到无产阶级的联合斗争和理想信念，这对无产阶级实现未来社会的宏伟目标提出了挑战；资本主义国家采取经济、技术和意识形态等手段推行“和平演变”策略，使社会主义国家面临巩固政权的挑战等等。资本主义新变化及其对科学社会主义理论与实践的挑战，本质上并没有违背马克思主义关于资本主义社会必然向社会主义、共产主义社会过渡的社会发展规律理论，恰恰印证了马克思主义“两个决不会”论断的正确性，说明社会主义和共产主义崇高理想的实现还需经过一段漫长的历史发展过程。同时，也说明了科学社会主义理论需要与时俱进，不断丰富、完善和发展，才能解释资本主义出现的新变化；而坚持社会主义道路的国家需要不断拓宽发展思路，发展壮大社会主义力量，才能进一步彰显社会主义制度的优越性。

与此同时，资本主义新变化也为世界社会主义运动和坚持社会主义的国家提供了发展机遇。社会主义和共产主义是建立在社会化程度和生产力高度发展基础之上的，资本主义社会生产力的发展为消灭私有制、阶级对立与阶级差别，为实现各尽所能与按需分配的原则，为人的素质的提高和人的全面发展等创造了条件①；资本主义国家所有制中国有成分的比重增加、社会福利制度和社会发展体系的建立等社会主义因素的增多，为资本主义向社会主义过渡准备了现实的物质基础；资本主义国家通过协商处理彼此冲突与矛盾的方式，有利于形成良好的国际和平环境，为社会主义国家发展提供了相对和平的外部环境；资本主义国家为赢得高额利润，对外进行资本输出或技术输出，为社会主义国家发展提供了利用外资和技术的机会，等等。这些机遇以隐性或显性的方式存在于资本主义国家和国际社会之中。能否捕捉这些发展机遇，使资本主义国家逐步向社会主义社会过渡，或者使现有的社会主义国家取得更大发展，展现社会主义制度的优越性和感召力，是各国无产阶级及其政党肩负的重要使命。

面对资本主义新变化及其所带来的机遇与挑战，摆在中国共产党人面前有两个迫切需要解决的问题：一是理论问题，即如何发展科学社会主义理论，并以此来解释资本主义新变化，解决中国社会主义建设面临的理论困惑；二是现实问题，即如何借助资本主义新变化所带来的机遇，发展社

① 高放：《高放文集之二：社会主义在世界和中国（增订本）》，云南人民出版社 1998 年版，第 118—120 页。

会主义生产力，以彰显社会主义制度的优越性。邓小平在总结国内外社会主义建设经验教训的基础上，明确了“什么是社会主义，如何建设社会主义”这一根本问题，解决了社会主义建设中困扰人民的一系列理论和实践问题，发展了马克思主义的科学社会主义理论，为中国道路的开创奠定了理论基础。

首先，邓小平强调，搞社会主义建设必须明确“什么是社会主义，如何建设社会主义”的问题。他在总结新中国成立以来社会主义建设的经验教训时指出，“社会主义制度是个好制度，必须坚持。……但问题是什么是社会主义，如何建设社会主义。我们的经验教训有许多条，最重要的一条，就是要搞清楚这个问题。”① 不过，在邓小平看来，对“什么是社会主义”的问题，苏联和中国在过去都没有搞清楚。他在会见外国政要时曾说道，“社会主义究竟是个什么样子，苏联搞了很多年，也没有完全搞清楚。”② “我们总结了几十年搞社会主义的经验。社会主义是什么，……过去我们并没有完全搞清楚。”③ 正由于此，社会主义建设中出现了一系列的错误认识，影响着社会主义事业的发展。

其次，邓小平消除了一些对社会主义的认识误区。“文化大革命”及其以前，受“左”的思想影响，我国出现将社会主义和共产主义理解为“穷社会主义”和“穷共产主义”④、“宁要贫穷的共产主义，不要富裕的资本主义”等错误认识。对此，邓小平批评道，“简直荒谬得很！”“贫穷不是社会主义，发展太慢也不是社会主义。否则社会主义有什么优越性呢？”⑤ “社会主义的特点不是穷，而是富，但这种富是人民共同富裕。”⑥ 针对有人将计划经济和市场经济分别归属于社会主义与资本主义所专有的错误观点，邓小平指出，“计划和市场都是发展生产力的方法”⑦；“不要以为，一说计划经济就是社会主义，一说市场经济就是资本主义，不是那

① 《邓小平文选》（第 3 卷），人民出版社 1993 年版，第 116 页。

② 同上书，第 139 页。

③ 同上书，第 137 页。

④ 同上书，第 10 页。

⑤ 同上书，第 254—255 页。

⑥ 同上书，第 265 页。

⑦ 同上书，第 203 页。

么回事"[①]；计划和市场只是经济手段，在社会主义社会和资本主义社会都存在，不是社会主义社会与资本主义社会的本质区别。针对有人将举办经济特区，引进外资，发展"三资企业"，看成是发展资本主义的错误观点，邓小平指出，特区经济的主体是公有制，"特区姓'社'不姓'资'。""'三资'企业受到我国整个政治、经济条件的制约，是社会主义经济的有益补充，归根到底是有利于社会主义的。"[②] 邓小平对上述有关社会主义认识误区的澄清，为我国深化改革，扩大开放扫清了思想障碍，同时也为人民认识诸如计划指导和国家宏观调控等资本主义新变化提供了理论依据。

再次，邓小平提出了认识社会主义的基本原则和标准。1985 年 8 月，他会见津巴布韦总理穆加贝，在谈到改革开放必须坚持社会主义原则时指出，"社会主义有两个非常重要的方面，一是以公有制为主体，二是不搞两极分化。"[③] 同年 10 月，他在会见美国高级企业家代表团时进一步指出，我国进行经济体制改革，之所以没有违反社会主义原则，是由于"我们在改革中坚持了两条，一条是公有制经济始终占主体地位，一条是发展经济要走共同富裕的道路，始终避免两极分化。"[④] 在这里，邓小平实际上指出了认识社会主义必须抓住两个关键点，即公有制为主体和共同富裕。1992 年初，邓小平明确提出了判断事情成败得失和区分姓"资"姓"社"问题的"三个有利于"标准，即"是否有利于发展社会主义社会的生产力，是否有利于增强社会主义国家的综合国力，是否有利于提高人民的生活水平"[⑤]；以及社会主义本质理论，即"解放生产力，发展生产力，消灭剥削，消除两极分化，最终达到共同富裕"[⑥]。邓小平提出的"三个有利于"标准和社会主义本质理论，排除了"两个凡是"错误思想的干扰，为人民找到了认识社会主义的钥匙。

最后，邓小平提出了社会主义建设基本原则和方法。（1）社会主义建设必须坚持马克思主义及其同中国实践相结合原则。1985 年 4 月，邓

---

① 《邓小平文选》（第 3 卷），人民出版社 1993 年版，第 367 页。

② 同上书，第 372—373 页。

③ 同上书，第 138 页。

④ 同上书，第 149 页。

⑤ 同上书，第 372 页。

⑥ 同上书，第 373 页。

小平在会见坦桑尼亚副总统姆维尼时说，“社会主义究竟怎么搞?”“二十年的历史教训告诉我们一条最重要的原则：搞社会主义一定要遵循马克思主义的辩证唯物主义和历史唯物主义，”也就是毛泽东所说的实事求是，一切从实际出发。① 同年8月，邓小平会见坦桑尼亚总统尼雷尔，在谈到我国改革的经验时指出，如果我国的改革成功了，“可以对世界上的社会主义事业和不发达国家的发展提供某些经验。当然，不是把它搬给别国。我们的原则是把马克思主义同中国的实践相结合，走中国自己的道路，我们叫建设有中国特色的社会主义。”② (2) 社会主义建设必须坚持从中国实际出发，尤其是从中国处于社会主义初级阶段的实际出发。1987年1月，邓小平在会见津巴布韦总理穆加贝时指出，“建国以来我们犯的几次错误，都是由于要求过急，目标过高，脱离了中国的实际，结果发展反倒慢了。”党的十一届三中全会后，我国得到了明显发展，人民生活得到比较明显的改善，主要是因为“我们政策的制定立足于中国的实际，立足于我们自身的努力。”③ 在邓小平看来，“中国的实际”是指中国处在社会主义初级阶段，即不发达的阶段。④ 他在分析“文化大革命”及其以前党出现“左”的错误原因时指出，我们犯了“左”的错误，“总的来说，就是对外封闭，对内以阶级斗争为纲，忽视发展生产力，制定的政策超越了社会主义的初级阶段。”⑤ 他强调，制定路线、方针、政策必须从社会主义初级阶段这一实际出发。中共中央正是在采纳邓小平上述认识的基础之上，在十三大上提出了社会主义初级阶段理论和党的基本路线，从而保证了我国现代化建设沿着正确的方向前行。1992年初，邓小平南方谈话时强调，我国社会主义初级阶段将经历一个长期的发展过程，党的基本路线“要管一百年，动摇不得。”⑥ (3) 社会主义建设必须以发展生产力为根本任务。邓小平认为，“社会主义阶段的最根本任务就是发展生产力，社会主义的优越性归根到底要体现在它的生产力比资本主义发展得更快一

---

① 《邓小平文选》(第3卷)，人民出版社1993年版，第118页。
② 同上书，第135页。
③ 同上书，第202页。
④ 同上书，第252页。
⑤ 同上书，第269页。
⑥ 同上书，第370—371页。

些、更高一些，并且在发展生产力的基础上不断改善人民的物质文化生活。”[①] 此外，他还认为，发展生产力对于实现共产主义远大理想，对于坚持与巩固社会主义制度，对于增强国力、实现祖国统一大业，对于反对霸权主义与维护世界和平等，都起着重要作用。（4）社会主义建设必须坚持改革开放政策。邓小平认为，新中国成立以来，由于西方国家封锁中国等原因，我国基本上是关起门来搞建设，结果与西方发达国家的差距拉大了；由于“现在的世界是开放的世界”[②]，任何一个国家的发展都离不开对世界先进科学技术和管理经验等积极成果的吸收，因此，中国要发展，要实现现代化，要创造出比资本主义更发达的生产力，必须实行和坚持对内改革、对外开放政策。他甚至将改革视为中国的第二次革命[③]、将坚持改革开放政策视为我国现代化建设取得成功的两个决定性条件之一（另一个条件是和平环境）[④]。（5）社会主义建设要保证正确的方向，必须坚持四项基本原则。随着改革开放的深入，西方国家加强了“和平演变”的攻势，一方面，利用“美国之音”等传媒工具向中国人民渗透资产阶级的民主、自由等价值观念；另一方面，煽动中国的资产阶级自由化分子组织学生进行罢课、示威游行，甚至发动反革命暴乱，严重威胁中国政局稳定，危及党的领导和社会主义制度。对此，邓小平强调指出，资产阶级自由化、帝国主义的“和平演变”的实质就是要中国放弃社会主义道路，走资本主义道路。中国要保持稳定的国内局势和社会主义方向，必须坚持四项基本原则，即“坚持社会主义道路，坚持人民民主专政，坚持共产党的领导，坚持马列主义、毛泽东思想。”[⑤]

综观邓小平上述论述，尽管未能解答资本主义新变化给世界社会主义运动所带来的全部理论困惑，但他结合中国社会主义现代化建设与改革开放的实践，解答了中国社会主义建设过程中所面临的诸如“如何认识和建设社会主义”、“如何判断社会主义优越性”、“如何坚持社会主义方向”等一系列基本问题，初步形成了建设有中国特色的社会主义理论体系，为中国道路的形成奠定了理论基础。同时，在他所提出的一系列社会主义建设的原则与方法

① 《邓小平文选》（第3卷），人民出版社1993年版，第63—64页。
② 同上书，第64页。
③ 《邓小平文选》（第3卷），人民出版社1993年版，第113页。
④ 同上书，第156页。
⑤ 同上书，第134页。

的指导下，中国逐步走出了一条适合中国国情的社会主义建设道路。

三 邓小平开创中国道路的压力：美国为首的西方国家对华“和平演变”

“和平演变”是以美国为首的西方国家凭借其强大的经济、军事、科技和文化等优势，对社会主义国家展开思想战和心理战，谋求使社会主义国家从内部发生有利于资本主义的变化。[①] 为颠覆新生人民民主政权，美国为首的西方国家自新中国成立起就开始对华实施这一策略。由于中国共产党采取积极防范措施，其阴谋未能得逞。改革开放后，西方国家趁机加强了对华“和平演变”，曾一度使资产阶级自由化思潮泛滥于中国，破坏了中国社会稳定，危及中国共产党的领导和社会主义制度。以邓小平为核心的党的第二代中央领导集体沉着应对，果断反击，平息了资产阶级自由化思潮及其所引发的国内动乱，强化了坚持四项基本原则和党的基本路线不动摇的决心，保证了改革开放和现代化建设的顺利进行，促进了中国道路的形成。

（一）美国等西方国家对华“和平演变”及其影响

早在新中国成立前，美国就开始对华实施“和平演变”战略。美国国务卿艾奇逊于 1949 年 7 月在致总统杜鲁门的一封信中就提出了对华实行“和平演变”的战略设想。他在信中建议杜鲁门：“制定一种新政策，鼓励和支持中国的‘民主个人主义者’，从内部推翻共产党领导的政权。”[②] 当时，面对在华“扶蒋反共”政策的失败与中国共产党领导的人民民主政权即将建立的局面，美国国务卿提出这一策略实是无奈之举。对于美帝国主义的图谋，毛泽东早有预知。1949 年 3 月，他在中共七届二中全会报告中指出，创业难，守业更难，并告诫共产党人要继续保持谦虚、谨慎、不骄、不躁和艰苦奋斗的作风，警惕资产阶级“糖衣炮弹”的进攻。[③] 同年 8 月，毛泽东在《丢掉幻想，准备斗争》一文中揭露了艾

① 李兴、周雪梅：《西方和平演变战略对苏东关系的影响》，《当代世界社会主义问题》1998 年第 1 期，第 10—20 页。

② 刘宗武、刘光明：《毛泽东捍卫民族独立的理论与实践》，华中师范大学出版社 1998 年版，第 253 页。

③ 《毛泽东选集》（第 4 卷），人民出版社 1991 年版，第 1438—1439 页。

奇逊在给杜鲁门的信中所提出的对华政策的实质。他指出，“艾奇逊公开说，要‘鼓励’中国的民主个人主义者摆脱所谓‘外国的羁绊’。这就是说，要推翻马克思列宁主义，推翻中国共产党领导的人民民主专政的制度。”①

新中国成立初，美国为首的西方国家在企图通过军事包围、经济封锁和外交孤立等手段扼杀新生人民民主政权的同时，将“和平演变”战略施行于中国。当时，美帝国主义者主要是通过派遣特务分子到中国大陆，同国民党在大陆的残余势力和旧中国遗留下来的反革命分子进行勾结，从事造谣等破坏活动，挑起人民对新中国的不满情绪，或者策动动摇的民族资产阶级利用金钱或美色等“糖衣炮弹”腐蚀党政领导干部，消磨其革命性和意志力。刘青山、张子善就是在这种背景下成为资产阶级“糖衣炮弹”下的俘虏，并由此而被中央人民政府处以极刑。1953 年 1 月，即将出任美国国务卿的杜勒斯发起了对社会主义国家新一轮的“和平演变”攻势。他主张推行所谓“解放政策”来代替过去的“遏制”政策，即利用一切机会，“解放社会主义各国的人民”。他强调说，“解放并不就是解放战争，解放可以用战争以外的方法得到”，即用“和平的方法”，用“精神和心理的力量”来达到。② 杜勒斯的“和平演变”攻势曾使波兰、匈牙利等东欧社会主义国家出现过诸如“波匈事件”等政治风波。尽管杜勒斯曾将社会主义中国视为其在远东地区推行“和平演变”战略的主要目标。不过，杜勒斯的这一战略在中国实施并未取得满意的效果。究其原因，主要是由于中国共产党重视防范美国的“和平演变”战略。为巩固政权，中国共产党在新中国成立初期开展了诸如三大运动、“三反”、“五反”斗争等一系列革命运动，对反动分子一直采取高压态势，这使得国内外反动势力难以勾结，兴风作浪；同时在意识形态领域，中共加强对党和人民的思想政治教育，开展对资产阶级思想的批判运动，逐步确立马克思列宁主义的指导地位，这在一定程度上提高了党和人民拒腐防变的能力；此外，中共善于汲取其他社会主义国家在反“和平演变”中的经验教训，提醒人民注意防范。如毛泽东在分析“波匈事件”发生的原因时

① 《毛泽东选集》（第 4 卷），人民出版社 1991 年版，第 1488 页。

② 刘宗武、刘光明：《毛泽东捍卫民族独立的理论与实践》，华中师范大学出版社 1998 年版，第 253 页。

指出，“匈牙利事件所表现出的那种范围相当宽广的对抗行动，是因为有内外反革命因素在起作用的缘故。……社会主义国家内部的反动派同帝国主义者互相勾结，利用人民内部的矛盾，挑拨离间，兴风作浪，企图实现他们的阴谋。”[①] 为防止类似事件在中国发生，毛泽东告诫全国人民，尤其是党政干部要注意防范。杜勒斯对华“和平演变”效果不佳的另一个重要原因在于：其主张多而办法少，尤其是能产生实际效果的办法更少。杜勒斯在加强对华“和平演变”方面曾提出过许多主张。除早先提出的“解放政策”适用于中国外，1957 年 7 月，他又提出要把“和平演变”的希望寄托在中国共产党的第三代、第四代人身上。在随后的两年中，杜勒斯还多次提出要把“和平演变”作为西方“颠覆社会主义国家的主要手段”，把西方的自由、民主和价值观念逐步输入到社会主义国家中去，用“和平方法使全中国得到自由”[②]，等等。不过，杜勒斯尽管主张提了一大堆，但“实际的办法并不多”，因而收效甚微。杜勒斯这种口号式的对华“和平演变”战略遭到了后来上台执政的美国民主党总统肯尼迪的抨击。杜勒斯的所谓“解放政策”也被肯尼迪斥之为“空想加幻想”。[③]

1961 年上台执政的肯尼迪调整对华“和平演变”的手法，加强了意识形态渗透，主要表现为他所提出的对华实行“和平演变”的两种手段和两项措施。两种手段是指通过灌输西方的人道主义来腐蚀社会主义的意识形态和使社会主义国家接受西方的生活方式；两项措施是指“立即动手，有步骤地、慎重地制订计划……从出现在铁幕上任何裂缝中培养自由的种子”和“通过援助、贸易、旅行、新闻事业、学生和教师的交流以及我们的资金和技术”来鼓励和帮助社会主义国家的演变。[④] 肯尼迪企图借助这些手段和措施从思想和心灵上腐蚀中国人民，达到颠覆社会主义中国的目的。1969 年，尼克松上台执政，基于美国面临经济大衰退、深陷越南战争泥潭以及在同苏联争霸斗争中处于守势等因素，其主动寻求改善

---

① 《毛泽东文集》（第 7 卷），人民出版社 1999 年版，第 211 页。

② 刘宗武、刘光明：《毛泽东捍卫民族独立的理论与实践》，华中师范大学出版社 1998 年版，第 253—254 页。

③ 温强：《肯尼迪政府对华和平演变政策及中国的反应——以人权外交为中心》，《中山大学学报》（社会科学版）2007 年第 4 期，第 39—43、125 页。

④ 刘宗武、刘光明：《毛泽东捍卫民族独立的理论与实践》，华中师范大学出版社 1998 年版，第 254 页。

对华关系，通过访华，实现中美关系正常化。这一时期，美国的“和平演变”战略重点主要在苏联和东欧等社会主义国家。1977 年开始的卡特政府，“人权外交”是其“和平演变”战略的突出特点。不过，当时“美国的人权外交主要是针对苏联及东欧社会主义国家的，中国不是美国人权外交的重点”①。当然，这并不是说这两个时期美国没有对华实施“和平演变”战略，而是说美国对华“和平演变”战略实施的力度不大，也没有取得什么实际效果。事实上，美国借助于“美国之音”或鼓动台湾当局利用“自由之声”等传播媒介对华散播攻击中国共产党领导和社会主义制度的言论，或者宣扬资产阶级所谓民主自由思想，进行“和平演变”的行为一直都没有停止过。

从 20 世纪 60 年代初到 70 年代末，美国尽管对华实行“和平演变”战略不断，由于这一时期正值中国共产党强化阶级斗争为纲之时，中共对意识形态领域管控很严，资产阶级腐朽思想和生活方式难以在中国渗透与传播；加之，中共对国内的反革命分子或者可能的动摇分子采取高压政策，一些受美国指使的潜伏在中国的所谓自由主义分子已是“泥菩萨过河——自身难保”，根本无法在中国开展“和平演变”活动，因此，这一时期美国对华“和平演变”收效甚微。

进入 20 世纪 80 年代，随着中国改革开放深入与国力增强，美国加强了对华实施“和平演变”战略。一方面，借中国改革开放之机，“打着友好、合作的旗帜，通过各条渠道，从政治、思想、文化等各个领域进行渗透，推行他们的阴谋，妄图‘不战而胜’”。② 同时，煽动中国的所谓自由主义分子组织反政府的示威游行等活动。1989 年政治风波就是在这种背景下发生的。邓小平在分析这场政治风波出现的原因时指出，北京发生的政治风波和反革命暴乱，“首先是由国际上反共反社会主义的思潮煽动起来的。很遗憾，美国在这个问题上卷入得太深了”。③“西方国家，特别是美国，开动了全部宣传机器进行煽动，给中国国内所谓的民主派、所谓的反动派，实际上是中华民族的败类以很多的鼓励和方便，因此才形成了当

---

① 王林霞：《美国对华接触战略与人权战略》，《当代世界与社会主义》2005 年第 6 期，第 110—115 页。

② 华原：《痛史明鉴：资产阶级自由化的泛滥及其教训》，北京出版社 1991 年版，第 139 页。

③ 《邓小平文选》（第 3 卷），人民出版社 1993 年版，第 331 页。

时那样混乱的局面。”① 另一方面，美国开始将人权问题同颠覆中国的社会主义制度联系起来。1989 年 5 月，美国参议院通过的一项决议案指出，“中国政府对那些为争取民主、自由和正义而进行和平示威的人‘采取暴力’，将严重损害同美国的关系”，要求美国政府“敦促中国政府采取一切必要的措施，建立一个‘公正’和‘民主’的社会，这个社会具有保护基本‘人权’的自由和‘公正’的政治制度。”1989 年“六·四”事件发生后，美国又通过了一系列反华决议案。1989 年 7 月，美国参议院通过第 163 号决议案，建议政府作出决定：“让中国知识分子和人权活动分子方励之和李淑娴在美国驻中国大使馆暂时避难。”② 后来，美国还将人权问题同对华最惠国待遇挂钩，企图以取消中国的最惠国待遇相威胁，迫使中国让步等等。

20 世纪 80 年代美国对华“和平演变”战略对中国产生了恶劣影响。其一，受西方资产阶级经济、政治、思想、价值取向和生活方式等影响，资产阶级自由化思潮在中国沉渣泛起。这主要表现在：经济上，否定公有制，主张私有化；政治上，反对共产党领导，主张西方多党制和议会民主制；思想上，取消马克思主义的指导地位，主张指导思想多元化；价值取向上，集体主义、敬业奉献、公而忘私和先人后己等精神减弱，而拜金主义，利己主义等资产阶级的价值取向抬头；生活方式上，淡化了勤俭节约、艰苦朴素等良好生活作风，开始崇尚资产阶级的贪图享乐、奢侈腐化等生活方式；等等。其二，一些资产阶级自由化分子在全国各地煽动青年学生罢课、示威游行，甚至在北京等地区制造政治动乱，威胁到中国社会稳定和人民正常生产生活，影响了中国改革开放和现代化建设顺利进行。后来，由于我国政府坚决平息了动乱，美国为首的西方国家又借口所谓人权问题制裁中国，使中国面临巨大外部压力，中国的主权和安全也受到严重威胁。其三，中共高层一些领导人在反对资产阶级自由化问题上出现“旗帜不鲜明、态度不坚决”③ 等情况，在一定程度上助长了资产阶级自由化思潮的泛滥和资产阶级自由化分子破坏行为的蔓延，使中国共产党的

① 《邓小平文选》（第 3 卷），人民出版社 1993 年版，第 348 页。

② 李世安、王林霞：《美国对华人权战略及其实施》，《河南师范大学学报》（哲学社会科学版）2005 年第 6 期，第 93—97 页。

③ 《邓小平文选》（第 3 卷），人民出版社 1993 年版，第 194 页。

领导和社会主义制度受到严重威胁。在谈到在反对资产阶级自由化问题上中共领导人出现的错误时，邓小平指出，“我们两个总书记都在资产阶级自由化问题上栽了跟头”①；“坚持四项基本原则，反对资产阶级自由化”，这些年来一直在讲，但是“他们没有执行。在这次动乱中赵紫阳暴露了出来，明显地站在动乱一边，实际上在搞分裂。”② 连两任总书记都在自由化思潮的冲击下失去应有的立场，足见20世纪80年代西方国家对华“和平演变”危害之严重，党和国家面临着严峻考验。

（二）邓小平反对“和平演变”及其对中国道路开创的影响

西方国家对华“和平演变”战略及其影响下中国出现的资产阶级自由化思潮和1989年政治风波，威胁到中国共产党的领导和社会主义制度，也使我国的改革开放和社会主义现代化建设事业面临夭折和逆转的危险。如何应对和化解这场危机，如何坚持党的领导和社会主义制度，如何保证改革开放和现代化建设沿着正确的方向前进，是中国共产党人急需解决的重大问题。以邓小平为核心的第二代中央领导集体冷静观察，沉着应对下，在充分认识西方“和平演变”与资产阶级自由化思潮的实质与危害的基础上，坚决平息了反革命暴乱与政治风波，提出了一系列反对“和平演变”与资产阶级自由化思潮策略原则，维护了社会稳定，巩固了党的领导和社会主义制度，保证了改革开放和现代化建设的顺利进行。

首先，邓小平揭露了“和平演变”及其影响下的资产阶级自由化的目的和实质。西方国家对华“和平演变”的目的就是要颠覆中国共产党领导和社会主义制度。对此，邓小平十分清楚。1989年9月，他在会见美籍华裔科学家李政道时指出，“美国，还有西方其他一些国家，对社会主义国家搞和平演变。”“资本主义是想最终战胜社会主义，过去拿武器，用原子弹、氢弹，遭到世界人民的反对，现在搞和平演变。”③ 同年11月，邓小平在会见南方委员会主席，坦桑尼亚革命党主席尼雷尔时也指出，“现在可能是一个冷战结束了，另外两个冷战又已经开始。一个是针对整个南方、第三世界的，另一个是针对社会主义的。西方国家正在打一

① 《邓小平文选》（第3卷），人民出版社1993年版，第344页。

② 同上书，第324页。

③ 同上书，第325—326页。

场没有硝烟的第三次世界大战。所谓没有硝烟，就是要社会主义国家和平演变。”“西方国家不喜欢中国坚持社会主义道路。”① 后来，邓小平在南方谈话中强调说，“西方国家对华搞‘和平演变’，把希望寄托在中国以后的几代人身上。为防止其阴谋得逞，中国共产党必须把军队教育好，把专政机构教育好，把共产党员教育好，把人民和青年教育好”；并警告说，“中国要出问题，还是出在共产党内部”②，共产党人对此要有清醒的认识。

资产阶级自由化思潮和1989年政治风波是西方国家对华“和平演变”战略的重要产物，其实质是反对中国共产党领导和社会主义制度，把中国引向资本主义道路。1986年9月，邓小平在中共十二届六中全会上的讲话中指出，“自由化是一种什么东西？实际上就是要把我们中国现行的政策引导到走资本主义道路。这股思潮的代表人物是要把我们引导到资本主义方向上去。”自由化就是“对我们现行政策、现行制度的对抗，或者叫反对，叫修改。实际情况是，搞自由化就是要把我们引导到资本主义道路上去。”③ 1987年3月，邓小平在会见美国国务卿舒尔茨时也提出：“所谓资产阶级自由化，就是要中国全盘西化，走资本主义道路。”④ 对于1989年出现的政治风波，1989年9月，邓小平在接见首都戒严部队军以上干部的讲话中明确指出：“事情一爆发出来，就很明确。他们的根本口号主要是两个，一个是要打倒共产党，一个是要推翻社会主义制度。他们的目的是要建立一个完全西方附庸化的资产阶级共和国。”⑤

其次，邓小平指出了“和平演变”及其影响下出现的资产阶级自由化思潮与政治风波的危害。在邓小平看来，其危害主要表现在：其一，破坏了中国社会稳定，影响了中国经济发展与现代化建设。他认为，经济发展和现代化建设需要有一个安定团结的政治局面，而搞自由化，必然会破坏社会稳定，势必影响经济发展和现代化建设的顺利进行。1989年2月，邓小平在同美国总统布什会谈时指出，“中国的问题，压倒一切的是需要

---

① 《邓小平文选》（第3卷），人民出版社1993年版，第344页。

② 同上书，第380页。

③ 同上书，第181—182页。

④ 同上书，第207页。

⑤ 同上书，第303页。

稳定。”“中国人多，如果今天这个示威，明天那个示威，三百六十五天，天天会有示威游行，那末就根本谈不上搞经济建设了。”[①] 同年11月，他在会见坦桑尼亚革命党主席尼雷尔时说，“如果搞资产阶级自由化，那末肯定会有动乱，使我们什么事情也干不成，我们制定的方针、政策、路线、三个阶段发展战略的目标统统告吹。所以，必须坚决地制止动乱。”[②] 其二，威胁到中国共产党的领导和社会主义制度，将使中国走到邪路上去，使中国遭受帝国主义欺侮的历史重演。邓小平认为，党的领导和社会主义制度是中国历史发展的必然结果，也是中国人民的正确选择；而和平演变、资产阶级自由化和政治风波的目标就是要推翻共产党的领导和社会主义制度，如果任其发展，中国将会失去正确的领导核心和发展方向。1986年12月，他在就学生闹事问题同中央负责同志谈话时指出，搞资产阶级自由化，否定共产党的领导，将使中国人民失去“凝聚的中心”，使共产党丧失战斗力与先进性，从而无法领导中国人民进行现代化建设。同时，他告诫说，“过去帝国主义欺侮我们”就是因为“我们是一盘散沙”，而如今如果任由资产阶级自由化发展，那么中国将会出现“乱七八糟、一盘散沙”局面，有可能重新回到遭受帝国主义欺侮的地步，因此，必须要反对资产阶级自由化[③]。其三，将给亚太地区，乃至世界带来灾难。邓小平认为，中国坚持社会主义道路对世界来说是一个十分重要的问题，“如果十亿人的中国走资本主义道路，对世界是个灾难，是把历史拉向后退，要倒退好多年。”[④] 对1989年中国出现的政治风波，美国等西方国家不仅不自我反省，相反却指责中国政府平息暴乱的行动侵犯了所谓“人权”，还以此为借口制裁中国。对此，邓小平予以谴责。他指出，“国际关系新秩序的最主要的原则，应该是不干涉别国的内政，不干涉别国的社会制度”，西方国家制裁中国显然违背了这一原则，“他们没有资格制裁中国”[⑤]。同时，他指出，如果任由资产阶级自由化思潮和反革命暴乱发展，受害的不仅仅是中国，还有亚太地区乃至世界。邓小平在会见加拿大总理特鲁多时曾说，中国在“文化大革命”时期出现的动乱由于有毛泽

① 《邓小平文选》（第3卷），人民出版社1993年版，第284—285页。

② 同上书，第344页。

③ 同上书，第197页。

④ 同上书，第157页。

⑤ 同上书，第359页。

东等老一辈领导人威望的影响，并没有形成全国性的大内战。如今受“和平演变”与自由化思潮影响所出现的反革命暴乱，如果任其发展，所带来的灾难将更为巨大，会使“党不起作用了，国家权力不起作用了”，使中国出现内战割据、生产衰落、交通中断、难民如潮等局面。中国上亿的难民逃往国外，“首先受影响的是现在世界上最有希望的亚太地区。这就是世界性的灾难。”为避免这种灾难出现，邓小平强调，不同社会制度的国家应当在“五项原则基础上和平共处、相互合作，而不是干涉别国内政、挑起别国内乱。”①

再次，邓小平领导党中央平息了反革命暴乱和政治风波。受“和平演变”与资产阶级自由化思潮影响，1986 年下半年开始，全国一些大中城市的部分高校中少数学生出现了罢课、示威游行，甚至反革命暴乱。由于一些领导干部对事件处置不力，结果事态不断扩大，并最终演变成 1989 年政治风波。对此，邓小平严厉批评道，“从中央到地方，在思想战线上是软弱的，丧失了阵地，对于资产阶级自由化是个放任的态度，好人得不到支持，坏人猖狂的很”；“凡是闹起来的地方，都是那里的领导旗帜不鲜明，态度不坚决”。② 他强调，必须旗帜鲜明地反对资产阶级自由化，坚决平息反革命暴乱与政治风波。对于事件的参与者和组织煽动者要区别对待，视其情节轻重，采取疏导与专政相结合的手段。他指出，对于一般参与闹事的学生，首先主要是采取疏导的方法。如果其破坏了社会秩序，触犯了刑律，必须予以坚决处理；对于像方励之、刘宾雁与王若望之类的组织煽动者，他们公然“反对社会主义、反对共产党”，“狂妄到极点”，对他们则必须实行专政。③ 党中央正是在邓小平的正确领导下采取坚决果断措施，平息了这场反革命暴乱与政治风波，维护了社会稳定，巩固了党的领导和社会主义制度。

最后，邓小平提出一系列反对“和平演变”与资产阶级自由化思潮的策略方法。（1）发展社会生产力，不断提高人民生活水平，是反对资产阶级自由化思潮和防止“和平演变”的根本之策。邓小平认为，高度发达的社会生产力和不断提高的人民生活水平是社会主义制度优越性的根

---

① 《邓小平文选》（第 3 卷），人民出版社 1993 年版，第 360—361 页。

② 同上书，第 194—195 页。

③ 同上书，第 194、196 页。

本表现，也是共产党领导赢得人民拥护和社会主义制度得以巩固的物质基础。由于现实的社会主义制度大多建立在生产力不够发达、经济文化相对落后的国家，因此，社会主义制度的优越性在短时期内难以体现出来。这就为西方国家实施“和平演变”战略提供了可乘之机，同时，这也是苏东地区的社会主义国家在“和平演变”攻击下灰飞烟灭的重要原因之一。为防止西方国家“和平演变”阴谋在中国得逞，邓小平强调，必须大力发展生产力，不断改善人民物质文化生活，彰显社会主义制度的优越性，并以此教育和说服那些因受资产阶级自由化思想蛊惑而质疑社会主义、进而参与闹事的人。1987 年 2 月，邓小平在会见加蓬总统邦戈时指出，“最终说服不相信社会主义的人要靠我们的发展。如果我们本世纪内达到了小康水平，那就可以使他们清醒一点；到下个世纪中叶，我们建成中等发达水平的社会主义国家时，那就会大进一步地说服他们”①。在邓小平看来，“三步走”战略目标需要两代、三代、甚至四代中国人民的不懈努力才能实现，“到那个时候，我们就可以真正用事实理直气壮地说社会主义比资本主义优越了”②；“人民一看，还是社会主义好，还是改革开放好，我们的事业就会万古长青！”③ 正是基于这样的认识，在邓小平的领导下，党的十三大作出了加快改革开放的决定，制订了发展国民经济“三步走”的战略目标，为中国特色社会主义建设指明了方向。（2）加强共产党的领导是反对资产阶级自由化和防止“和平演变”的关键。西方国家对华“和平演变”尽管早在新中国成立前就已开始，但是它们知道在第一代中国共产党人铜墙铁壁式的防范下是不可能取得成功的，于是便将希望寄托在以后几代中国人身上。对此，邓小平告诫共产党人必须保持警醒。他指出，中国共产党不仅要把共产党员教育好，还要把军队、人民、青年以及专政机构等教育好；还警告说，“中国要出问题，还是出在共产党内部”④。为了使中国共产党保持先进性、革命性和战斗力，能够担负起领导中国人民防止“和平演变”、坚持走社会主义道路、进行改革开放与现代化建设的重任，邓小平提出了一系列加强党的建设的主张与建议。思想

---

① 《邓小平文选》（第 3 卷），人民出版社 1993 年版，第 204 页。

② 同上书，第 256 页。

③ 同上书，第 381 页。

④ 同上书，第 380 页。

建设上，他提出把思想政治工作放在党的建设之首位，强调要用共产主义的思想、理想、信念、道德和纪律武装共产党人；组织建设上，他强调要加强党的组织性和纪律性，坚持党的民主集中制原则，提倡共产党人要自觉接受党内外人士的监督；作风建设上，他强调要发扬诸如大公无私、艰苦奋斗、廉洁奉公、“毫不利己、专门利人”、“一不怕苦、二不怕死”等党的优良传统与作风，反对主观主义、宗派主义、官僚主义，纠正领导干部特殊化以及贪污腐败等脱离群众的不正之风[①]；党的领导人和接班人培养上，他强调“中央要有权威”[②]、中央领导集体要有核心[③]，提出了培养党的接班人的“革命化、年轻化、知识化、专业化”[④] 的“四化”标准，并且在他的领导下，选出了以江泽民为核心的第三代中央领导集体，顺利完成了党的中央领导人新老交替等等。邓小平提出的上述主张与建议为党的建设指明了方向，同时也使中国共产党有能力和信心迎接来自“和平演变”与资产阶级自由化思潮的挑战。(3) 坚持“两手抓、两手都要硬”的方针是反对资产阶级自由化和防止“和平演变”的重要保证。邓小平有关“两手抓、两手都要硬”方针的内涵十分丰富，包含了“一手抓建设，一手抓法制”；一手抓物质文明建设，一手抓精神文明建设[⑤]；一手抓改革开放，一手抓坚持四项基本原则[⑥]；“一手抓改革开放，一手抓打击各种犯罪活动”[⑦]；“警惕右，但主要是防止‘左’”[⑧] 等众多方面。邓小平指出，“文化大革命”突出以阶级斗争为纲，忽视经济建设这一中心，给党、国家和人民带来了巨大危害，其教训是深刻的，必须汲取。他强调，在任何情况下都不能动摇党的十一届三中全会开辟的改革开放和现代化建设事业。同时，他又指出，随着改革开放的深入与扩大，过去的一些“左”的习惯势力会冒出来，进行干扰与破坏；一些西方资产阶级不好的东西会传入我国，影响我国人民；尤其是一些资产阶级自由化分子趁

① 《邓小平文选》（第 2 卷），人民出版社 1994 年版，第 365—369 页。

② 《邓小平文选》（第 3 卷），人民出版社 1993 年版，第 277 页。

③ 同上书，第 310 页。

④ 同上书，第 380 页。

⑤ 同上书，第 154、156 页。

⑥ 同上书，第 248 页。

⑦ 同上书，第 378 页。

⑧ 同上书，第 375 页。

机鼓吹全盘西化，企图改变我国社会性质，把我国引入资本主义轨道。其阴谋如果得逞，我国的四个现代化肯定实现不了，中国十亿人口的贫困问题和发展问题将无法解决。[①] 为此，邓小平强调，必须旗帜鲜明地坚持四项基本原则，反对资产阶级自由化，防止“和平演变”。1986 年 12 月，邓小平在同中央负责同志谈话时指出，“四项基本原则必须讲，人民民主专政必须讲。要争取一个安定团结的政治局面，没有人民民主专政不行”，“中国没有共产党的领导、不搞社会主义是没有前途的。”[②] 1987 年 7 月，邓小平在会见孟加拉国总统艾尔沙德时说，“搞社会主义现代化建设是基本路线。要搞现代化建设使中国兴旺发达起来，第一，必须实行改革、开放政策；第二，必须坚持四项基本原则，主要是坚持党的领导，坚持社会主义制度，反对资产阶级自由化，反对走资本主义道路。这两个基本点是相互依存的。”[③] 1989 年 5 月，邓小平在同中央负责同志谈话时又指出，是否坚持四项基本原则是一个根本问题，“第三代的领导要取信于民，要得到人民对这个集体的信任，使人民团结在一个他们所相信的党中央领导集体周围。反对资产阶级自由化，坚持四项基本原则，这不能动摇。……中国不搞四个坚持能行吗?”[④] 同年 9 月，邓小平在会见美国华裔科学家、诺贝尔奖获得者李政道时说，“四个坚持中最核心的是党的领导和社会主义。四个坚持的对立面是资产阶级自由化。坚持四项基本原则，反对资产阶级自由化”是我党反复强调的，可是过去的两个总书记在这个问题上栽了跟头。[⑤] 在邓小平看来，实现现代化是一个长期的历史过程，需要有一个安定团结的政治局面，期间，资产阶级自由化与“和平演变”将会相伴而行，危及社会稳定，影响现代化建设。只有坚持四项基本原则，才能保证现代化建设有一个安定团结的政治局面，才能避免在反对自由化和防止“和平演变”斗争中出现过去像“搞运动”之类过头行为，影响现代化建设。

邓小平为反对西方国家对华“和平演变”及其影响下的资产阶级自由化思潮与政治风波所提出的主张和所采取的举措对坚持与发展党的十

---

① 《邓小平文选》(第 3 卷)，人民出版社 1993 年版，第 228—229 页。

② 同上书，第 195 页。

③ 同上书，第 248 页。

④ 同上书，第 299 页。

⑤ 同上书，第 324 页。

一届三中全会所开启的改革开放与现代化建设事业，对中国道路的形成产生了重大影响。一方面，邓小平领导平息了反革命暴乱，维护了社会稳定，巩固了党的领导和社会主义制度，为改革开放与现代化建设提供了安定的国内环境。在“和平演变”与资产阶级自由化影响下出现的反革命暴乱到1989年达到高潮。在北京，极少数资产阶级自由化分子借悼念胡耀邦之机，煽动一些高校的师生罢课，示威游行，张贴大小字报与标语口号，攻击党和国家主要领导人，攻击党的领导和社会主义制度；还占领天安门广场，冲击中国第一国门——新华门，威胁党中央的安全，制造严重的反革命动乱。由于身为总书记的赵紫阳处置不力，动乱很快波及全国。全国许多大中城市的一些高校师生参与到动乱中来，在西安、长沙、成都等地还发生了严重的打、砸、抢、烧等犯罪活动。[①] 一时间，全国一些大中城市交通阻塞，社会秩序混乱，严重影响了改革开放与现代化建设，威胁到党的领导和社会主义制度。以邓小平为核心的党的第二代中央领导集体果断出击，平息了这场反革命动乱，维护了社会稳定，保证了改革开放与现代化建设的顺利进行，巩固了党的领导和社会主义制度；另一方面，邓小平所提出的拒腐防变的主张与策略方针，提高了党和人民抵制资产阶级自由化与防止“和平演变”的能力，保证了党的十一届三中全会开启的改革开放和现代化建设事业的顺利发展，促进了中国道路的形成。在中国，“和平演变”与反“和平演变”的斗争本质上是主张走资本主义道路的蜕化势力同坚持走社会主义道路的进步力量之间的斗争。这种斗争在思想上主要表现为资产阶级自由化思潮同四项基本原则之间的较量，在实践上表现为对改革开放的态度。资产阶级自由化分子企图借改革开放之机，将中国纳入到西方资本主义体系，而坚持四项基本原则的进步力量则力图通过改革开放，完善和发展社会主义制度，彰显社会主义制度的优越性。随着改革开放的深入与扩大，两种力量的斗争更为激烈。由于长期受“左”的错误影响，党和人民对社会主义的认识有些模糊，又受到资产阶级自由化分子所散布的资产阶级思想价值观念的影响，结果造成了党和人民思想混乱。邓小平对“和平演变”与资产阶级自由化的实质与危害的揭露与批判，以及所提出的反对资产阶级自由化

---

① 何沁主编：《中华人民共和国史》，高等教育出版社1999年版，第359页。

与防止“和平演变”的策略方针，有助于提高党和人民思想觉悟与认识水平，增强党和人民拒腐防变的能力。尤其是他提出的一系列“两手抓、两手都要硬”的策略方针，为坚持和推动改革开放和现代化建设向前发展提供了重要的理论指针。此外，邓小平领导组建了以江泽民为核心的党的第三代中央领导集体，实现了党的领导人的新老交替，为维护党的领导和社会主义制度，为坚持与发展中国道路，提供了可靠的组织与领导保证。

总之，面临来自“和平演变”与资产阶级自由化的巨大威胁与压力，以邓小平为核心的党的第二代中央领导集体，沉着应对，果断出击，既化解了危机，维护了党的领导和社会主义制度，又坚持和发展了改革开放与社会主义现代化建设事业，走出了一条适合中国国情的社会主义建设道路，还为坚持与发展这一道路提供了有力的组织与领导保证。

四 邓小平开创中国道路的警示：苏东国家改革失败

苏联、东欧社会主义国家原本为巩固社会主义制度所进行的改革，由于执政党的错误、西方国家“和平演变”等国内外因素的影响而走向失败，导致执政党失去了政权，社会主义制度不复存在。苏东国家改革的失败使社会主义中国在是否坚持改革开放的问题上面临着艰难抉择。邓小平高瞻远瞩，审时度势，发表了著名的“南方谈话”，作出了正确抉择。

（一）苏东国家改革失败及其原因

20 世纪 80 年代，尤其是 80 年代中后期，为克服严重的经济、政治与社会危机，东欧社会主义国家出现了第三次改革浪潮①。改革从波兰开始，遍及了匈牙利、民主德国、保加利亚、捷克斯洛伐克、罗马尼亚、南

① 东欧社会主义国家为摆脱苏联模式所进行的改革主要有三次：第一次在 20 世纪 50 年代前期和中期；第二次在 60 年代中后期；第三次在 80 年代（尤其是在中后期）。参见黄宗良、孔寒冰主编：《世界社会主义史论》，北京大学出版社 2004 年版，第 459 页。

斯拉夫和阿尔巴尼亚等东欧社会主义国家。这些国家的反社会主义力量在西方资本主义国家“和平演变”势力的影响下，趁坚持社会主义道路的执政党改革之机，煽动那些因经济困难、生活状况恶化而对政府不满的国内人民进行示威游行，甚至武装暴乱，迫使执政党交出政权，改旗易帜，走资本主义道路。从 1990 年 1 月波兰统一工人党更名为波兰社会民主党，抛弃社会主义制度，到 1991 年 6 月阿尔巴尼亚劳动党改名为社会党，走上资本主义道路，不到半年时间，东欧 8 个社会主义国家发生剧变。与此同时，1985 年上台执政的戈尔巴乔夫为摆脱苏联内外交困的局面也开始了改革。在 1988 年 6 月苏共十九大之前，戈尔巴乔夫的改革仍然坚持共产党的领导和社会主义方向。① 不过此后，其在所谓“新思维”理论的指导下，推行人道的民主的社会主义，自动放弃了科学社会主义的指导和共产党的领导，结果苏联共产党垮台和苏联解体。1991 年 12 月 25 日，随着戈尔巴乔夫辞去总统职务，世界历史上第一个社会主义国家苏联宣告解体。至此，苏东国家改革以执政党失去政权和社会主义制度覆灭而宣告失败。

苏东国家改革是为了巩固社会主义制度，为什么到头来却葬送了社会主义制度？导致苏东国家改革失败的原因是多方面的，有诸如西方国家实施“和平演变”战略等国外因素的影响，也有诸如历史积弊太深、反对派的伺机进攻等国内因素的作用。而就改革本身而言，经济改革理念的固化与政治改革的失当也是导致改革失败的重要原因。

从经济改革理念固化上看，苏东国家经济改革始终没有冲破传统社会主义观念的禁锢，致使经济改革举步维艰，收效甚微，弱化了执政党的凝聚力和号召力。苏东国家进行经济改革的一个重要原因是高度集中统一的计划经济管理体制束缚了社会生产力的发展，影响了经济发展和人民生活水平的提高。然而，受诸如市场经济是资本主义的、计划经济是社会主义的等传统社会主义观念的束缚，苏东国家在经济改革中大多不敢突破计划经济体制的禁锢而大胆利用市场经济为社会主义建设服务。即使如南斯拉夫，其经济改革虽已包含了较多的市场因素，但由于担心过多的市场成分危及社会主义制度，也在对待市场经济的态度上表现出无穷的忧虑和动

① 高放、李景治、蒲国良主编：《科学社会主义的理论与实践》（第 6 版），中国人民大学出版社 2014 年版，第 144 页。

摇。结果，苏东国家的经济改革进行了几十年，依然进展不大，收效甚微。以苏联为例，1958 年以前苏联的年平均国民收入增长率为 13.7%，然而到 1959—1979 年则下降到 6.5%；1980—1985 年下降到 3.4%；到 1990 年更是下降到 1.6%。[①] 经济改革效果不佳，影响了经济发展和人民生活改善，致使苏东国家的人民对执政党的改革失去信心，同时也大大弱化了执政党的凝聚力和号召力，以至于当反对派向执政党施压促变时，人民转而支持反对派，加速了执政党的垮台。

从政治改革的失当上看，苏东国家共产党在推行政治体制改革过程中放弃科学社会主义基本原则，盲目引进西方资产阶级自由民主制度，急躁冒进，自毁长城。经济体制改革的深化呼唤政治体制改革与之同行，从这个意义上说，苏东国家进行政治体制改革，是值得肯定的。然而，苏东国家在推行政治体制改革中犯了一系列错误：不适当地将经济改革未能取得成效的原因完全归咎于政治体制的阻碍作用；在经济改革没有取得成效的背景下匆匆推行政治体制改革；抛弃科学社会主义基本原则，放弃共产党的领导和无产阶级专政，滥用所谓西方民主，引入西方国家的三权分立制度和多党竞争机制等。这些错误不仅使开展了数十年的经济改革中途夭折，还引起了人民的思想混乱，并为反对派上台执政、施压促变提供了机会。正是在这种背景下，苏东国家的反对派通过煽动人民对共产党政权的不满情绪，向共产党施压，迫使其交出政权，最终使国家步入歧途。

上述经济改革理念固化与政治改革失当反映出苏东国家的共产党并没有与时俱进，在实践中创新和发展科学社会主义理论，探索适合本国国情的社会主义建设道路，相反还放弃了社会主义制度赖以生存与发展的根本，即马克思主义科学社会主义基本原则。也正由于此，当国内外反动势力趁改革和政局动荡之际向共产党发难时，苏东国家的共产党很容易地作出让步，导致了共产党政权的倒塌和社会主义制度的覆灭。因此，可以说，苏东国家改革失败的根源在于苏东国家共产党本身。

---

① 张仁德：《原苏联东欧国家经济改革失败原因和教训的思考》，《马克思主义与现实》1993 年第 1 期，第 105—112 页。

（二）苏东国家改革失败对中国的冲击与邓小平之回应

苏东国家改革失败对处在改革之中的社会主义的中国产生了巨大冲击。一方面，苏东国家因改革失去共产党领导和社会主义制度的惨痛教训警示中国共产党：中国如果继续推进改革，就有可能步入苏东国家的后尘，丢掉政权和社会主义制度。这种可能性在当时的中国确实存在。在国内，资产阶级自由化分子活动猖獗，除鼓吹西方的自由民主制度外，还煽动学生闹事，向中国共产党施压促变；国际上，西方国家对华“和平演变”有增无减，还借口所谓“人权”问题制裁中国，企图压服中国。在这种背景下，中国共产党推进改革开放，稍有不慎，就有可能重蹈苏东国家亡党亡国的覆辙。这不能不引起中国共产党人的担忧。另一方面，苏东国家改革的经验教训昭示：共产党要巩固政权，坚持与发展社会主义，必须改革，冲破高度集中统一僵化的“苏联模式”束缚，发展经济，改善民生。对此，邓小平深有感触。他在谈到中国遭受资产阶级自由化思潮冲击仍然保持政局稳定时指出，“为什么‘六·四’以后我们的国家能够很稳定？就是因为我们搞了改革开放，促进了经济发展，人民生活得到了改善”。[①] 不难看出，改革是关系到党和国家前途与命运、关系到社会主义制度生死存亡的关键。中国到底是坚持改革还是中止改革呢？中国共产党人面临着艰难抉择。

面对苏东国家改革失败所带来的冲击，退居二线的邓小平以时不我待的精神从幕后走到台前，发表了著名的“南方谈话”，吹响了中国坚持改革开放的号角，坚定了中国人民走中国道路的决心。一方面，邓小平强调中国坚持改革开放不动摇。在他看来，改革是中国的第二次革命[②]；中国社会生产力的发展、综合国力的增强、人民生活水平的提高和祖国统一大业的实现等离不开改革开放；社会主义制度优越性的体现与成功抵制西方国家的“和平演变”，也需要通过改革开放才能达到，因此，中国必须坚持改革开放不动摇。另一方面，为防止苏东国家改革失败的悲剧在中国重演，邓小平提出了一系列推进改革开放和坚持发展社会主义的策略方针。（1）提出坚持党的基本路线不动摇，确保党和人民沿着党的十一届三中

① 《邓小平文选》（第3卷），人民出版社1993年版，第371页。

② 同上书，第113页。

全会开启的社会主义建设道路前进。邓小平强调，“坚持党的十一届三中全会以来的路线、方针、政策，关键是坚持‘一个中心、两个基本点’。不坚持社会主义，不改革开放，不发展经济，不改善人民生活，只能是死路一条。基本路线要管一百年，动摇不得。只有坚持这条路线，人民才会相信你，拥护你。谁要改变三中全会以来的路线、方针、政策，老百姓不答应，谁就会被打倒。”① （2）提出了“三个有利于”的标准和社会主义本质论，澄清了关于计划经济与市场经济的认识误区，解除了姓“资”姓“社”问题的困扰，为推进改革开放扫清了思想障碍。（3）提出警惕右但主要是防止“左”、一手抓改革开放一手抓打击各种犯罪活动、物质文明与精神文明建设一起抓、在改革开放中坚持四项基本原则和反对资产阶级自由化等方针，既保证了改革开放与现代化建设的顺利进行，又巩固了党的领导与社会主义制度。（4）提出并实施了选人用人的“四化”标准，为坚持改革开放和社会主义提供可靠的党的接班人。邓小平认为，要抵制西方国家“和平演变”，保持国家长治久安；要维护党的领导和社会主义制度；要坚持改革开放，促进经济快速发展等等，“关键在人”。为此，他提出要按照“革命化、年轻化、知识化、专业化”的标准，选拔德才兼备、年轻的人进班子。同时在他的领导下，中央领导集体顺利完成了新老交替，确保党的领导有可靠的接班人。②

邓小平发表了“南方谈话”，提出与采取了上述策略方针和应对措施，有力地回击了国际社会对中国坚持走社会主义道路的质疑，挫败了西方国家对华施压促变的图谋，维护了党的领导与社会主义制度；解除了人民在苏东国家改革失败后出现的思想顾虑，坚持和推进了改革开放与现代化建设事业，促进了中国道路形成。

五 邓小平开创中国道路的评价：邓小平认识与处理国外因素的基本经验

以邓小平为核心的党的第二代中央领导集体在坚持并推进改革开放与现代化建设的伟大实践中成功开创了中国道路。邓小平之所以能够成功开

---

① 《邓小平文选》（第3卷），人民出版社1993年版，第370—371页。

② 同上书，第380—381页。

创中国道路，诚如有学者指出，其主要原因在于中国的国内因素（内因）[①]，但也同邓小平正确认识与处理国外因素密切相关。邓小平开创中国道路取得了许多重大成果[②]，其在认识与处理国外因素上积累了许多成功经验，值得后继者发扬光大。

就邓小平开创中国道路的成果来说，邓小平在总结国内外社会主义建设经验教训的基础上，根据国际国内形势的发展变化，把马克思主义基本原理同中国实际相结合，抓住什么是社会主义和怎样建设社会主义这一核心问题，通过社会主义现代化建设伟大实践，成功开辟了中国道路。这一道路的主要成果包括：冲破“两个凡是”错误方针的束缚，结束以阶级斗争为纲，将党和国家的工作重心转移到经济建设和现代化建设上来，作出改革开放等重大决策；冲破传统社会主义理论的束缚，提出社会主义本质论，将解放与发展生产力、消灭剥削、消除两极分化与最终达到共同富裕视为社会主义的本质，澄清了计划经济与市场经济姓“社”姓“资”的认识误区，提出了“三个有利于”的评判标准；冲破“苏联模式”的束缚，强调走自己的路，建设有中国特色的社会主义；为防止重走“文化大革命”时期社会主义建设的老路和避免苏东剧变的悲剧发生，强调坚持党的基本路线不动摇；为保证在推进改革开放与现代化建设的同时不至于失去党的领导和社会主义制度，提出了一系列“两手抓，两手都要硬”的策略方针；为和平解决台湾、香港和澳门问题，提出了“一国两制”伟大构想；等等。这些成果丰富和发展了马克思列宁主义、毛泽东思想关于

---

① 徐崇温认为，邓小平能够开创中国道路的主要原因在于其对中国社会主义建设经验教训的总结。他指出，邓小平开创中国道路的历史依据首先是“1949年新中国建国以来我国社会主义建设正反两个方面的经验教训，特别是1966年‘文化大革命’以来的经验教训。就是说，它的直接契机是‘文化大革命’。”参见徐崇温：《邓小平对建设中国特色社会主义新道路的开辟》，《中国特色社会主义研究》2010年第5期，第10—22页。

② 徐崇温将邓小平开创的建设中国特色社会主义道路称之为“新道路”，并从社会主义的定义、中国特色社会主义所处的阶段、改革开放、政治文明建设、党的建设等12个方面概括了这一道路的新的成果。参见徐崇温：《中国特色社会主义研究》，中国社会科学出版社2013年版，第154—171页。张伟超等认为邓小平开创中国道路所取得的重大成果包括：把党和国家工作中心转移到经济建设上来，实行改革开放的历史性决策；揭示社会主义本质；确立社会主义初级阶段党的基本路线；提出走自己的路，建设有中国特色的社会主义等。参见张伟超、蒋均时主编：《中国特色社会主义研究·道路篇》，解放军出版社2013年版，第28页。

社会主义建设基本理论，将科学社会主义推进到一个新的发展阶段，不仅为中国道路的坚持与发展奠定了重要理论基础，也为其他国家探索适合本国国情的社会主义建设道路提供了借鉴。

就邓小平认识与处理国外因素的基本经验来说，主要有：善于总结毛泽东认识与处理对外关系的经验教训，开拓创新，是其重要经验之一。毛泽东探索中国道路是邓小平开创中国道路的重要起点和基础，毛泽东认识与处理对外关系的经验教训为邓小平开创中国道路提供了宝贵财富。邓小平在开创中国道路实践中十分重视总结并吸取毛泽东探索中国道路时的经验教训。他说，总结历史是为了开辟未来，“过去的成功是我们的财富，过去的错误也是我们的财富。”① 邓小平坚持国家主权和民族利益至上原则，提出“主权问题不是一个可以讨论的问题”② 等观点；坚持按照“三个世界划分”战略思想处理对外关系，提出“中国永远属于第三世界，永远不能称霸”③ 等观点；坚持按照和平共处五项原则处理国与国关系，提出“处理国与国之间的关系，和平共处五项原则是最好的方式”④ 等观点；坚决反对霸权主义与强权政治，反对任何国家干涉中国内政，指出“中国人是吓不倒的”、“中国的社会主义制度是谁也动摇不了的”，等等；都是他对毛泽东认识与处理对外关系成功经验的继承和发扬。邓小平作出和平与发展是时代主题的正确判断，将党的工作重心转移到经济建设上来；他打破传统社会主义理论禁锢，澄清计划经济与市场经济认识误区，提出社会主义本质论，发展科学社会主义理论；他锐意改革，突破高度集中统一的、僵化的“苏联模式”的束缚，提出走自己的路，建设有中国特色的社会主义⑤；他排除意识形态纷争，实行和扩大对外开放，积极发展同世界各国友好合作关系；他坚持有所为和有所不为的原则，积极维护世界和平与发展，推动建立国际政治经济新秩序，拒做第三世界的“老大”，强调中国“永远不称霸”、“永远不当头”⑥，等等，都是邓小平总

---

① 冷溶、汪作玲主编：《邓小平年谱（1975—1997）》（下卷），中央文献出版社 2004 年版，第 1244 页。

② 《邓小平文选》（第 3 卷），人民出版社 1993 年版，第 12 页。

③ 《邓小平文选》（第 2 卷），人民出版社 1994 年版，第 112 页。

④ 《邓小平文选》（第 3 卷），人民出版社 1993 年版，第 96 页。

⑤ 同上书，第 135 页。

⑥ 同上书，第 363 页。

结和吸取毛泽东认识与处理对外关系经验教训的结果。可以说，邓小平在认识与处理对外关系上所取得的一系列成果都同其认真总结毛泽东认识与处理对外关系的经验教训密切相关。

坚持围绕党的基本路线来认识与处理国外因素，是其重要经验之二。党的基本路线，即“一个中心、两个基本点”，是指以经济建设为中心，坚持四项基本原则，坚持改革开放。它是邓小平成功开创中国道路的重要理论成果与标志[①]，也是邓小平在认识与处理对外关系时始终坚持的重要原则。从党的十一届三中全会恢复经济建设这一中心，作出改革开放决策，尤其是党的十三大确定党的基本路线以后，无论国际风云如何变幻，邓小平始终坚持围绕党的基本路线来认识并处理国外因素。对此，他在会见西班牙工人社会党副总书记、政府副首相格拉时曾指出，直到党的十一届三中全会，在总结新中国成立后近 30 年的经验基础上，“我们提出了现在的一系列政策，主要是改革和开放，对内开放和对外开放政策；提出了我们的根本路线，就是把工作重点转到建设上来，不受任何干扰，一心一意、坚定不移地搞社会主义现代化建设。”[②] 在认识与处理国外因素的实践中，邓小平分析国际形势的发展变化，得出和平与发展是时代主题的结论，目的是为发展生产力、确立经济建设这一中心寻找时代依据。他指出，过去我们党由于对时代认识出现差错，认为世界大战很快就要爆发，结果忽视了发展生产力和经济建设；而如今战争的危险尽管存在，但由于世界和平力量等制约战争发生的各种因素存在，世界大战是可以避免的，因此应当利用难得的和平时机发展经济，逐步摆脱贫困落后状况。[③] 邓小平分析新科技革命和资本主义新变化，为的是要使党和人民认识到新科技革命背景下世界的发展态势，明确我国同西方发达国家的差距，激发党和人民推进改革开放与现代化建设的决心和斗志。他指出，20 世纪 60 年代后期以来，西方发达国家借助新科技革命的成果发展经济，改善民生，巩固资产阶级政权，取得了许多成果；而我国由于“文化大革命”等因素的影响，科学技术与经济发展缓慢，与发达国家的差距拉大了；经济上的

---

① 张伟超、蒋均时主编：《中国特色社会主义研究 · 道路篇》，解放军出版社 2013 年版，第 37 页。

② 《邓小平文选》（第 3 卷），人民出版社 1993 年版，第 228 页。

③ 同上书，第 249—250 页。

差距“可能是二十年、三十年，有的方面甚至可能是五十年”①；科学技术落后状况，“远不能适应现代化建设的需要”②；要改变这种落后状况，体现社会主义制度的优越性，必须奋起直追，迎头赶上；其中重要的方法就是对外开放，学习西方先进科学技术。邓小平反对资产阶级自由化思潮和西方“和平演变”，一方面是为经济建设和改革开放营造安定的社会环境；另一方面是为了维护党的领导和社会主义制度（即坚持四项基本原则）等；他顶住来自苏东国家改革失败的冲击与资本主义世界的压力，强调坚持党的基本路线不动摇，平息反革命暴乱，既避免了苏东国家改革失败悲剧在中国重演，又保证了改革开放与现代化建设的顺利推进；等等。正是由于邓小平始终坚持从党的基本路线出发，坚持党的基本路线不动摇，才使党的十一届三中全会开辟的改革开放与现代化建设事业得以坚持与发展，从而促进了中国道路的形成。

坚持从中国处在社会主义初级阶段的实际情况出发来认识与处理对外关系，是其重要经验之三。中国处于社会主义初级阶段包含两层含义，即中国已经是社会主义社会并且中国的社会主义社会还处在初级阶段。这是党和国家制定路线方针政策的主要依据，也是邓小平认识与处理对外关系的根本出发点。基于中国已经是社会主义国家，中国的社会主义制度是中国历史发展和中国人民选择的必然结果等因素，邓小平在认识与处理对外关系时始终以维护与巩固社会主义制度为根本出发点。他指出，一切有利于巩固社会主义的东西都应当学习与借鉴，而“一切反对、妨碍我们走社会主义道路的东西都要排除”③。邓小平实行对外开放决策，大胆学习和借鉴西方国家先进科学技术和管理经验，目的是要发展社会主义生产力，巩固社会主义制度；他主张不同社会制度的国家在和平共处五项原则基础上发展友好合作关系，主要是为了消减西方国家对中国的敌视，化解并避免中西矛盾与冲突，为发展我国生产力和巩固社会主义制度提供和平的国际环境；而其坚决抵制和反对资产阶级自由化思潮和西方国家对华“和平演变”，则主要是由于它们威胁到党的领导和社会主义制度。当西方国家趁苏东剧变之际，以所谓“人权”为借口，企图通过制裁等方式

① 《邓小平文选》（第2卷），人民出版社1994年版，第132页。

② 同上书，第90页。

③ 《邓小平文选》（第3卷），人民出版社1993年版，第212页。

对中国施压促变时，邓小平更是表达了坚持走社会主义道路的坚定决心。他指出，“中国的社会主义是变不了的。中国肯定要沿着自己选择的社会主义道路走到底。谁也压不垮我们。”[①] 当然，邓小平也十分清楚中国社会主义的现状。他指出，中国还处在社会主义初级阶段，即不发达阶段，“一切都要从这个实际出发，根据这个实际来制订规划。”[②] 在实践中，邓小平强调政治改革必须分步骤、有领导、有秩序地进行，不能急于求成，更不能搞资产阶级自由化；他强调中国必须根据自己的特点和国情，走自己的路，反对照搬西方资本主义国家与其他社会主义国家的做法[③]；他坚持奉行独立自主的和平外交政策，反对霸权主义，强调中国不称霸，不当头；他改变过去宁肯自己勒紧裤腰带，也要慷慨援助他国的做法，强调实事求是，量力而行，适度援助他国，等等。这些都是邓小平坚持从中国处在不发达社会主义阶段的实际出发处理对外关系的重要表现。邓小平坚持从社会主义初级阶段的实际出发，灵活务实处理对外关系，一方面有力地回击了西方国家对中国社会主义制度的责难，表明了中国坚持走社会主义道路的决心；另一方面减轻了中国所应承担的国际义务，弱化了西方国家对中国的猜忌和敌视，对营造相对和平的国际环境、加速我国社会主义现代化建设大有裨益。

跨越意识形态分歧，妥善处理与发展同世界各国的关系，是其重要经验之四。自从十月革命以来，意识形态分歧一直是横跨在社会主义国家与资本主义国家之间的一大难以逾越的屏障。中苏关系破裂后，世界上两个最大的社会主义国家中苏也因意识形态的分歧，彼此势不两立。无论是斯大林、赫鲁晓夫，还是毛泽东，尽管曾同美英等资本主义国家出现过合作，也大多是特定环境下所采取的权宜之策，他们的意识深处并没有冲破意识形态的羁绊。而真正跨越并突破意识形态分歧的屏障，倡导并实践不同社会制度国家友好往来的，当属邓小平。他提出和平与发展是时代主题，为突破意识形态分歧、加强不同制度国家间的友好合作提供了理论依据；他提出“一国两制”伟大构想，促进了香港和澳门回归祖国，实现了不同制度在一国内的共存

① 《邓小平文选》（第3卷），人民出版社1993年版，第320—321页。

② 同上书，第252页。

③ 同上书，第256页。

共处，证明了两制共存的可能性；他排除历史恩怨与意识形态分歧，实现了中苏关系正常化；他不论苏联解体与抛弃社会主义制度，强调要在和平共处五项原则基础上从容地发展同苏联的关系；他反对美国的霸权主义、强权政治以及各种敌视中国的行为，但仍然强调要同美国加强往来，搞好关系①，等等，都是邓小平跨越意识形态分歧，妥善处理和发展同世界各国关系的重要表现。正由于邓小平跨越意识形态分歧，积极发展同资本主义国家的友好合作关系，从而在一定程度上消减了西方资本主义国家对中国的敌视，为我国改革开放和现代化建设赢得相对安定和平的国际环境。

① 《邓小平文选》（第3卷），人民出版社1993年版，第353、359页。

第三章
国外因素与江泽民推进中国道路

党的十一届三中全会开启的中国道路到20世纪80年代末90年代初行进到十字路口。国际上，国际格局由两极向多极化过渡以及第三次经济全球化浪潮在给中国发展带来机遇的同时，也使中国社会主义面临巨大挑战；在国内，资产阶级自由化思潮影响下出现的反革命暴乱，威胁到中国社会主义制度的安全；改革开放与现代化建设深入与推进面临着巨大阻力与压力，并且这种阻力与压力在小平同志去世后显得更为突出。面对变化而又严峻的国内外形势，中国是继续将党的十一届三中全会开启的中国道路推向前进，还是调转方向重新回到过去的老路上去，中国共产党面临着重要抉择。以江泽民为核心的党的第三代中央领导集体审时度势，毅然决定将邓小平开创的中国道路推向前进。考察江泽民推进中国道路的原因，诸如中国共产党先辈们探索与开创中国道路所取得的巨大成就和所积累的重要经验教训、中国国情的压力以及中共新一代领导人的智慧等国内因素对中国道路的推进起着决定性作用；而诸如国际格局的变化、经济全球化与苏东剧变等国外因素等也对中国道路推进产生了重要影响。江泽民推进中国道路所取得的成就，促进了中国道路的坚持与发展。

一　江泽民推进中国道路的国际背景：冷战国际格局变化与经济全球化

国际格局的变化与经济全球化给中国改革开放与现代化建设带来了双重影响：一方面，美国为首的资本主义国家对华施压促变，加大了中国坚持社会主义的难度；而资本主义国家凭借经济科技优势与不平等的国际政治经济秩序在国际竞争中处于优势地位，在一定程度上消减了中国的国际竞争力，使中国对外开放面临巨大挑战。另一方面，国际格局变化所引发的国际力量分化重组，尤其是资本主义世界出现的裂痕与矛盾，在一定程度上减缓了中国的外部压力；而经济全球化密切世界各国的联系，为中国扩大对外开放，学习和借鉴西方国家先进的科学技术和管理经验，提高国际竞争力，提供了难得的机遇；同时，西方国家趁经济全球化之际对中国输出资本主义生产方式、意识形态和价值观念，企图对华和平演变，使中国社会主义制度遭受威胁。正是在这种机遇与挑战并存的国际背景下，江泽民坚持改革开放与现代化建设，推进了中国道路。

（一）冷战国际格局变化及其对中国的影响

二战后建立在雅尔塔体制之上的美苏两极格局在20世纪80年代末90年代初走到了尽头。苏联解体，美苏两极格局结束，世界朝着多极化方向发展。与以往的国际格局变化不同，这次国际格局变化表现出新的特点。以往的国际格局的变化常常是在旧的国际格局因战争而被打破、新的国际格局经会议协商并以条约或协议方式确立的基础上出现的，即在战争打破旧的国际格局、会议与条约或协议确立新的国际格局的基础上出现的；其变化表现出剧烈、速变的特征。而这次国际格局的变化则出现在苏联解体之后，但在苏联解体、旧的两极格局结束后，新的国际格局并没有即刻形成，而是处在由两极向多极化过渡时期，即由两极向“一超多强”过渡时期，基本态势是一个超级大国和多种力量并存①；其变化表现出缓和、渐变的特点，即所谓“和平演变”②。

这种由两极向多极化过渡的国际格局对中国产生了重要影响。一方面，伴随着苏联解体，两极格局结束，过去中国在美苏之间所起的平衡与协调作用和地位消失，加之由于中国因改革开放与现代化建设而崛起，美国为首的西方国家将中国视为主要敌人而予以遏制与攻击，使中国面临巨大的压力。二战后，美苏出于在远东地区争夺霸权与势力范围的需要，以牺牲中国利益为条件达成妥协③，建立雅尔塔体制，确立战后两极格局的

---

① “一超”是指美国；“多强”是指欧盟、俄罗斯、日本和中国。参见欧阳康等：《中国道路：思想前提、价值意蕴与方法论反思》，中国社会科学出版社2013年版，第48页。

② 李淑珍、陈德民：《当代世界经济与政治》，北京大学出版社1999年版，第63页。

③ 根据《雅尔塔秘密协定》和据此签订的1945年《中苏条约》，美国承认旅顺口、大连港、中长铁路在内的东北地区为苏联控制；苏联则允诺美国支持蒋介石政府，以蒋介石为首实行所谓和平统一中国。参见王真：《雅尔塔格局与新中国的历史走向》，《中共党史研究》2000年第4期，第32—36页。

基础。新中国成立后，中国一直在美苏两极之间扮演着平衡器的角色。先是苏联联合中国抗击美国，后是美国联合中国制约苏联。这种平衡器角色对削减美苏两极中另一极对中国的威胁、提升中国的国际地位和维护中国的国家安全等起了一定积极作用。直到 1991 年，中国的这种角色地位因苏联解体而被打破。由此，中国成为美国等西方国家关注的焦点。

在如何对待中国的问题上，美国国内争论不休，出现了截然不同的两种观点。一种观点（以自由主义学派为代表）认为，美国不必将中国视为主要敌人而加以遏制。其理由是：美国与中国没有根本性的利益冲突，中国总体实力有限，在短时期内无法对美国构成威胁①；一个有效的而不是分崩离析的中国才符合美国的利益，因为在历史上，从混乱中的中国得到好处的是俄国和日本，而不是美国②；中国经济增长惊人，但其起点比美国低得多，“中国不是一个支配亚洲的军事大国”，“在可以预见的将来，中国对美国的挑战是政治上和经济上的，不是军事上的”③；中美军事力量相差悬殊；“一个富国强兵的中国可成为和平与稳定的因素，只有贫穷饥饿的中国才会对世界产生威胁。动乱的中国，大批难民向外跑将对亚太构成威胁”④；等等。另一种观点（以现实主义学派为代表）则主张将中国视为美国的主要敌人而加以遏制。其理由是：在苏联不复存在的情况下，美国不需要中国作为全球政治的砝码⑤；“中国是一个不满现状，满怀挫折，受过 150 年历史耻辱的国家”，崛起后的中国会试图改变国际现状，挑战现有国际秩序；“一党独大的中国比民主的领导人性好攻击”，“中国是人治而不是法治的国家。如果中国内部发生重大的权力斗争，就会使中国采取激烈革命式的外交威胁到东南亚安全”⑥；等等。美国之外的一些学者也分析了美国敌视中国的原因。意大利著名经济学家洛丽塔·纳波利奥尼认为，在西方人看来，“中国是一个不尊重人权的集权国家，

① ［美］约瑟夫·奈：《权力的未来》，转引王缉思主编：《中国国际战略评论》，世界知识出版社 2011 年版，第 13—21 页。

② 宿景祥、齐琳主编：《国外著名学者、政要论中国崛起》，中共中央党校出版社 2007 年版，第 14 页。

③ 同上书，第 23—24 页。

④ 同上书，第 70—71 页。

⑤ 同上书，第 13 页。

⑥ 同上书，第 68—70 页。

是一个捏造经济数据、邪恶地剥削工人的伪君子，更是一个不愿意服从全球化世界中的第一个超级大国美国领导的‘捣蛋鬼’”；由此，苏联解体后，中国取代苏联成为美国为首的西方国家的主要敌人①。新加坡学者郑永年指出，对很多西方人来说，中国模式就是对西方价值的挑战和竞争。他们的担忧不仅仅在于很多发展中国家对中国经验表现出极大兴趣，还在于即使在西方，那些对美国和西方模式不再感兴趣的西方人，也开始重视中国模式。②

在现实的对华外交中，美国政府在听取上述两种不同声音的同时更偏重于采取敌视中国的立场。1989—2002 年间，无论是老布什、克林顿，还是小布什，美国总统尽管曾采取过诸如亲自访问中国、借亚太经合组织（APEC）领导人非正式会议之际会晤中国领导人、延长对华贸易最惠国待遇、派代表团来华交流访问等方式，加强美中交往，缓和彼此关系，但是他们更多地采取了敌视中国的行为。重要行动主要有：1989 年夏，美国政府以中国政府平息暴乱、侵犯“人权”为借口，伙同日本与欧共体等西方国家，制裁中国，中止与中国领导层的互访，停止向中国军售和商业性武器出口，推迟国际金融机构向中国提供新的贷款等③。1993 年 7 月，美国制造“银河号”货船事件④，扣留中国货船“银河号”长达数十天，还扬言制裁中国；美国众议院通过反对北京举办奥运会的决议案。1995 年美国为中国加入世界贸易组织（WTO）设置障碍。1999 年 5 月，美国轰炸中国驻南斯拉夫大使馆，造成 3 名中国记者身亡，20 多人受伤。2001 年，美国派侦察机在我国南海地区从事侦察活动，制造“南海撞机事件”，侵犯中国主权⑤。此外，美国还经常以各种方式从事破坏中国稳定和统一的活动。例如，支持中国境内外的资产阶级自由化分子从事反党反社会主义的活动；发布一年一度的“人权报告”，肆意歪曲中国国内现

---

① ［意］洛丽塔·纳波利奥尼：《中国道路——一个西方学者眼中的中国模式》，孙豫宁译，中信出版社 2013 年版，第 5—6、86 页。

② ［新加坡］郑永年：《中国模式：经验与困局》，浙江出版联合集团、浙江人民出版社 2010 年版，前言部分。

③ 钱其琛：《外交十记》，世界知识出版社 2003 年版，第 165 页。

④ 1993 年 7 月 23 日，美国借口中国“银河号”货船向伊朗运输制造化学武器的原料，扣留“银河号”货船，并威胁制裁中国。后经检查，美国并没有在船上发现任何相关原料与化学武器，被迫放船，但导致“银河号”货船中止航行数十天。这就是所谓“银河号”货船事件。

⑤ 钱其琛：《外交十记》，世界知识出版社 2003 年版，第 201 页。

状，并借口人权，干涉中国内政；起草并通过《香港政策法》、《澳门政策法》，对香港、澳门事务指手画脚，干涉中国内政；违反中美三个联合公报，对台军售，派第七舰队进入台湾海峡，允许李登辉与陈水扁等访问或过境美国，扶持台湾当局参加只有独立主权国家才有资格加入的国际组织等，损害中国核心利益；接见达赖喇嘛等民族分裂分子，支持其从事分裂中国的活动①，等等。美国上述敌视、遏制和打压中国的行为，严重损害了中国的主权，威胁到中国的安全，也危及中国共产党的执政和社会主义制度的巩固。

一方面，受国际格局变化和美国对华敌视与遏制等的影响，中国国内形势发生了重大变化。思想信仰上，人民对社会主义和共产主义的信仰以及对改革开放的决心与信心发生动摇。苏东剧变和苏联解体使世界社会主义运动陷入低谷，这使一部分人民对社会主义、共产主义的信仰产生动摇；而改革致使苏东剧变的教训，又使中国人民在推进改革开放问题上顾虑重重，举步维艰。国内政局上，受美国为首的资本主义国家对华“和平演变”的影响，中国资产阶级自由化分子煽动学生罢课示威，甚至发生反革命暴乱，破坏了中国社会稳定，威胁到党的领导和社会主义制度。实践行为上，原本为抵制资产阶级腐朽思想侵袭和坚定人民理想信念而开展的社会主义教育运动出现了过头现象，一些省份甚至出现重视社会主义教育运动而轻视经济建设与改革开放的情况，这使党的十一届三中全会开启的改革开放与现代化建设事业面临着巨大威胁。

另一方面，两极向多极化的过渡，资本主义国家间的矛盾日益显露，使其在遏制中国问题上难以结成持久而又巩固的同盟，有利于中国突破美国的封锁制裁，争取更多的国际合作。苏联解体，两极格局结束后，资本主义国家失去了赖以合作的重要基础，彼此矛盾日益显露。欧共体（欧盟）尽管在军事上仍然有赖于美国，但在政治、经济上力求摆脱美国的束缚，实现自主，并希望掌控欧洲的主导权，以整体形象出现在国际舞台，与美国竞争。日本虽然在军事上有赖于美国保护，但在谋求政治大国地位上需要突破战后美国控制下的宪政体制的约

---

① 阎学通等：《中外关系鉴览 1950—2005——中国与大国关系定量衡量》，高等教育出版社 2010 年版，第 169—233 页。

束；经济上，日本作为世界上第二大经济实体，在国际贸易与市场竞争中同美国的矛盾日渐突出①。同时，随着中国对外开放的扩大，欧共体和日本同中国的经贸关系不断加强，彼此共同利益不断增多。所有这些使得美国在遏制和打压中国问题上难以同欧共体和日本构筑持久而又稳固的同盟，为中国赢得更多的国际合作，推动我国改革开放与现代化建设，提供了有利条件。此外，两极格局结束后，世界各种政治力量分化重组，大国间权力结构发生变化。美国虽为唯一的超级大国，而总体实力相对下降，独霸世界已力不从心。西欧、日本、俄罗斯和中国等诸强，尽管无法单独与美国抗衡，但在多极化的国际格局中已成为制衡美国的重要力量。这种国家间权力结构的变化与制衡，降低了发生世界大战的风险，缓和了国际局势。与此同时，国际交往和竞争的方式也发生了重大变化。谈判和协商逐渐取代战争成为大国解决纷争、化解矛盾的主要手段；以科技为先导、经济为中心的综合国力的竞争逐渐取代军事竞争成为国际竞争的主流，等等。这些都有利于世界局势的缓和与稳定，有利于中国扩大开放，参与国际竞争，加速现代化建设。

面对国际格局变化给中国带来的双重影响，以江泽民为核心的党的第三代中央领导集体冷静分析，提出了应对之策。首先，江泽民分析了国际格局变化的趋势、特点与影响。他认为，冷战结束后，两极格局解体，世界各种力量此消彼长，进行分化组合，国际格局出现了多极化发展趋势；“在多极化趋势的发展过程中，大国之间关系出现了既相互合作又相互竞争、既相互借重又相互制约、既有协调又有摩擦的新局面”，尽管大国关系仍存有不确定性，但要求协调和合作已成为主要倾向；这种国际格局多极化的发展趋势，“有利于削弱、抑制霸权主义和强权政治，有利于推动建立公正合理的国际政治经济新秩序，从而有利于争取把一个和平、稳定、繁荣的世界带入新的世纪。”其次，江泽民指出了国际格局多极化背景下中国的处境和对策。他指出，在多极化背景下，美国为首的西方大国是不希望社会主义中国发展壮大的，他们敌视中国，企图颠覆中国的社会主义制度，将中国纳入西方资本主义体系的阴谋是不会改变的。因此，我们必须保持清醒的头脑，同美国为首的西方国家进行长期复杂的斗争。同时，我们要善于处理好同各大国的关系，趋利避害，寻求扩大彼此的利益

① 李淑珍、陈德民：《当代世界经济与政治》，北京大学出版社1999年版，第68页。

汇合点，加强政治对话、经济合作和科技交流；“要善于在他们之间进行纵横捭阖的周旋，推动多极化趋势和大国关系调整朝着有利于我国现代化建设和完成祖国统一待业，有利于维护世界和平、促进共同发展的方向发展。”①

（二）经济全球化及其对中国的影响

以信息技术等为主要标志的第三次经济全球化浪潮②进入20世纪90年代发展到一个新的阶段。与前两次经济全球化浪潮比较，新一轮经济全球化浪潮给世界带来了一系列新的变化。其主要表现在：其一，全球统一市场的规模扩大，经济一体化趋势显著增强。在以往的经济全球化浪潮中，由于科技进步的有限性和世界经济形式中工业经济成分的比重突出等因素影响，全球性的跨国经济活动常常受到一定的时空限制；而资本主义国家同殖民地半殖民地国家间以及社会主义阵营同资本主义阵营间的矛盾与对抗又使得这种跨国经济活动面临着各种政治经济壁垒的阻隔，因此，全球统一市场的规模与一体化趋势相对有限。而在新一轮的经济全球化浪潮中，信息技术和网络技术的广泛应用以及知识经济取代工业经济成为世界经济的主要形式等，为全球性的跨国经济活动超越一定的时空限制提供了便利；而随着苏东剧变和苏联解体，两极格局结束，曾经的两大阵营间的对抗消失，横跨在跨国经济活动间的政治经济壁垒被打破了，贸易自由化、投资自由化的趋势加强了；加之，作为全球经济运行的载体——跨国公司的大量涌现，使超越国界的生产经营活动成为可能，等等。由此，世界统一市场的规模和一体化趋势显著增强。20世纪90年代，在欧洲、北

---

① 《江泽民文选》（第2卷），人民出版社2006年版，第195—198页。

② 学术界关于经济全球化浪潮的分期观点不一。严书翰认为，自科学社会主义诞生至今，经济全球化出现过三次浪潮：第一次浪潮是从19世纪中叶到20世纪初；第二次浪潮是从20世纪到70、80年代；第三次浪潮是从20世纪80年代至今。参见严书翰：《经济全球化与社会主义》，《理论前沿》2000年第18期，第3—5页；秋石认为，经济全球化的三次浪潮为：第一次浪潮发生在18世纪后半期到19世纪中叶，以蒸汽机革命为动力、以商品贸易为主要特征；第二次浪潮出现在19世纪末20世纪初，以电力、化学和钢铁等工业革命为动力、以资本输出为主要特征；第三次浪潮是在20世纪50年代以后，以新科技革命为动力，以大规模的商品、资本、技术输出为主要特征；20世纪八九十年代以来信息技术的快速发展，对世界经济、政治和社会生活产生了重要影响。参见秋石：《经济全球化与社会主义的未来》，《求是》2004年第5期，第19—22页。

美和亚洲出现了一系列经济自由贸易区。由1952年成立的欧洲煤钢共同体发展而来的欧洲联盟到20世纪90年代末发展成为有21个国家参加的国际组织，欧洲经济一体化程度世界领先。由美国、加拿大和墨西哥构建的北美自由贸易区于1994年正式成立；同年，由美国倡导，有南北美洲34个国家参加的美洲自由贸易区也在酝酿之中，并通过了《原则宣言》。1994年东盟6国决定建立自由贸易区，并在随后几年吸收越南、老挝和缅甸等新成员国加入；由中、日、韩、俄和朝参加的东北亚国家经济区计划也开始启动，等等①。全球统一市场的扩大和经济一体化趋势加强，促进了世界各国的经济交流与合作，为一国对外开放，借助他国的资金、技术等资源，加速本国经济发展提供了便利。

其二，知识经济取代工业经济，成为世界经济的主要形式。在以往的经济全球化浪潮中，世界经济在很大程度上属于工业经济，其基本形态表现为大规模的商品、劳务及资本在国与国之间流通②。而新一轮的经济全球化浪潮下，知识经济取代传统的工业经济成为世界经济的主要形式。与传统的工业经济比较，知识经济对于一国的经济增长和国际竞争力的提升起着至关重要的作用。知识经济能带来劳动生产率的巨大提高；知识经济可以推动传统产业升级换代和开拓新的产业；知识和技术创新可使一国在国际竞争中处于优势地位；等等。可以说，在新一轮经济全球化浪潮中，国与国之间的竞争主要是建立在知识经济基础上的综合国力的较量。由此，更新知识，创新技术，提升产业，增强综合国力，提高国际竞争力，已成为国际社会的共识。

其三，国家间的合作与对话成为国际交往的主要方式。在新的经济全球化浪潮下，随着商品、资本、技术和劳务等的跨国流动，国家间共同利益增多，依存度增强，各国只有加强合作，才能达到共赢③；诸如环境污染、自然灾害、毒品泛滥、传染病流行与跨国犯罪等全球性问题，需要各国加强合作，才能得到有效解决；而区域性国际组织的建立，联合国等国际组织的健全与发展，又为国家间的合作对话提供了平台。因此，在新一

---

① 李淑珍、陈德民：《当代世界经济与政治》，北京大学出版社1999年版，第38—40页。

② 欧阳康等：《中国道路：思想前提、价值意蕴与方法论反思》，中国社会科学出版社2013年版，第39页。

③ 钱其琛：《外交十记》，世界知识出版社2003年版，第390页。

轮的经济全球化环境中，“原有的冷战、对抗性思维已不再符合任何国家的利益，也不符合时代发展的趋势和要求，取而代之的是国家、地区、国际组织之间日益加深的合作与对话。”① 当然，经济全球化并非意味着世界由此走向大同，相反，由于各国目标与利益的差异、世界秩序的不平等以及东西南北差距的存在等原因，世界依然充满着各种矛盾与斗争，“以为所有国家都是利益共享，都可以沾到便宜了，没有这样的事。”②

其四，西方资本主义国家对外扩张与渗透的方式有所变化且更加隐蔽。本质上讲，经济全球化是由西方资本主义国家“首先推动起来的，而且他们在其中一直起着主导作用。”③ 经济全球化过程是西方资本主义国家对外扩张与渗透、将广大的被征服国家与地区及其人民置于其控制与剥削之下的过程。在以往的经济全球化浪潮中，西方资本主义国家主要是以武力开道，通过商品与资本输出等方式，加强对广大被征服国家与地区及其人民的控制和掠夺，也就是说，炮舰政策、军事手段是其对外扩张与渗透的主要手段。而在新一轮经济全球化浪潮中，西方资本主义国家则主要依靠金融市场，靠无形的手制服一个国家；“通过舆论、文化、意识形态、价值观念，通过经济的、文化的影响”来达到对弱国小国的控制和掠夺④；其手段更加巧妙和隐蔽。这使得弱小国家的发展与安全受到威胁。

新一轮经济全球化浪潮给世界带来的上述新变化反映其对世界的影响是双重的，即利弊皆有，这种影响辐射到中国则是机遇与挑战并存。就经济全球化给中国带来的机遇而言，经济全球化背景下，国家间的合作对话日益加深，全球统一市场不断扩大，经济一体化趋势加强，这些都为中国扩大对外开放，融入世界市场，参与国际竞争，提供了机遇；同时也有利于中国学习和借鉴发达国家的先进技术和管理经验，提高劳动生产率，加速我国现代化建设；商品、资本、技术和劳务等的跨国流动，有利于中国利用劳动力资源等比较优势，吸引外资，发展产业，增加就业，等等。就经济全球化给中国带来的挑战而言，经济全球化浪潮是在国际政治经济秩

① 欧阳康等：《中国道路：思想前提、价值意蕴与方法论反思》，中国社会科学出版社 2013 年版，第 40 页。

② 钱其琛：《外交十记》，世界知识出版社 2003 年版，第 364 页。

③ 《江泽民文选》（第 2 卷），人民出版社 2006 年版，第 199 页。

④ 钱其琛：《外交十记》，世界知识出版社 2003 年版，第 65、388 页。

序不平等的背景下形成与发展起来的，在全球性市场竞争中，西方发达国家常常利用不合理的游戏规则，凭借其资金、技术、管理以及贸易、投资、金融等优势控制和打压中国，使中国的国家主权和经济安全遭受威胁；同时，西方发达国家借经济全球化之际向中国输出其资本主义生产方式、意识形态和价值观念等，企图对中国“和平演变”，这又使中国的社会主义制度受到严重威胁。

如何应对经济全球化给中国带来的机遇与挑战，以江泽民为核心的党的第三代中央领导集体审时度势，积极回应。江泽民首先分析经济全球化对我国的影响。他指出，经济全球化对我国的发展有利，也有弊。一方面，经济全球化“有利于我们吸引外资，弥补国内建设资金的不足；有利于我们引进先进技术设备，实现技术发展的跨越；有利于我们学习先进管理经验，培养高素质管理人才；有利于我们发挥比较优势，开拓国际市场”。另一方面，由于我国经济总体素质不高，国际竞争能力较弱，因此，经济全球化将不可避免地给我国带来不利的因素和风险。对于利弊兼有的经济全球化，中国到底如何应对呢？江泽民指出，中国必须坚持对外开放政策，积极适应经济全球化趋势，同时要注意规避经济全球化可能带来的风险。经济全球化是世界经济发展的客观趋势，是不以人的意志为转移的，任何国家也回避不了。他说，“当今世界是一个开放的世界，谁也不可能孤立于世界之外去发展自己的经济。我们要坚定不移地实行对外开放政策，适应经济全球化趋势，积极参与国际经济合作和竞争，充分利用经济全球化带来的各种有利条件和机遇。……同时，又要对经济全球化带来的风险保持清醒的认识，坚持独立自主，加强防范工作，增强抵御和化解能力，以切实维护我国的经济安全，更多地发展壮大自己。”① 不难看出，坚持和扩大对外开放政策，积极适应经济全球化趋势，是江泽民为应对经济全球化浪潮而采取的重要决策，也是其推进中国道路的重要表现。

二　影响江泽民推进中国道路的重大国际事件：苏东剧变

20 世纪 80 年代末 90 年代初，苏联与东欧的社会主义大厦轰然倒塌，

① 《江泽民文选》（第 2 卷），人民出版社 2006 年版，第 200—201 页。

引发了世界之地震，也给社会主义中国带来了极大冲击。中国是继续将邓小平开创的改革开放与社会主义现代化建设事业推向前进，还是打道回府，重回以阶级斗争为纲的老路呢？以江泽民为核心的党的第三代中央领导集体沉着应对，坚持和发展了改革开放与社会主义现代化建设事业，推进了中国道路。

（一）苏东剧变的前因后果

东欧八国和苏联相继发生剧变（即苏东剧变），无疑是20世纪后半期震惊世界的大事。之所以称之为“震惊”，是因为：一方面，第一个社会主义国家苏联和当时世界上最具影响力的社会主义力量覆灭了；另一方面，其覆灭的速度之快令包括西方国家在内的整个世界都觉得太突然了！过去曾经是可与美国为首的西方资本主义势力抗衡的世界两极中的另一极，即苏东社会主义阵营，为何在不到两年的时间里放弃共产党领导与社会主义制度而走上资本主义道路呢？根据马克思主义辩证唯物主义与历史唯物主义、恩格斯的“历史合力理论”等原理，从不同的角度去研究苏东剧变的原因，都能够得出相应的结论。对于苏东剧变的原因，高放先生曾归纳为“六对十二点”①，并通过分析这些原因间的交叉重叠关系，揭示它们在苏东剧变中的作用与地位。程玉海等则从经济、政治、党建、民族问题、意识形态等八个方面分析了苏东剧变的原因，并认为学术界对这一问题的研究与争论仍将继续。② 李慎明则根据俄国人的亲身经历与诉说，探讨了苏联亡党亡国的前因后果③；等等。这些研究成果对深入探讨苏东剧变的原因无疑提供了重要参考与启发。

在笔者看来，促使苏东剧变的原因主要包括以下方面：

（1）生产力与经济发展缓慢，民生状况恶化，是苏东剧变的根本原

---

① 高放认为，苏东剧变的原因有六对十二点，其中各有不同重点：内因与外因，内因为主；近因与远因，近因为主；主观原因与客观原因，主观原因为主；宏观原因与微观原因，宏观原因为主；上层原因与下层原因，上层原因为主；深层原因与浅层原因，深层原因为主。这些点有交叉与重叠，紧密联系，环环连扣，层层深入。参见高放：《高放文集之二：社会主义在世界和中国（增订本）》，云南人民出版社1998年版，第238—245页。

② 程玉海、林建华等：《世界社会主义共产主义运动新论》，人民出版社2010年版，第464—467页。

③ 李慎明：《苏联亡党亡国20年祭（上下篇）——俄罗斯人在诉说》，《马克思主义研究》2012年第3期，第5—25页；第4期，第5—23页。

因。恩格斯认为，“一切社会变迁和政治变革的终极原因，……应当到生产方式与交换方式的变革中去寻找；……应当到有关时代的经济中去寻找”①。生产力与社会经济发展以及在此基础上人民生活水平的提高，不仅是社会主义制度优越性的体现，也是执政党赢得人民拥护和支持的重要物质基础。不过，由于长期受到高度集中的计划经济体制束缚，加之，政府重视重工业而忽视轻工业发展、不注重将科技转化为现实生产力、将主要物力与财力用于同资本主义国家展开军备竞赛（指苏联）等原因，苏东国家的生产力与经济发展缓慢，人民生活状况每况愈下。对此，俄罗斯共产党中央主席久加诺夫曾指出，由于官僚特权集团等的控制，苏联生产出现倒退和停滞不前的情况，“当时国家科技人才的发明占世界发明的三分之一，但这些发明得不到有效推广。”俄罗斯联邦总理卡西亚诺夫也提道，“我们能让宇宙飞船升空，能把人带上太空，可不能制造一个很好的收音机”，人民生活得不到有效改善。② 这种状况造成的严重后果是：执政党在人民心目中的威望与凝聚力下降，人民对社会主义制度的优越性产生怀疑，对社会主义和共产主义的信仰度降低；同时，反对派伺机崛起，西方国家趁机实施“和平演变”战略。苏东国家的反对派在西方国家的支持下正是在利用这种局势，煽动人们暴乱，向执政党施压，并迫使其交出政权，改弦易辙，走上资本主义道路的。

（2）对党的建设重视不够，导致党的先进性、凝聚力与战斗力弱化，是苏东剧变的关键原因。对于社会主义国家来说，是否坚持走社会主义道路，共产党的作用是至关重要的。这不仅是因为共产党是社会主义制度的创立者，还因为她是组织领导人民坚持走社会主义道路的坚强核心。而共产党的这种地位与作用是建立在其革命性、先进性和卓越的领导才能等基础之上的。这就要求执政的共产党必须与时俱进，不断加强自身建设，保持革命性、先进性和战斗力。不过，苏东国家的共产党在加强自身建设方面犯了一系列的错误。主要表现在：指导思想上，不善于根据时代的发展变化与本国的实践，坚持和发展马克思主义，甚至还出现否定马克思主义的指导地位与作用等现象，如戈尔巴

---

① 《马克思恩格斯选集》（第3卷），人民出版社1995年版，第741页。

② 李慎明：《苏联亡党亡国20年祭（上篇）——俄罗斯人在诉说》，《马克思主义研究》2012年第3期，第5—25页。

乔夫公开以所谓人道的民主的社会主义与马克思主义的科学社会主义分庭抗礼；组织领导上，没有建立起团结统一的中央领导集体与核心，没有培养好接班人，没有在改革与社会发展中加强党的领导。如戈尔巴乔夫和叶利钦，他们原本是苏共党员，可是，由于他们背离了科学社会主义基本原则，违背了党的宗旨、原则与纪律，导致了苏共政权倾覆和苏联解体①；思想作风上，主观主义、教条主义、官僚主义、以权谋私、贪污腐败等现象盛行，损害了共产党的威信与凝聚力，削弱了共产党的先进性和战斗力；等等。可以说，正是由于苏东各国共产党对党的建设重视不够，削弱了党的凝聚力与领导力，才导致苏东各国党群关系解体，造成苏东“亡党”、“亡国”、“亡制度”的悲剧。②

（3）改革是苏东剧变的直接原因。时代呼唤着改革，社会发展也需要变革。但是改革是需要坚持正确的原则与方针，循序渐进的。如果放弃应有的原则与方针，急躁冒进地推进改革，不仅达不到预期的改革目标，相反会导致社会动荡，危及政权巩固。苏东国家的改革从经济领域开始，而后推进到政治领域。这种先经济后政治的改革顺序本无可厚非。但问题是，这些国家的共产党实行的政治改革是在经济改革并没有取得一定的成效下、迫于国内外敌对势力的压力而加速推进的，并且在政治改革中又主动放弃马克思主义指导地位与党的领导，提倡意识形态多元化，引入西方资产阶级的三权分立制、议会制和多党竞争机制，从而引起了人们的思绪混乱，造成共产党失势，进而被反对派利用，并最终导致共产党政权颠覆。戈尔巴乔夫在“新思维”理论指导下，推行所谓人道的民主的社会主义，放弃马克思主义指导地位和共产党的领导，结果导致苏联共产党垮台，就是典型事例。对此，戈尔巴乔夫后来也予以承认。他在接受中国记者采访时曾说，“我深深体会到，改革时期，加强党对国家和改革进程的领导，是所有问题的重中之重。在这里，我想通过我们的惨痛失误来提醒中国朋友：如果党失去对社会和改革的领导，就会出现混乱，那将是非常

---

① 雷日科夫认为，戈尔巴乔夫和叶利钦，在苏联解体中起了非常重大的作用。参见［俄］尼·伊·雷日科夫：《大国悲剧：苏联解体的前因后果》，徐昌翰等译，新华出版社 2008 年版，第 386 页。

② 程玉海、林建华等：《世界社会主义共产主义运动新论》，人民出版社 2010 年版，第 465 页。

危险的"[1]。

（4）西方国家采取的敌视、瓦解和颠覆苏东国家的政策（尤其是"和平演变"战略），是苏东剧变的重要外部原因。自一战，尤其是二战以来，美国为首的西方国家始终将颠覆苏联为首的社会主义国家作为其外交政策的重要目标。尽管其采取了诸如"冷战"、热战、经济制裁、政治丑化、外交孤立、意识形态渗透等多种手段，力图置社会主义国家于死地，但都未能如愿以偿。为此，西方国家曾十分苦恼，并将希望寄托在社会主义国家的第三代、第四代、甚至第五代人身上。不过，应该看到，西方国家所采取的上述政策与措施在瓦解苏东社会主义国家上起到了水滴石穿的效应。苏东社会主义国家出现的经济困难与西方国家的经济封锁与打压（如压低世界原油价格等）有关，这些国家执政党的反对派头目也是在西方国家物色与支持下发展起来的。反对派正是利用执政党所面临的经济困难等因素，促使其进行改革，并借助人民对政府的不满，煽动动乱，进而逼迫执政党下台的。因此，可以说，西方国家的敌视与颠覆政策是苏东剧变的重要外部原因。对此，从西方国家的政要们在苏东剧变后对其在对苏东政策上所表现出来的得意之情，以及苏联剧变的见证人的反思，可见一斑。对于领导苏联改革并最终导致其走向解体的前苏共总书记戈尔巴乔夫，英国前首相撒切尔夫人不无得意地说："是我们把戈尔巴乔夫提拔起来当了总书记。"[2] 美国前总统克林顿则对美国政府在苏东政策上的成功感到欣喜。他在1995年一次参谋长联席秘密会议上说："最近10年来对苏联及其盟友的政策清楚表明，我们所采取的清除世界上最强大的国家之一以及最强大军事联盟的路线是多么正确。我们利用苏联外交的失误，戈尔巴乔夫及其一伙的非同寻常的自以为是，其中还包括利用那些公开站在亲美立场上的人，我们获得了杜鲁门总统想要通过原子弹从苏联获取的东西。"[3] 作为苏联解体重要见证人之一的雷日科夫则列举了西方国家敌视与颠覆苏联的政策，其中主要包括：美国为首的西方国家对苏联推行

---

① 参见"戈尔巴乔夫称'民主化'是惨痛失误"，http：//www. globalview. cn/ReadNews. asp? NewsID =7790。转引李慎明：《苏联亡党亡国20年祭（下篇）——俄罗斯人在诉说》，《马克思主义研究》2012年第4期，第5—23页。

② ［俄］尼·伊·雷日科夫：《大国悲剧：苏联解体的前因后果》，徐昌翰等译，新华出版社2008年版，第10页。

③ 同上书，第380页。

“和平演变”策略，积极寻找和扶持“代理人”；借“冷战”之机,通过军备竞赛,拖垮苏联；挑拨苏联民族关系，激化其民族矛盾，制造动乱，促使非俄罗斯民族独立，借以肢解苏联；“利用大众传媒，宣传资产阶级价值观，诋毁和丑化苏联社会主义，削弱和对抗马克思主义，在意识形态领域搞心理战、思想战”①；等等。

（5）其他诸如民族政策和对外政策的失当等也是苏东剧变（主要是苏联解体）不可忽视的重要原因。苏联是一个多民族国家，民族关系与民族矛盾复杂而尖锐。这需要苏联共产党制定出切实可行的民族政策，谨慎处理民族关系，妥善解决民族矛盾。但是，苏共在处理民族问题上出现的错误激化了民族之间，尤其是俄罗斯族和其他民族之间的矛盾，加速了苏联的解体。雷日科夫在其花了整整十年时间写成的《大国悲剧：苏联解体的前因后果》一书中用了相当的篇幅阐述苏共在处理民族问题上的失误。如莫斯科领导人对待民族地区领导人盛气凌人、高高在上；制定与实施民族政策不考虑各民族的历史传统与文化差异；对诸如阿拉木图事件等涉及民族问题的事件处理不当，等等。不过，在他看来，苏共在处理民族问题上的失当，主要发生在晚期苏联的改革时期，尤其是戈尔巴乔夫执政时期。② 此外，在外交政策上，苏联推行老子党与大国沙文主义，强迫东欧国家推行苏联模式，妨碍了东欧国家经济社会发展，激起了东欧国家人民对苏联的不满与仇恨；加之，苏联为了同美国争夺世界霸权，不顾自身实力，扩军备战，国力大损，恶化了国内经济危机和人民生活状况，也加速了苏共政权的颠覆。③

作为20世纪下半叶发生的震惊世界的一件大事，苏东剧变无论是对当事国——苏东国家，对国际局势，还是对资本主义世界与社会主义世界，都造成了巨大的影响。就对苏东国家的影响而言，苏东剧变对这些国家来说是一场灾难。随着执政的共产党垮台，社会主义制度啼哭于创业者的坟前；有的国家（如南斯拉夫）四分五裂，百姓流离失所；多数国家

① 李慎明：《苏联亡党亡国20年祭（下篇）——俄罗斯人在诉说》，《马克思主义研究》2012年第4期，第5—23页。

② ［俄］尼·伊·雷日科夫：《大国悲剧：苏联解体的前因后果》，徐昌翰等译，新华出版社2008年版，几乎每一章都有所涉及。

③ 程玉海、林建华等：《世界社会主义共产主义运动新论》，人民出版社2010年版，第466页。

的经济多年难以恢复，人民生活得不到改善；俄罗斯遭受美国为首的西方国家的打压，生存与发展空间被压缩，经济困难，社会矛盾尖锐，国民的大国情节失落；等等。2008年匈牙利友人向张维为谈及剧变后匈牙利的政治经济与人民的生活状况时说，“你说我们政治独立了吗？我们现在被北约控制了，……你说我们经济独立了吗？我们经济现在都被外国人控制了”；世界知名的GFK公司在匈牙利作的民调结果显示：2008年62%的匈牙利人认为现在的生活不如20年前的卡达尔时期，2001年时，这个比例是53%。[①] 俄罗斯人对苏联解体后俄罗斯的处境更感痛心。作为戈尔巴乔夫时期苏联部长会议主席的雷日科夫，在其著作《大国悲剧：苏联解体的前因后果》中说，苏联解体是“世纪悲剧与灾难”[②]，并列举了苏联解体后的俄罗斯国家与人民所遭受的种种不幸。俄罗斯共产党中央主席久加诺夫认为，苏联解体是一场严重的灾难，使苏联人民遭受了严重的内伤。俄罗斯总统普京也指出，苏联解体“是20世纪最严重的地缘政治灾难；对于绝大多数俄罗斯人民来讲，它是一场真正的悲剧。”[③] 俄罗斯著名作家、曾持有不同政见的马克西莫夫在去世前说，“我从来没有想过我会对现在发生的一切感到如此痛心”，自己的祖国被糟蹋成这个样子，好像“眼睁睁地看着自己的母亲被强奸一样。再没有比这更难受的了。”[④] 俄罗斯联邦前劳动与社会发展部部长波奇诺克这样描写了苏联解体后俄罗斯的局势：“90年代俄罗斯局势发展到什么境地呢？当时的烟都不够抽。如果生产出什么烟，商店把整包烟打开，论支卖。酒类产品也很紧张。即便售货亭安着铁栅栏，人们为了买酒就把铁栅栏扒开。”[⑤]

就对国际局势的影响而言，苏东剧变标志着“冷战”结束，两极格局解体，世界呈现多极化发展趋势，同时也造成世界政治力量失衡，使美

① 张维为：《中国震撼：一个“文明型国家”的崛起》，世纪出版集团、上海人民出版社2011年版，第210、212页。

② ［俄］尼·伊·雷日科夫：《大国悲剧：苏联解体的前因后果》，徐昌翰等译，新华出版社2008年版，第382页。

③ 俄罗斯总统网站，2005年4月25日。转引李慎明：《苏联亡党亡国20年祭（上篇）——俄罗斯人在诉说》，《马克思主义研究》2012年第3期，第5—25页。

④ 《真理报》1994年3月29日。转引李慎明：《苏联亡党亡国20年祭（上篇）——俄罗斯人在诉说》，《马克思主义研究》2012年第3期，第5—25页。

⑤ 李慎明：《苏联亡党亡国20年祭（上篇）——俄罗斯人在诉说》，《马克思主义研究》2012年第3期，第5—25页。

国的霸权行为肆无忌惮，加剧了世界热点地区的动荡。在战后两极格局下，美苏尽管“冷战”不断，但彼此势均力敌，谁都不敢贸然行事，这在客观上制约着世界性战争爆发，有利于世界和平与稳定。同时，在美苏各自的势力范围内，由于它们的介入与控制，一些热点地区的民族与宗教矛盾并未激化，因而，这些地区的局势也保持相对稳定。然而，苏东剧变后，两极中只剩下美国一极，而新兴的世界各极力量，如俄罗斯、欧盟、中国、日本等，都无法与美国抗衡，这就使得美国由于国际制衡力量的失去而独霸世界的野心膨胀。尽管美国智库们极力为美国的霸权野心与行为辩解，如基辛格说，“单极的世界”（unipolar）或“一个超级大国”（one-superpower）是观察家们在冷战结束后制造出来的，“美国实质上并没有比冷战开始时更能多方面独断全面问题。美国比十年前更占优势，可是够讽刺的是，权力也更加分散。因此，美国能够运用来改造世界其他地区的力量，实际上也减弱了。”① 布热津斯基也说，“美国成不了全球警察，也当不成全球银行家，甚至连全球道德家也做不成。”② 然而，事实上，美国在对外关系上的强权政治与霸权行径较之“冷战”时期更加肆无忌惮。在欧洲，固守“冷战”思维，推动北约东扩，打压俄罗斯；挑起巴尔干地区的民族冲突，导致前南斯拉夫四分五裂。在西亚与北非，扶持亲美势力，打击反美力量，公然违背联合国宪章的宗旨、原则和国际法基本准则，发动对伊拉克与利比亚的战争等，造成该地区局势动荡。在东亚，打意识形态之战，敌视与遏制社会主义中国，轰炸中国驻前南斯拉夫大使馆，怂恿日本侵犯我国东海主权，将战略重心东移亚太地区，制造亚太紧张局势，等等。可以说，“冷战”结束后，世界哪里有动荡紧张局势，哪里就有美国人的身影。这种局面的出现，同苏东剧变与苏联解体不无关系。

就对资本主义世界与社会主义世界的影响而言，苏东剧变使世界社会主义力量与资本主义力量的对比发生了严重变化，资本主义势力进一步扩张，而社会主义力量严重削弱，世界社会主义运动步入低谷。苏东剧变使

---

① ［美］亨利·基辛格：《大外交》，顾淑馨等译，海南出版社 1998 年版，第 750 页。

② ［美］兹比格涅夫·布热津斯基：《大失控与大混乱》，潘嘉玢等译，中国社会科学出版社 1995 年版，第 163 页。转引自程玉海、林建华等：《世界社会主义共产主义运动新论》，人民出版社 2010 年版，第 470 页。

世界上社会主义国家由15家减少至5家，共产党数量由180多个减少至如今的130多个，党员人数也大大减少。世界上95%的国家走上了资本主义道路。① 面对着苏联剧变后世界社会主义力量的严重削弱和资本主义势力的全面扩张，西方一些学者发出了“历史终结论”的呼声。美国学者弗朗西斯·福山在《历史的终结》一文和《历史的终结及最后之人》一书中，通过分析苏东剧变后20世纪社会主义制度实践的大规模失败，认为西方自由民主制度是“人类最后一种政治形式”和“人类意识形态发展的起点”，预言：社会主义中国将步苏联后尘，沦于失败。尽管，后来面对美国金融危机所引发的西方经济衰落和中国因改革开放而崛起的国际形势，福山修正了自己的观点②，但从他的言语中不难看出，苏东剧变后西方国家的得意和对世界未来的遐想。事实上，苏东剧变后，美国为首的西方国家积极物色社会主义国家的反对派，力图对其“和平演变”，或者施展军事、经济与政治等手段，迫使社会主义国家改弦易辙。而与西方国家的得意不同，坚持走社会主义道路的国家在理论与实践上面临挑战。理论上，过去这些国家大都是参照苏联社会主义模式建立与发展起来的，而苏东剧变说明了苏联模式弊窦丛生，也反映出传统社会主义理论的缺陷。这就要求这些国家的共产党必须与时俱进，创新科学社会主义理论，并用创新的理论破解社会主义建设实践中遇到的难题；实践上，这些国家的共产党既要顶住来自资本主义世界更大的压力与阻力，坚持走社会主义道路；又要总结经验教训，探索适合本国国情的社会主义建设道路，创造出更大的成就，彰显社会主义制度优越性；还要用创新的理论与实践成果教育和帮助人民树立起对社会主义和未来共产主义的信心；等等。可以说，苏东剧变使世界社会主义运动面临前所未有的挑战。

---

① 秦宣：《科学社会主义：机遇、挑战与对策》，《教学与研究》2010年第2期，第35—41页。

② 面对2008年以来美国金融危机所引发的西方经济衰落和中国因改革开放而崛起的国际形势，福山在2010年6月与张维为对话中肯定了中国社会主义体制的某些优越性，并认为其能够为西方国家提供一些启发。紧接着在2012年外交事务1、2月刊上发表了《历史的未来》一文，指出由于支撑着资产阶级自由民主制度的中产阶级的衰落，西方在意识形态上走进了死胡同，政治和社会体制已无力应付危机，巩固中产阶级的地位，从而保卫自由民主。参见［美］弗朗西斯·福山、朱新伟：《弗朗西斯·福山：历史的未来》，《社会观察》2012年第2期，第21—23页。

（二）苏东剧变对中国的冲击与江泽民之应对

作为由社会主义向资本主义转变的苏东剧变，对同样是社会主义的中国产生了巨大冲击。一方面，苏东剧变削弱了世界社会主义力量，使中国面临着来自美国为首的资本主义世界更大的压力。苏东剧变前，尽管中国同苏联等东欧国家的关系由于中苏分裂的原因已经谈不上密切了，但是，作为同样信仰马克思主义、坚持共产党领导与社会主义制度的苏东国家，在客观上还是分担了来自资本主义世界的压力。当时，美国的战略重心在欧洲，主要的战略对手是苏联。诸如北约组织的组建、“星球大战”计划的制订与“和平演变”战略实施等等，都是美国为遏制和颠覆苏联为首的社会主义阵营这一主要战略敌人所采取的重要举措。苏东剧变后，美国曾经的战略敌人消失。这本来对于企图称霸世界的美国来说是一大利好。可是，没有竞争对手的现实又使美国陷入新的困境。因为作为一个移民国家，美国政府需要利用竞争对手或敌人来统一国民的意志，调动国民支持政府的各项政策。要不然，美国内部各种矛盾和冲突就会突显出来，面临解体的危险；同时美国与西方盟友的联盟关系也面临瓦解的危险。① 基于此，苏东剧变后，美国在兴奋之余便开始了寻找战略对手。由于意识形态、冷战思维、霸权政策以及中国坚持社会主义道路和通过改革开放逐渐崛起等因素，美国将过去为抗衡苏联而联合的对象——中国选定为其战略敌人，并采取了诸如支持资产阶级自由化分子煽动学生闹事、借口人权问题制裁中国、轰炸中国驻前南斯拉夫大使馆、加强美日同盟等敌视与遏制中国的措施。美国的这些行为不仅严重损害了中国的主权，威胁到中国的安全，还威胁到中国共产党的领导与社会主义制度。

另一方面，苏东剧变标志着科学社会主义理论在苏联与东欧国家的实践破产，使中共自十一届三中全会开启的探索适合中国国情的社会主义建设道路的实践面临夭折的危险。苏联和东欧国家是在科学社会主义理论指导下建立起来的社会主义国家，也是当时世界社会主义力量的代表。苏东剧变宣告社会主义实践在苏联与东欧的破产，使科学社会主义理论遭受严峻挑战，也使其他仍然坚持科学社会主义理论指导的社会主义国家面临考验。作为剧变后世界上最大最强的社会主义国家，中国同剧变前的苏东国

① 宫力等：《和平为上：中国对外战略的历史与现实》，九州出版社 2007 年版，第 247 页。

家存有诸多相似之处：中国的社会主义制度如同苏东国家一样是在科学社会主义理论指导下建立起来的；中国的社会主义建设如同东欧国家一样也深受苏联模式的影响，出现过经济、政治与社会问题；中国如同苏东国家一样也在为探索适合本国国情的道路进行着改革，并且中国在改革开放过程中也出现了因资产阶级自由化分子引起的社会动荡的局面。正是由于有这些相似之处，所以在苏东剧变后，西方国家曾断言中国将步苏东国家之后尘，沦为失败。1989 年正在美国考察的高放先生曾亲身感受到美国舆论的预言。他说，“苏联发生‘8·19’事件时，我正在美国。一些美国学者认为：苏联的剧变，标志着社会主义的大失败，东欧之后是苏联，苏联之后是中国。”① 中国能否打破西方国家的预言，坚持共产党领导和社会主义制度，考验着执政的中国共产党。

面对苏东剧变的冲击和西方舆论的压力，以江泽民为核心的党的第三代中央领导集体在邓小平的辅佐下，沉着应对，决定将党的十一届三中全会开启的改革开放与社会主义现代化建设事业继续推向前进。

首先，江泽民强调中国坚定不移地走社会主义道路。苏东剧变后，以美国为首的西方国家除在舆论上宣扬“历史终结论”外，还趁机对社会主义国家施压促变，企图将社会主义从地球上消灭掉。这使社会主义中国面临着巨大的外部威胁。江泽民敏锐地觉察到日益严峻的国际局势，强调要顶住来自资本主义世界的压力，把我国的社会主义事业发展好。② 1991 年海湾战争发生，国际风云变幻莫测。江泽民多次召集座谈会讨论国际形势，强调必须遵照邓小平提出的“十六字方针”应对国际形势；同时“要坚持社会主义、保持国内稳定，坚持社会主义丝毫不能动摇。”③ 针对西方国家企图通过推行“西化”“分化”战略、颠覆中国社会主义制度的阴谋，江泽民指出，西方国家的所谓“西化”就是要中国在政治上放弃共产党领导和人民民主专政的国家制度，搞资产阶级的多党制和议会制；在经济上放弃社会主义公有制，搞资本主义的私有制；在思想文化上放弃社会主义意识形态，采取资本主义意识形态；其所谓“分化”就是要采

① 高放：《高放文集之二：社会主义在世界和中国（增订本）》，云南人民出版社 1998 年版，第 230 页。

② 《江泽民文选》（第 1 卷），人民出版社 2006 年版，第 136 页。

③ “十六字方针”是指冷静观察、沉着应对、绝不当头、有所作为。参见《江泽民文选》（第 1 卷），人民出版社 2006 年版，第 148 页。

取一切手段，利用各种机会，“企图分裂我们的党、我们的民族和我们的国家，使我国重新陷入旧中国的那种四分五裂、一盘散沙的状态”，以便把社会主义中国变成完全受西方国家支配的所谓资产阶级共和国。为防止西方国家的阴谋得逞，江泽民告诫中国共产党人要警惕西方国家的和平演变，注意防止和反对资产阶级自由化。[①] 同时，江泽民强调中国坚定不移地走社会主义道路。他指出，中国走社会主义道路是近代以来中国历史发展的必然结果，也是中国各族人民的正确选择。任何想要“中国放弃社会主义、走资本主义道路的做法，不仅是完全错误的，而且是根本行不通的。”[②] 江泽民的上述谴责与声明，表明了中国坚持走社会主义道路的决心，有力地回击了苏东剧变后国际社会对中国走社会主义道路的质疑，有利于坚定党和人民走社会主义道路的信念。

其次，江泽民强调坚持党的基本路线不动摇。党的基本路线是对十一届三中全会以来党的路线、方针、政策的经典概括，也是检验是否坚持中国道路的试金石。邓小平更是将坚持党的基本路线视为中国共产党赢得人民拥护与支持以及国家发展稳定的关键。他指出，“基本路线要管一百年，动摇不得。只有坚持这条路线，人民才会相信你，拥护你。谁要改变三中全会以来的路线、方针、政策，老百姓不答应，谁就会被打倒。”[③] 然而，1989 年夏，党的基本路线受到了严重冲击。在国内，资产阶级自由化分子在美国为首的西方国家支持下制造“六·四”事件，破坏社会稳定，攻击党的领导和社会主义制度；国际上，以美国为首的西方国家对华制裁，威胁到我国安全和社会主义制度。所有这些都严重威胁着党的路线、方针和政策的贯彻执行。在这种严峻形势下，江泽民于 1989 年 6 月中共十三届四中全会上当选为总书记。在会议上，江泽民表达了坚持党的基本路线不动摇的决心。他说，党的十一届三中全会以来的路线和基本政策，必须继续贯彻执行，“在这个基本问题上，我要十分明确地讲两句话：一句是坚定不移，毫不动摇；一句是全面执行，一以贯之。”[④] 9 月，江泽民在庆祝中华人民共和国成立 40 周年讲话中强调，“在整个社会主

---

① 《江泽民论有中国特色社会主义（专题摘编）》，中央文献出版社 2002 年版，第 39—40 页。

② 同上书，第 29 页。

③ 《邓小平文选》（第 3 卷），人民出版社 1993 年版，第 370—371 页。

④ 《江泽民文选》（第 1 卷），人民出版社 2006 年版，第 57 页。

义初级阶段，我们必须坚定不移地执行党的十三大制定的基本路线”。[①] 1991 年 7 月，在庆祝中国共产党成立 70 周年的讲话中，江泽民告诫中国共产党人要牢记自己的庄严使命：“坚持党的基本路线，团结和带领全国各族人民，沿着建设有中国特色的社会主义的道路，自力更生，艰苦创业，把我国建设成为富强、民主、文明的社会主义现代化国家。”[②] 1992 年 10 月江泽民在中共十四大报告中充分肯定了坚持党的基本路线不动摇的重要作用。他指出，“十四年伟大实践的经验，集中到一点，就是毫不动摇地坚持以建设有中国特色的社会主义理论为指导的党的基本路线。这是我们事业能够经受风险考验，顺利达到目标的最可靠的保证。”[③] 1997 年 2 月，邓小平逝世，世界目光聚焦中国，中国何去何从？江泽民立场坚定，态度坚决，强调高举邓小平理论伟大旗帜，毫不动摇地坚持党在社会主义初级阶段的基本路线，把建设有中国特色社会主义伟大事业全面推向新世纪。[④] 此后，无论国际风云如何变幻，江泽民始终坚持党的基本路线不动摇，将邓小平开创的中国道路推向前进。

正是由于江泽民坚持党的基本路线不动摇，中国特色社会主义事业才得以不断推进，并取得一系列举世瞩目的成就。如改革开放加快发展，对内改革在经济、政治、科教文卫、社会保障体系等领域深入开展，对外开放初步形成了从沿海到沿江，从沿边到内陆，多层次、多渠道、多种形式的全方位对外开放的新格局；构建社会主义市场经济体制的基本框架，国有企业改革初见成效；国民经济持续快速发展，宏观调控成效显著，成功克服 1998 年亚洲金融危机影响，实现经济“软着陆”；全面实施科教兴国战略，成绩斐然，“银河Ⅱ”型每秒 10 亿次电子计算机研制成功，北京正负电子对撞工程建成并实现对撞等；实现香港、澳门顺利回归祖国；确立邓小平理论为党的指导思想，丰富和发展了马克思列宁主义和毛泽东思想，等等。关于江泽民推进中国道路所取得的成就，美国前国务卿亨利·基辛格曾提到：当世界不时发生经济危机时，中国则保持经济快速发展，并在 1998 年亚洲金融危机中“首次成为世界经济增长和社会稳定的

---

① 《江泽民文选》（第 1 卷），人民出版社 2006 年版，第 68—69 页。

② 同上书，第 151 页。

③ 同上书，第 222 页。

④ 《江泽民文选》（第 2 卷），人民出版社 2006 年版，第 16 页。

堡垒，并担当起以前不太习惯的角色：以前它经常是外国特别是西方经济处方的接受者，现在则日益独立地倡导自己的方案，成为危机中向其他经济体提供紧急援助的国家”；中国这种角色转换得益于中国国内思想体系的重新调整，“江泽民沿着邓小平的改革道路继续向前，开始扩展共产主义的内涵”；他提出“三个代表”思想理念，“把共产党向商界领袖开放，使共产党的内部管理更加民主”；“与此同时，中国日益承担起新的世界角色，利益遍及全球各个角落，与更宽广的政治经济趋势前所未有地融合起来。”①

最后，江泽民提出并采取了一系列推进中国道路的策略方针与措施。（1）强调高举邓小平理论伟大旗帜不动摇。从邓小平关于建设有中国特色社会主义的理论到进一步概括为邓小平理论，江泽民始终强调，“旗帜就是方向”，我们要实现现代化，振兴中华民族，必须坚定不移地高举邓小平理论伟大旗帜，“在这个关系到党、国家和民族前途命运的重大政治问题上，任何时候、任何情况下都不能有丝毫的含糊和动摇。”②（2）强调要正确处理好改革、发展和稳定的关系。江泽民认为，“改革是动力，发展是目标，稳定是前提”；三者之间关系的处理关系着党和国家的长治久安、社会主义现代化目标的实现和中国特色社会主义建设事业的顺利前进，必须正确处理。③（3）制定并实施科教兴国战略和可持续发展战略。江泽民强调，要把教育和科技放在优先发展的战略地位，“培养一代又一代有理想、有道德、有文化、有纪律的献身有中国特色社会主义事业的建设者和接班人，才能保证我们国家的长治久安”④；“必须坚持实施科教兴国战略和可持续发展战略，努力学习、掌握与运用先进的科学技术，在技术发展跨越的基础上实现我国社会生产力发展的跨越，不断提高我国的综合国力和国际竞争力。要使科技进步和创新始终成为建设有中国特色社会主义事业的强大动力，成为中华民族屹立于世界先进民族之林的坚实基础。”⑤（4）注重解决民族问题和宗教问题，把全国人民的力量凝聚到建

---

① ［美］亨利·基辛格：《论中国》，胡利平、林华等译，中信出版社 2012 年版，第 468—470 页。

② 《江泽民论有中国特色社会主义（专题摘编）》，中央文献出版社 2002 年版，第 19 页。

③ 同上书，第 211 页。

④ 同上书，第 231 页。

⑤ 同上书，第 251 页。

设有中国特色社会主义事业的共同目标上来。江泽民指出，我国是一个统一的多民族的社会主义国家，在民族平等的基础上加强民族团结和祖国统一，是各族人民根本利益之所在。只有加强各民族人民的平等、互助、团结和合作，促进各民族共同繁荣，“国家的统一才能稳固，中华民族才能振兴，建设有中国特色社会主义宏伟目标才能顺利实现”[①]；正确对待和处理好宗教问题，有利于把宗教界的力量凝聚到建设有中国特色社会主义事业上来，也有利于粉碎西方国家企图利用民族、宗教问题实现“西化”、“分化”中国的政治图谋，维护国家统一，促进各民族共同发展和繁荣。(5) 开展讲学习、讲政治、讲风气的“三讲”教育，提高党的战斗力和凝聚力，使党能够更好地担负起领导人民全面推进建设有中国特色社会主义事业的重大历史使命。

江泽民所采取的上述策略方针与措施坚定了中国人民走社会主义道路的决心，挫败了美国为首的西方国家对华“和平演变”的阴谋，保证了改革开放和现代化建设的顺利进行，推动了中国道路继续向前发展。

三　江泽民推进中国道路的重要举措：建立社会主义市场经济体制和提出“三个代表”重要思想

面对国际格局变化和经济全球化所带来了机遇与挑战以及苏东剧变所造成的巨大压力，以江泽民为核心的党的第三代中央领导集体，抓住机遇，顶住压力，坚定不移地将邓小平开创的中国道路继续推向前进。江泽民在强调坚持党的基本路线不动摇的基础上，确定了建立社会主义市场经济体制的基本目标，提出“三个代表”重要思想，取得了社会主义建设的丰硕成果，展现了社会主义制度优越性，丰富和发展了马克思主义科学社会主义理论。

(一) 顺应时代潮流，建立社会主义市场经济体制

随着经济全球化发展，全球统一市场不断扩大，经济一体化趋势不断

① 《江泽民论有中国特色社会主义（专题摘编）》，中央文献出版社 2002 年版，第 357—358 页。

加强，世界各国间的合作交流也日益增强，为各国参与国际竞争，开拓国外市场提供了机遇。由于国际竞争遵行市场经济的价值规律，优胜劣汰，而参与国际竞争又需要遵守相关的规制，因此，一个国家要想在国际竞争中赢得一席之地不仅要遵守基本的市场竞争规制，而且要有优质的商品和服务参与竞争。然而，在20世纪90年代初，中国改革开放尽管已走过了10余年发展历程，但是中国在融入世界市场，参与国际竞争方面还做得并不到位。在观念上，关于市场经济的认识误区还没有真正消除。受传统社会主义与“苏联模式”的影响，我国长期盛行市场经济姓“资”与计划经济姓“社”的错误认识。为澄清这种认识误区，邓小平在改革开放后曾多次①不遗余力地阐析说明，似乎收效不大，以至于到1992年南方谈话时，邓小平不得不再次强调这一问题。他指出，市场和计划都是经济手段，不是资本主义和社会主义的本质区别。② 邓小平这样不遗余力地澄清人们关于市场经济与计划经济的认识误区，其目的是要为改革开放扫清思想认识上的障碍，同时也反映出当时一些人的意识深处仍然残存着关于市场经济的错误认识。这种错误认识制约着经济体制改革的深入，影响着对外开放的扩大。在遵守市场竞争规则上，现有经济管理体制难以适应国际市场的规则。经济全球化时代，国际市场是建立在市场经济与贸易自由化的基础之上，市场竞争遵守一定的国际规则，并依据价值规律，优胜劣汰。然而，我国市场经济的作用并未得到充分发挥，经济管理体制与贸易体制因受过度集中的计划经济管理体制与行政干预的束缚，难以适应国际市场的规则，从而影响到我国融入国际市场，参与国际竞争。这也是我国迟迟未能被关贸总协定（世界贸易组织）接纳为成员国的重要原因之一。在国际竞争力上，我国的国际竞争力十分低下。以我国的企业为例，国有企业和非国有企业（如乡镇企业、个体企业）是当时我国企业的主要形式。作为我国国民经济主体与基础的国有企业，虽经改革，但整体生产力水平低，竞争力差；有的甚至自身难保，濒于破产边缘。而刚刚兴起的非国有企业，尽管活力四射，但囿于资金、技术等因素限制，国际竞争力微

---

① 1979年、1985年邓小平就有关市场经济与计划经济的认识误区进行过说明。参见《邓小平文选》（第2卷），人民出版社1994年版，第236页；《邓小平文选》（第3卷），人民出版社1993年版，第148—149页。

② 《邓小平文选》（第3卷），人民出版社1993年版，第373页。

弱；有的企业为了盈利，不惜以次充好，上演“温州皮鞋故事”之类的丑剧，影响中国企业和产品的国际形象。上述情况说明，我国要真正融入国际市场，参与国际竞争，赢得应有的国际地位，并借助国际优势资源，加速我国现代化建设，就必须深化改革，建立起与国际接轨的市场经济体制。正是在这种背景下，江泽民提出建立社会主义市场经济体制。

江泽民早在担任上海市委书记期间就领导和推动了上海市的经济体制改革，取得一定成效，促进了上海现代化建设。1989 年 6 月，当选为中共中央总书记后，江泽民提出要注意研究改革的方向问题，并多次主持召开中央经济工作座谈会，听取意见，商讨对策。据时任国务院总理的李鹏在日记中记录，1990 年 9 月，江泽民在主持召开的一次由中央和地方主要负责同志参加的经济工作座谈会上要求与会人员“要齐心协力找到一条计划经济与市场调节相结合的具体化的路子”。① 在当时有人仍受困于市场经济与计划经济姓“资”姓“社”问题的争论、质疑与批判市场经济的背景下，江泽民提出可以搞市场经济，并力图为计划与市场寻找一条相结合的路子，可见其对市场经济问题的重视。同年，在江泽民的重视与支持下，上海和深圳两地资本市场（股份制）试点得以保留，两地的证券交易所也相继建立。② 1992 年邓小平南方谈话，进一步澄清了关于计划经济与市场经济的认识误区，引发了中共中央对市场经济问题的高度重视。4 月至 5 月，江泽民一方面要求国家经济体制改革委员会主任陈锦华加强调研，拟订经济体制改革方案，供中央参考；另一方面主持召开中央政治局常委会，讨论经济体制改革的相关问题，并决定在中共十四大上对计划与市场的关系问题做新的论述。在关于新经济体制表述方式上，当时国内有“建立计划与市场相结合的社会主义商品经济体制”“建立社会主义有计划的市场经济体制”“建立社会主义的市场经济体制”等提法，江泽民则“比较倾向于使用‘社会主义市场经济体制’这个提法”。③ 为确定新经济体制的表述方式，江泽民还向邓小平汇报了自己的想法，得到了邓小平的认可。最后，江泽民在认真听取中央各部委和地方各省市区的意

① 李鹏：《市场与调控——李鹏经济日记》（中卷），新华出版社、中国电力出版社 2007 年版，第 837 页。

② 陈述：《江泽民与社会主义市场经济体制的确立》，《党的文献》2010 年第 5 期，第 60—65 页。

③ 《江泽民文选》（第 1 卷），人民出版社 2006 年版，第 201—202 页。

见基础上确定了“社会主义市场经济体制”的提法。①

1992 年 10 月中共十四大在北京召开，江泽民在报告中明确提出将建立社会主义市场经济体制作为我国经济体制改革的目标，指明了建立社会主义市场经济体制的基本要求与目的，并阐述社会主义市场经济体制同社会主义基本制度的关系。他指出，“我国经济体制改革确定什么样的目标模式，是关系整个社会主义现代化建设全局的一个重大问题。这个问题的核心，是正确认识和处理计划与市场的关系。”“实践的发展和认识的深化，要求我们明确提出，我国经济体制改革的目标是建立社会主义市场经济体制，以利于进一步解放和发展生产力。”在谈到建立社会主义市场经济体制基本要求和目的时，江泽民指出，“我们要建立的社会主义市场经济体制，就是要使市场在社会主义国家宏观调控下对资源配置起基础性作用，使经济活动遵循价值规律的要求，适应供求关系的变化；通过价格杠杆和竞争机制的功能，把资源配置到效益较好的环节中去，并给企业以压力和动力，实现优胜劣汰；运用市场经济对各种经济信号反应比较灵敏的优点，促进生产和需求的及时协调。同时也要看到市场有其自身的弱点和消极方面，必须加强和改善国家对经济的宏观调控。”关于社会主义市场经济体制同社会主义基本制度的关系，江泽民强调两者必须结合在一起，“在所有制结构上，以公有制包括全民所有制和集体所有制经济为主体，个体经济、私营经济、外资经济为补充，多种经济成分长期共同发展”；“在分配制度上，以按劳分配为主体，其他分配方式为补充，兼顾效益与公平”；“在宏观调控上，我国社会主义国家能够把人民的当前利益与长远利益、局部利益与整体利益结合起来，更好地发挥计划和市场两种手段的长处”。此外，江泽民还指出，建立与完善社会主义市场经济体制是一项长期复杂的系统工程，提醒全党应注意有关问题。② 江泽民在十四大报告中关于建立社会主义市场经济体制的论述，有利于统一全党认识，将建立社会主义市场经济体制目标付诸实施。

1993 年 3 月，全国人大八届一次会议将“社会主义市场经济体制”写进《宪法》修正案，以国家根本大法的形式确立建立社会主义市场经

---

① 陈述：《江泽民与社会主义市场经济体制的确立》，《党的文献》2010 年第 5 期，第 60—65 页。

② 《江泽民文选》（第 1 卷），人民出版社 2006 年版，第 225—228 页。

济体制的目标。随之，建立社会主义市场经济体制进入了实际的实施阶段。为贯彻落实党的十四大精神，中共中央于1993年11月召开十四届三中全会。全会所通过的《关于建立社会主义市场经济体制若干问题的决定》从建立现代企业制度、市场体系、宏观调控体系、收入分配制度和社会保障制度等方面构建了社会主义市场经济体制。《决定》指出，“建立社会主义市场经济体制，就是要使市场在国家宏观调控下对资源配置起基础性作用。为实现这个目标，必须坚持以公有制为主体、多种经济成分共同发展的方针，进一步转换国有企业经营机制，建立适应市场经济要求，产权清晰、权责明确、政企分开、管理科学的现代企业制度；建立全国统一开放的市场体系，实现城乡市场紧密结合，国内市场与国际市场相互衔接，促进资源的优化配置；转换政府管理经济的职能，建立以间接手段为主的完善的宏观调控体系，保证国民经济的健康运行；建立以按劳分配为主体，效益优先、兼顾公平的收入分配制度，鼓励一部分地区一部分人先富起来，走共同富裕的道路；建立多层次的社会保障制度，为城乡居民提供同我国国情相适应的社会保障，促进经济发展和社会稳定。这些主要环节是相互联系和相互制约的有机整体，构成社会主义市场经济体制的基本框架。”① 1997年9月，江泽民在中共十五大报告中再次强调建立社会主义市场经济体制的重要性。他指出，“从现在起到下世纪的前十年，是我国实现第二步战略目标、向第三步战略目标迈进的关键时期。”“在这个时期，建立比较完善的社会主义市场经济体制，保持国民经济持续快速发展，是必须解决好的两大课题。”② 同时，他还就调整和完善所有制结构、加快推进国有企业改革、完善分配结构和分配方式，以及发挥市场机制作用与健全宏观调控体系等问题作了总体部署，提出了具体要求。

以江泽民为核心的党的第三代中央领导集体适应经济全球化时代要求，承继邓小平关于利用市场经济为社会主义服务的思想，提出并实施建立社会主义市场经济体制的目标，加快了我国融入国际社会和参与国际竞争的步伐，推动了我国改革开放和现代化建设，在理论与实践上丰富和发展了中国特色社会主义理论。

---

① 《十四大以来重要文献选编》（上卷），人民出版社1996年版，第520—521页。

② 《江泽民文选》（第2卷），人民出版社2006年版，第18页。

（二）创新理论指导，提出“三个代表”重要思想

创新理论是中国共产党保持先进性和战斗力的重要法宝，也是中国共产党解决在改革开放与现代化建设过程中所遇到的新困难与新挑战的需要。苏东剧变以来，国际国内形势发生了深刻变化，使中国共产党面临着新的挑战。国际上，苏东剧变，世界社会主义力量严重削弱，美国为首的西方大国对华敌视与“和平演变”，使中国社会主义面临着巨大生存压力；苏东社会主义国家败亡揭示了传统社会主义与苏联模式的某些缺陷以及苏东国家执政党建设中存在的严重问题，使中国共产党面临着创新理论和加强自身建设的巨大压力；经济全球化所带来的资本主义思想文化与价值观念在全球的传播与泛滥，冲击着中国的民族文化和中国共产党的执政理论等。受国际形势变化的影响，我国国内形势也发生着重大变化：受西方势力的影响与支持，国内资产阶级自由化分子攻击党和社会主义制度的行为并未消弭，而“法轮功”邪教组织又粉墨登场，冲击中国国门“新华门”，威胁党中央的安全；受世界社会主义运动低潮与资产阶级腐朽思想等的影响，一些人，尤其是一些党员干部，共产主义理想信念动摇，贪图享乐，拜金主义等沉渣泛起，严重影响党的先进性与战斗力等。此外，随着我国改革开放的深入与扩大，国内出现的新情况与新问题，也使党的建设面临着新的挑战。例如，利益格局调整、经济关系新变化和利益主体多元化使党的团结统一面临着潜在威胁；大量流动党员与新经济组织的出现，以及跨地区、跨行业与跨所有制的“三跨”企业的发展，使党的传统管理方式遭受挑战；社会阶层分化与经济收入差距扩大使巩固党的执政基础问题更加紧迫；区域经济不平衡发展与政治力量重新组合给党的建设带来新的课题①，等等。对于中国共产党所面临的新的挑战，江泽民是十分清楚的。他指出，“在对外开放和发展社会主义市场经济的条件下，我们党如何保持工人阶级先锋队性质，更好地代表最广大人民的利益；在社会经济成分、组织形式、就业方式、利益关系和分配方式多样化进一步发展的条件下，如何始终保证全党同志按照党的奋斗目标、按照国家和人民的最高利益来行动，维护和加强党的坚强团结和高度统

① 王世谊：《“三个代表”重要思想的产生和发展》，《当代中国史研究》2002 年第 6 期，第 4—12、125 页。

一，这是我们在新的历史条件下加强党的建设的重大理论问题，也是重大的现实问题。”① 为了从思想上武装全党，提高党的领导水平和执政能力，战胜前进道路上所遇到的艰难险阻，以江泽民为核心的党的第三代中央领导集体提出了“三个代表”重要思想。

2000 年 2 月，江泽民在广东省考察工作期间，针对新的历史条件下加强党的建设问题，他提出了“三个代表”要求。他指出，“总结我们党七十多年的历史，可以得出一个重要结论，这就是：我们党之所以赢得人民的拥护，是因为我们党在革命、建设、改革的各个历史时期，总是代表着中国先进生产力的发展要求，代表着中国先进文化的前进方向，代表着中国最广大人民的根本利益，并通过制定正确的路线方针政策，为实现国家和人民的根本利益而不懈奋斗。”江泽民提出“三个代表”要求既是对党的历史经验的重要总结，也是对新的历史条件下加强党的建设提出的新的要求。正如他所强调的那样：“所有共产党员和领导干部，都要深刻认识和牢牢把握这‘三个代表’，用以指导自己的思想和行动，这样才能使自己真正成为一名合格的党员、合格的党的领导干部。”② 6 月，江泽民在全国党校工作会议上的讲话中再次强调了“三个代表”要求的重要性。他指出，按照“三个代表”要求加强党的建设，是经过长期思考的，“在实行改革开放和发展社会主义市场经济的条件下，建设什么样的党、怎样建设党，是一个重大现实问题，直接关系到我们党和国家的前途命运。”长期以来，我们坚持以毛泽东、邓小平关于党的建设的理论与思想为指导，加强和改进党的建设，并取得了一些新的经验，“集中起来最重要的，就是要在思想上、行动上坚持做到这‘三个代表’。这是我们党的立党之本、执政之基、力量之源。”③

随着实践的发展，江泽民对“三个代表”要求的认识不断深化。2001 年 7 月，江泽民在庆祝中国共产党成立 80 周年大会上的讲话中全面而又深刻地阐述了“三个代表”要求的重要性、科学内涵与相互关系，提出了按照“三个代表”要求加强与改进党的建设的基本要求。在谈到“三个代表”要求的重要性时，江泽民指出，“‘三个代表’要求，是我们

① 《江泽民文选》（第 3 卷），人民出版社 2006 年版，第 1 页。

② 同上书，第 2—3 页。

③ 同上书，第 44 页。

党的立党之本、执政之基、力量之源，也是我们在新世纪全面推进党的建设，不断推进理论创新、制度创新和科技创新，不断夺取建设有中国特色社会主义事业新胜利的根本要求”。关于“三个代表”要求的科学内涵与相互关系，江泽民在全面分析论证“三个代表”，即“代表中国先进生产力的发展要求”、“代表先进文化的前进方向”和“代表中国最广大人民的根本利益”的基础上，指出，“三个代表”是相互联系，相互促进，有机统一的整体。“发展先进的生产力，是发展先进文化、实现最广大人民根本利益的基础条件。人民群众是先进生产力和先进文化的创造主体，也是实现自身利益的根本力量。不断发展先进生产力和先进文化，归根到底都是为了满足人民群众日益增长的物质文化生活需要，不断实现最广大人民的根本利益。”① 关于如何按照“三个代表”要求，加强和改进党的建设问题，江泽民从坚持党的思想路线、保持党的先进性、坚持党的组织原则、贯彻党的干部队伍建设的“四化”方针与德才兼备原则以及党要管党与从严治党的原则方针等方面提出了具体要求。江泽民上述论述，深化了全党对“三个代表”要求的认识，促进了新时期党的建设理论的发展，为党的十六大确立“三个代表”重要思想为党的指导思想奠定了基础。

2002 年 11 月，中国共产党第十六次全国代表大会在北京召开。江泽民在十六大报告中总结了党的十三届四中全会以来中国共产党在推进中国特色社会主义和加强党的建设方面所取得的基本经验。其中主要包括：坚持以邓小平理论为指导，不断推进理论创新；坚持以经济建设为中心，用发展的方法解决前进中的问题；坚持改革开放，不断完善社会主义市场经济体制；坚持四项基本原则，发展社会主义民主政治；坚持物质文明和精神文明两手抓，实行依法治国和以德治国相结合；坚持稳定压倒一切的方针，正确处理改革发展稳定的关系等十条重要经验。江泽民指出，“这些经验，联系党成立以来的历史经验，归结起来就是，我们党必须代表中国先进生产力的发展要求，代表中国先进文化的前进方向，代表中国最广大人民的根本利益。这是坚持和发展社会主义的必然要求，是我们党艰辛探索和伟大实践的必然结论。”② 江泽民这一概括标志着“三个代表”重要

① 《江泽民文选》（第 3 卷），人民出版社 2006 年版，第 272—281 页。

② 同上书，第 533—536 页。

思想的形成。[1] “三个代表”重要思想是对马克思列宁主义、毛泽东思想和邓小平理论的继承与发展，是加强和改进党的建设、推进我国社会主义自我完善和发展的强大理论武器，是全党集体智慧的结晶。因此，“三个代表”重要思想被大会确定为党的指导思想，并写进了党章。

四 江泽民推进中国道路的评价：江泽民认识与处理国外因素的重要经验

以江泽民为核心的党的第三代中央领导集体在推进中国道路过程中继承和发扬了毛泽东、邓小平认识与处理对外关系的成功经验，并根据国际国内形势的发展变化，不断调整对外方针政策，在认识与处理对外关系上积累了许多成功经验，其中重要的经验有两点：

一是紧紧抓住国际格局多极化的发展趋势，采取正确的对外策略方针，妥善处理同世界诸强的关系，为改革开放与现代化建设赢得了相对和平的国际环境。苏东剧变后，国际格局由两极向多极化发展，表现出“一超多强”的特点。美国、俄罗斯、日本、欧盟和中国等作为多极世界的权力中心，彼此利益交错，而又互有矛盾。这种错综复杂的关系有利于世界和平，也有利于中国推行独立自主的和平外交政策，改善同世界诸强的关系，争取相对和平的国际环境。对于世界独大、推行全球霸权主义、敌视与遏制中国崛起的美国，江泽民一方面坚持据理力争、针锋相对策略方针，揭露、抨击和挫败美国敌视中国的行为，维护国家主权和民族利益。诸如美国等西方国家制裁中国、“银河号”货船事件、“南海撞机事件”、涉台涉藏事件、美国轰炸中国驻南斯拉夫大使馆等事件的处理都坚持了这一方针。另一方面又抓住美中双方的利益共同点，坚持互惠共赢原则，开展同美国在经济、文化等领域的交流与合作。中美贸易摩擦事件的处理、倡导建立中美建设性战略伙伴关系等大都遵循了这一原则。尽管美国屡屡挑起事端，恶化中美关系，使双方关系走向险境，但由于江泽民采取了正确的对美策略方针，终使中美关系化险为夷，避免了彼此直接冲突与对抗。这对中国的改革开放与现代化建设产生了积极影响，也有利于世

① 刘海涛：《走向世界历史：中国特色社会主义的成长历程》，中共中央党校出版社 2012 年版，第 192 页。

界和平与稳定。对俄罗斯，江泽民在妥善处理中俄双方在领土、贸易等领域的分歧与矛盾的基础上，积极发展两国友好合作关系，并将两国关系由“建设性伙伴关系”提升为“全面的战略协作伙伴关系”，加强两国在处理重大国际与地区事务上的协作与配合，对抑制美国的霸权行径产生了重要影响。对日本，尽管日本长期追随美国视中国为其潜在的对手而加以遏制，并且对二战期间在中国所犯下的罪行认识反复，但江泽民坚持着眼未来、睦邻友好方针，努力同日本在经济、文化等领域开展交流与合作。这对缓和中日矛盾，促使中日关系朝着良性健康方向发展，起了积极作用。对欧盟，江泽民一方面揭露和抨击欧盟在人权与中国台湾等问题上干涉中国内政的错误行为；另一方面加强双方在经济贸易等方面的互利合作关系，尤其注重同欧盟中诸如法、英、德等主要大国建立伙伴关系。通过努力，中国同欧盟间的信任度提高，互利合作关系加强。这有利于中国打破美国等资本主义大国的封锁制裁，争取更多的国际声援。此外，江泽民重视改善同周边国家的关系，如实现与越南和老挝关系正常化；同东盟、印度、巴基斯坦等国确立双边伙伴关系；坚持“主权属我，搁置争端，共同开发”的方针，妥善处理南海争端，保持南海局势的基本稳定；同俄罗斯、哈萨克斯坦、吉尔吉斯斯坦和塔吉克斯坦建立五国元首会晤机制；等等，使 20 世纪 90 年代中国的周边关系成为新中国成立以来最好的时期。[①] 可以说，以江泽民为核心的党的第三代中央领导集体推进中国道路并且有所成就，同其对国际格局多极化的发展趋势的准确把握并采取正确的应对之策密切相关。

二是顺应经济全球化发展的时代潮流，采取正确的策略方针，积极参与国际竞争，推动中国融入国际社会。20 世纪 90 年代，给中国带来机遇与挑战的新一轮经济全球化浪潮使中国处于两难境地：若参与经济全球化，中国虽可以利用国外优势资源，促进本国的经济社会发展，但也面临国际敌对势力渗透颠覆所带来的经济政治风险；若不参与经济全球化，中国将会失去难得的发展机遇，拉大同西方发达国家的差距。这种情形考验着中国共产党人的智慧。以江泽民为核心的党的第三代中央领导集体，以卓越的智慧与超凡的胆识，决定主动融入经济全球化，参与国际竞争。江泽民提出并实施建立社会主义市场经济体制目标，为的是适应国际经济体

---

① 肖冬连：《六十年国事纪要（外交卷）》，湖南人民出版社 2009 年版，第 312 页。

系及其竞争规则，加速我国融入国际社会的步伐。面对 1998 年亚洲金融风暴冲击，中国始终保持人民币汇率稳定，并对受金融风暴影响的国家捐助 70 亿美元，促进了亚洲乃至世界的金融稳定和经济发展，展现了一个负责任大国的风采，赢得了一定的国际赞誉，在一定程度上消减了周边国家对崛起中的中国的猜疑和担忧。① 为减轻美国对中国加入世界贸易组织的阻力，中国积极改善中美贸易关系，使双方贸易额不断扩大，到 2000 年，中美双边贸易额达到 740.7 亿美元。美国成为中国的第二大贸易伙伴，而中国则成为美国第四大贸易伙伴和最大的出口市场。美国最大的 500 家企业中有一半以上在中国有投资。② 中美贸易关系的发展在一定程度上减轻中国入世来自美国的阻力，加速了中国入世的步伐。2001 年中国终于成功加入世界贸易组织。这为中国参与国际合作与竞争提供了舞台，也有利于中国在国际经济领域赢得更多的话语权，推动建立国际经济新秩序。不难看出，以江泽民为核心的党的第三代中央领导集体顺应经济全球化发展时代潮流，为促进中国融入国际社会所作出的决策是正确的，也是成功的。正如前外交部部长钱其琛所说，“我国改革开放 20 多年的成就，证明中国积极参与全球化进程的政策是成功的。”“随着中国全面深入地加入到全球化的进程中，我们对现行的秩序和游戏规则也就能获得一定的发言权，能够做到参与其中，趋利避害，适时有为，徐图改造。”③

① 肖冬连：《六十年国事纪要（外交卷）》，湖南人民出版社 2009 年版，第 313 页。

② 钱其琛：《外交十记》，世界知识出版社 2003 年版，第 396 页。

③ 同上书，第 390 页。

第四章
国外因素与胡锦涛坚持与发展中国道路

历史步入21世纪，党的十一届三中全会开启的中国道路已经走过了20多个春秋。改革开放与现代化建设所取得的巨大成就证明了中国道路的正确性，彰显了社会主义制度的优越性，为中国共产党坚持与发展中国道路提供了充分的现实依据，也使中国成为世界关注的焦点。不过，随着改革开放和现代化建设的深入开展，诸如经济社会发展不平衡、经济结构不合理、环境状况恶化、党员干部信仰危机与腐败现象严重等问题不断出现，影响着我国经济社会持续健康发展，危及党的领导和社会主义制度的巩固。与此同时，国际上，复杂多变的国际形势、国际社会对中国崛起（或称“中国模式”、中国道路）褒贬不一的态度以及“9·11”事件后美国对华政策的变化等又给中国带来了新的挑战与机遇。正是在这种国内外因素的共同作用下，2002年11月党的十六大选举产生的以胡锦涛为总书记的党中央审时度势，锐意进取，开拓创新，坚持与发展了中国道路，如造访西柏坡，重温两个务必，加强党的建设；提出并践行科学发展观；建设和谐社会与和谐世界等，取得了改革开放与现代化建设的新胜利，进一步发展了科学社会主义理论。

一　胡锦涛坚持与发展中国道路的国际背景：国际形势和国际舆论

国际形势的复杂多变和国际舆论对中国崛起的肯定与质疑，一方面为中国的改革开放与现代化建设提供了有利的国际环境；另一方面又使中国的发展面临着巨大的外部压力。所有这些构成胡锦涛坚持与发展中国道路的重要国际背景。

（一）复杂多变的国际形势及其对中国的影响

进入21世纪以后，国际形势发生了广泛而又深刻的变化[①]。从时代主题与国际局势上看，和平与发展的时代主题虽未改变，但威胁世界和平与发展的因素在不断增加，世界并不太平。一方面，以军事威胁为主要特征的传统安全因素仍然存在且有了新的发展。长期盛行于国际社会的霸权主义与强权政治变换了花样，披上了“合法”外衣，主要表现为以美国为首的西方大国打着维护“人权”、“民主”等幌子，肆意干涉他国内政，或对他国发动战争，制造地区性动荡与灾难。美国为首的北约集团绕开联合国对伊拉克、利比亚发动战争就是例证。这种新型的霸权主义与强权政治形式，加大了世界各弱小国家的维权难度，成为世界和平与发展的一大威胁。与此同时，一些民族矛盾、宗教冲突以及边界与领土争端由于两极格局的解体和美国等西方大国的介入而愈演愈烈，致使地区冲突与局部战争频发，也威胁着世界和平与发展。另一方面，诸如恐怖主义、经济金融安全、极端气候、传染性疾病蔓延、核武器扩散、环境污染问题、人口问题、跨国犯罪等非传统安全因素不断涌现，威胁着人类的生存与发展。由于非传统安全因素具有全球性、流动性和不确定性等特征，其预防和抑制需要国际社会通力合作才有可能奏效，这就要求世界各国加强交流与合作。

从世界发展潮流与趋势上看，世界多极化、国际关系民主化、经济全球化和发展模式多样化（即“四大趋势”）成为世界发展趋势，但不合理的国际经济政治秩序、美国的单边霸权主义与输出西方民主模式等因素仍然存在。“四大趋势”影响下的国际形势表现出如下特点：一是国际主要力量之间的制衡关系不断加强，在一定程度上遏制了美国建立单极世界霸权的梦想；二是国家无论大小、强弱，彼此平等，相互尊重，以平等协商方式解决彼此矛盾与冲突等处理国家关系的原则和方式，逐渐得到国际社会的认同；三是世界各国经济联系日益加强，国际竞争，尤其是以综合

---

① 有学者将21世纪的国际形势归纳为：“一个主题”“两大公害”“三种态势”“四股潮流”。“一个主题”是指和平与发展时代主题；“两大公害”是指霸权主义和恐怖主义；“三种态势”是指总体缓和、局部紧张，总体稳定、局部动荡，总体和平、局部冲突；“四股潮流”是指世界多极化、经济全球化、发展模式多样化和国际关系民主化。参见徐冬生：《当前国际国内形势报告》，参见 www. newgxu. cn，2006－04－19。

国力为核心的竞争日趋激烈；四是顺应时势，调整发展战略，探索适合本国国情的发展道路，已成为国际社会的共识；等等。这种国际形势为一国的发展提供了有利的国际环境，同时也使一国探索其发展道路成为必须。然而，不合理的国际经济政治秩序、美国的单边霸权主义与输出西方民主模式等因素的存在，使一个国家的主权与民族利益，甚至国家政权面临威胁。这就给一国的发展带来了巨大的挑战，同时也使一国在对外开放和参与国际交流合作中警惕西方大国的颠覆阴谋成为必须。

从国家关系尤其是大国关系上看，国家间协调合作的趋势日益加强，但彼此竞争激烈，分歧与矛盾犹在。为应对恐怖主义、极端气候、传染性疾病蔓延、核武器扩散与环境污染问题等非传统安全因素对世界的威胁，或者为借重对方资源以服务自己，各国加强了协调合作。另一方面，各国为拓展海外市场、争夺战略资源等而展开激烈竞争，或因主权争端、贸易摩擦等产生分歧、矛盾，甚至冲突。此外，两制国家关系因西方大国的冷战思维与“和平演变”策略等因素影响，有时也会出现紧张状况。这种国家关系状况在中国表现得十分突出。究其原因，是由于中国是一个主权国家，又是一个大国，还是一个社会主义大国。就对中国安全与发展产生重要影响的国家关系而言，中美关系、中国同周边邻国的关系无疑成为讨论的重点。

中美关系一直是中国对外关系的重中之重。新中国成立以来，中美双方虽曾出现过短暂的合作，但分歧、矛盾与对抗一直是中美关系的主旋律。美国敌视中国，并企图颠覆中国人民民主政权的阴谋始终没有改变，而中国将美国视为对其主权和政权构成最大威胁的对象而加以防范。然而，进入21世纪后，尤其是“9·11”事件后，中美关系发生了变化：中美双方在存在分歧与矛盾的同时，彼此的协调合作也在不断加强。由于美国敌视中国的立场并没有改变，因此，美国仍然是中国主权和安全的最大威胁者。在台湾、西藏、人权等问题上，美国常常挑起事端，指责中国，干涉中国内政；美国推行霸权主义，实施“和平演变”战略，威胁着中国的安全；美国固守冷战思维，散布“中国威胁论”①，挑起西方大国与中国周边国家遏制中国；美国在钓鱼岛问题上偏袒日本，助长日本吞

① 阎学通等：《中外关系鉴览1950—2005——中国与大国关系定量衡量》，高等教育出版社2010年版，第248页。

并钓鱼岛的野心；美国插手南海问题，造成南中国海局势紧张；2008年美国次贷危机所引发的欧美国家的金融动荡，美国却把责任推给中国，强迫中国调整人民币汇率；在防止大规模杀伤性武器扩散问题上，美国常常无端指责中国；等等。所有这些说明中国面临来自美国的压力与威胁依然巨大，中国发奋图强的形势依然紧迫。

与此同时，随着国际形势的发展变化，中美双方的利益契合点不断增多，彼此的协调合作也在不断加强。对此，美国前国务卿基辛格也曾承认说，进入21世纪之后，“在许多问题上，中美关系主要是以合作方式向前发展”①。中美双方的协调合作主要表现在：在反对恐怖主义、解决伊朗与朝鲜核问题上，中美加强了协调与配合；中美双边经贸关系不断加强，中国由2008年美国的第二大债权国上升为2009年第一大债权国②；在台湾问题上，美国表示坚持美中三个联合公报，反对台湾“公投”、反对“台独”；中美两国同意各自尽最大努力阻止安理会“增常”决议案在联合国大会获得通过③；等等。中美双方的协调合作在一定程度上弱化了彼此的矛盾，避免了双方正面冲突。这对中国和世界的稳定与发展产生了积极影响。

此外，中国同周边国家的关系也发生了一些变化：中日关系因钓鱼岛之争和日本领导人参拜靖国神社等问题降至冰点；南海问题致使中国同越南、菲律宾等国关系紧张；钓鱼岛与南海主权之争因美国的介入而使东海和南海局势变得紧张；面对日益强大的中国，受“中国威胁论”等国际舆论影响，一些周边国家猜忌和遏制中国，等等。这些变化反映出中国周边形势的严峻。

上述复杂多变的国际形势对中国是机遇，也是挑战。就机遇而言，不变的和平与发展的时代背景与总体缓和的国际局势预示着世界大战在一段时期内打不起来，这为我国发展提供了相对和平的国际环境；国家间（尤其是中美双方）利益契合点增多、协调合作加强，有利于我国发展同世界各国的友好合作关系，扩大对外开放；世界多极化与国际关系民主化

---

① ［美］亨利·基辛格：《论中国》，胡利平、林华等译，中信出版社2012年版，第484页。

② 肖冬连：《六十年国事纪要（外交卷）》，湖南人民出版社2009年版，第333页。

③ 阎学通等：《中外关系鉴览1950—2005——中国与大国关系定量衡量》，高等教育出版社2010年版，第263页。

进一步发展，有利于我国在反对霸权主义和推动建立国际经济政治新秩序的斗争中寻求更广泛的国际声援；即使如恐怖主义、金融危机之类的全球性问题（当然这些问题也威胁着中国的安全与发展），也在分散和转移着西方大国的注意力，客观上有利于中国同霸权主义与强权政治作斗争；等等。就挑战而言，变换花样的美国霸权主义、美国固守冷战思维和推行对华“和平演变”战略等，加大了中国维护国家权益、巩固社会主义制度的难度，迫使中国在增强综合国力的同时，探寻维权的新途径；全球性问题威胁着中国的安全和发展，要求中国同国际社会一道共同谋划应对之策，同时也要求中国加速经济社会全面发展，铲除全球性问题在中国滋生的温床，建立健全中国防治全球性问题的机制；东海、南海紧张局势影响着中国的安全与发展；“中国威胁论”使中国面临着巨大的国际舆论压力；等等。

对于复杂多变的国际形势及其影响，胡锦涛是十分清楚的。他指出，“当今世界正处在大变革大调整之中。和平与发展仍然是时代主题，求和平、谋发展、促合作已经成为不可阻挡的时代潮流。世界多极化不可逆转，经济全球化深入发展，科技革命加速推进，全球和区域合作方兴未艾，国与国相互依存日益紧密，国际力量对比朝着有利于维护世界和平方向发展，国际形势总体稳定。同时，世界仍然很不安宁。霸权主义和强权政治依然存在，局部冲突和热点问题此起彼伏，全球经济失衡加剧，南北差距拉大，传统安全威胁和非传统安全威胁相互交织，世界和平与发展面临诸多难题和挑战。”① 在胡锦涛看来，复杂多变的国际形势对中国的影响是机遇与挑战并存。因此，他强调指出，21 世纪头 20 年是重要战略机遇期，中国应当紧紧抓住并充分利用。② 基于这种认识，以胡锦涛为核心的党的中央领导集体抓住机遇，迎接挑战，坚持和发展了中国道路。

（二）众说纷纭的国际舆论及其对中国的影响

以西方学者为代表的海外学者在经历苏东剧变后唱衰中国的失败洗礼之后开始以客观理性的态度看待“中国模式”（或称中国崛起、中国道路）。就连过去曾提出“历史终结论”的日裔美籍学者福山也主动修正了

① 《十七大以来重要文献选编》（上卷），中央文献出版社 2009 年版，第 35—36 页。

② 《十六大以来重要文献选编》（上卷），中央文献出版社 2005 年版，第 648 页。

自己的观点，认为"'中国模式'的有效性证明，西方自由民主并非人类历史进化的终点。人类思想宝库要为中国传统留有一席之地。"① 而持这种态度看待中国模式的典型代表当属 2004 年 5 月提出"北京共识"的美国学者乔舒亚·库珀·雷默。他在一篇题为《北京共识：提供新模式》的文章中指出，"中国通过艰苦努力、主动创新和大胆实践，摸索出一个适合本国国情的发展模式"。"中国的经济发展模式不仅适合中国，也是适于追求经济增长和改善人民生活的发展中国家效仿的榜样。"② 雷默提出的"北京共识"引发国际社会对中国模式的新一轮关注潮。此后，越来越多的海外学者参与到关注"中国模式"的大潮之中，肯定与褒扬者，有之；否定与贬损者，有之；质疑与猜测者，亦有之。各种不同声音充斥着国际舆论。

海外学者对"中国模式"（中国崛起、中国道路）的关注所涉及的内容十分宽泛，而从对中国道路的坚持与发展产生重要影响的角度来说，其所涉及的内容主要集中在以下问题上。

第一，中国是否和平崛起或走和平发展道路？尽管走和平发展道路是中国共产党历代中央领导集体始终坚持的外交基本方针，但是这似乎并不能消除西方国家对中国走和平发展道路的猜疑。改革开放后，随着中国国力的增强，西方国家对中国是否走和平发展道路的猜疑愈益强烈。苏东剧变后，面对复杂多变的国际形势，中国坚持走和平发展道路，提出了"韬光养晦，有所作为"的对外方略。然而，西方国家却指责，这是中国"在自己还不强大的情况下施展的一种阴谋诡计。"③ 在雷默提出"北京共识"引发对中国的新一轮关注后，国际社会对中国是否和平崛起、是否走和平发展道路的猜疑陡增。这种情况在美国表现得尤为突出。围绕着中国是否和平崛起的问题，兹比格涅夫·布热津斯基（美国战略与国际问题研究中心顾问）与约翰·米尔斯海默（芝加哥大学政治学教授）还展开过激烈的辩论。布热津斯基认为中国会和平崛起。他给出的理由是：中国注重的是发展本国经济和寻求国际社会对其大国地位的承认，而不是向

① 张维为：《在国际比较中解读中国道路》，《求是》2012 年第 21 期，第 42—46 页。

② 秦宣：《国际视野中的"中国模式"——兼论中国特色社会主义的国际影响》，《中国人民大学学报》2008 年第 4 期，第 9—15 页。

③ ［美］亨利·基辛格：《论中国》，胡利平、林华等译，中信出版社 2012 年版，第 498 页。

美国发出军事挑战；中国为保持经济持续增长，需要稳定的环境，因而在处理台湾问题上，态度谨慎，不愿激怒美国；中国在融入国际体系过程中对于扩大自己的影响力，保持审慎等。米尔斯海默则以其所谓国际政治理论为依据，认为中国不可能和平崛起。他指出，根据国际政治理论，“最强大的国家试图在它所在的地区建立霸权，与此同时确保没有另外一个敌对的大国控制另外一个地区。每个大国的最终目标都是成为强手中的强手，甚至最终控制现行秩序。”中国作为美国争夺亚洲控制权的主要对手，尽管其现在由于军事实力不济，不会将美国挤出亚洲，也不会因台湾问题同美国寻衅打架，而当其力量强大到可与美国抗衡时，它就会给美国制造麻烦，并竭力把美国挤出亚洲并控制这一地区。[①] 布热津斯基与米尔斯海默辩论的焦点虽然名义上是关注中国是否和平崛起，但实际上是关于中国崛起是否对美国尤其是美国霸权构成威胁。这折射出美国对日益强大的中国的疑惧。

与美国人猜疑不同，新加坡前总理李光耀认为中国会走“和平崛起”的发展道路。他指出，中国为了营造一个和平稳定的国际国内环境以实现现代化，采取了“和平崛起”的发展战略。对内，中国通过实施可持续发展、和谐社会，以及避免走传统的霸权主义路线，摆脱冷战思维三个超越战略，解决所面临的能源枯竭、生态环境不断恶化和经济社会发展不平衡三大挑战；对外，中国打算推行一种和平的发展战略，并遵循现有的国际秩序规则、世界贸易组织的原则和其他多边机制的原则。[②] 意大利经济学家洛丽塔·纳波利奥尼则对中国发展模式给予了充分肯定。她说，“中国选择了一个与西方截然相反的模式——内生的工业化模式。在这一过程中，中国没用华尔街一分钱，并且保持了社会主义制度。”[③] 言下之意，中国是借助于内部驱动而非对外扩张的和平方式发展起来的。

第二，中国崛起对世界是福还是祸？对这一问题的看法，可谓众说纷纭。总的说来，主要有三种观点。一种观点认为中国崛起对世界（尤其

---

① 宿景祥、齐琳主编：《国外著名学者、政要论中国崛起》，中共中央党校出版社 2007 年版，第 238—245 页。

② 同上书，第 344—345 页。

③ ［意］洛丽塔·纳波利奥尼：《中国道路：一位西方学者眼中的中国模式》，孙豫宁译，中信出版社 2013 年版，第 87 页。

是发展中国家）有益。如霍米·哈拉斯、哈维尔·桑切斯、黄亚声①、纳波利奥尼等持这种观点。哈拉斯认为，“中国的成功将对大多数发展中国家有所助益”，“中国的经济力量——及其所产生的榜样力量——将推动对抗贫穷的斗争。”桑切斯指出，中国崛起对拉美国家是一个机遇。黄亚声强调，中国的崛起对西方国家的利益是有补益的。因为中国选择更多地依赖外国投资来发展自己，这给西方国家扩大在华投资获利提供了机会。纳波利奥尼在谈到中国走现代化道路的影响时指出，中国的现代化不仅解决了众多中国人的就业问题，还拯救了中国的社会主义制度。如果数亿中国人失业而因此成为难民并不惜一切地涌向西方去讨生活，对西方来说将是一场灾难；如果中国成为一个资本主义国家，数亿中国人涌向西方，那将会摧毁西方国家的中产阶级。②

二种观点认为中国的崛起给世界带来了挑战（尤其是对美国的挑战），即所谓的“中国威胁论”。关于这一问题讨论最多的莫过于有关中国崛起对美国的影响了。在美国，对这一问题的看法，以约瑟夫·奈（1937— ）为代表的自由主义学派同以肯尼思·沃尔兹为代表的现实主义学派出现对立的观点。约瑟夫·奈认为，中国崛起难以对美国构成威胁，主要原因在于：在21世纪上半叶，中国在总体实力上不会超过美国；同时美中之间并没有根本性的利益冲突。在他看来，之所以出现中国崛起威胁美国的论调，主要是由于美中对于彼此的认知受到了国内政治斗争的很大歪曲，两国之中有一些人想要将对方视为敌手；中国实力的增长使其在邻国眼中显得更具危险性，而美国要想在军事上安抚亚洲盟友就需要投入更多的资源。③ 而以肯尼思·沃尔兹为代表的现实主义学派则认为，中国的崛起是对美国在东亚和全球地位与利益的挑战，并主张将中国视为美国在东亚乃至全球利益的主要威胁者而予以遏制。这实质上是对中国崛起

① 霍米·哈拉斯：美国人，世界银行远东和太平洋地区首席经济学家，所撰的“水涨船高”一文就持这一观点。哈维尔·桑切斯：墨西哥学者，所撰“如何应对中国威胁”一文，持这种观点；黄亚声：美国麻省理工学院副教授，所撰一文“中国不是在领跑，它只是追上来了”，持这种观点。参见宿景祥、齐琳主编：《国外著名学者、政要论中国崛起》，中共中央党校出版社2007年版，第252、255、174页。

② ［意］洛丽塔·纳波利奥尼：《中国道路：一位西方学者眼中的中国模式》，孙豫宁译，中信出版社2013年版，第98—99页。

③ ［美］约瑟夫·奈：《权力的未来》，转引王缉思主编：《中国国际战略评论》，世界知识出版社2011年版，第13—21页。

的敌视。该派学者克里斯托弗·莱恩曾力图从大国关系的变化中寻找美中矛盾的历史依据。他认为，从历史经验上看，新的大国崛起通常都对国际政治有一种破坏稳定的影响，换而言之，在新的大国形成期间比较容易发生冲突，因为新兴大国和老牌大国相互对立的利益很难调和。① 言外之意，就是中国崛起对美国是一种威胁，美中冲突在所难免。

对于西方大国将中国崛起视为威胁的原因，新加坡学者郑永年分析说，“中国模式”对发展中国家来说更多的是发展经验问题，而对西方国家尤其是美国来说，则更多的是一种价值问题。对很多西方人来说，“中国模式”就是对西方价值的挑战和竞争。他们的担忧不仅仅在于很多发展中国家对中国经验表现出极大兴趣，还在于即使在西方，那些对美国和“西方模式”不再感兴趣的西方人，也开始重视“中国模式”。② 同时，他也指出，冷战结束后，美国将战略重点东移到亚太地区，并把中国看作其潜在的敌人，通过营造所谓的亚洲小北约来遏制中国的发展。③ 也有观点认为，中国经济飞速发展加大了对石油等战略资源的需求，使中国有了强烈的不安全感，于是中国加强了对非洲、中东等能源产地的外交攻势。中国的国际能源战略对西方外交和战略利益构成了潜在威胁。④

三种观点认为中国的崛起对世界的影响难以预料，或者利弊皆有。加拿大学者马库斯·吉认为，中国崛起对世界意味着极大的不确定性。在他看来，中国的崛起“不是世界所目睹的最大机遇就是最大威胁；不是令人生畏的奇迹就是正在降临的灾难；不是多年来最好的消息就是最坏的消息。”法国前总统德斯坦认为，中国的发展对西方国家来说“不只是一场挑战，也是一个将给西方市场提供诸多经济机会的机遇”。⑤

第三，针对国际社会对中国崛起的种种看法，中国到底怎么办（如

---

① 宿景祥、齐琳主编：《国外著名学者、政要论中国崛起》，中共中央党校出版社 2007 年版，第 33—34 页。

② ［新加坡］郑永年：《中国模式：经验与困局》，浙江出版联合集团、浙江人民出版社 2010 年版，前言部分。

③ 宿景祥、齐琳主编：《国外著名学者、政要论中国崛起》，中共中央党校出版社 2007 年版，第 182 页。

④ 同上书，第 398 页。

⑤ 同上书，第 85、284 页。

何应对)？海外学者从不同视角发表了自己的见解。归纳起来主要有四个方面：在应对质疑与敌视问题上，海外学者们认为中国应当寻找对策以弱化甚至消除其他国家对中国的猜疑与敌视。他们的建议有：寻找中国同他国的利益契合点，如反对恐怖主义、经贸关系等，增强彼此间的联系；加强对外宣传中国的力度（如赞同在国外开办孔子学校，宣传中国文化），帮助他国了解中国；称颂中国的“和平崛起”战略，认为这有助于安抚美国，弱化周边国家对中国的疑惧等。例如，美国卡内基国际和平基金会资深会员阿什利·泰利斯认为，中国积极在海外宣传中国文化，帮助其他国家理解中国儒学，以消除它们对中国的疑虑等。[①]

在处理同美国等国家的关系问题上，海外学者们认为，中美关系至关重要，影响着全球发展和稳定，双方必须审慎处理。有学者（如约瑟夫·奈、基辛格、邱震海等）建议中国在处理同台湾地区与周边国家关系时要谨慎。约瑟夫·奈认为：“如果台湾宣布独立，中国很可能会进行武力干预，不计一切经济或军事上的代价。但是赢得这样一场战争的可能性不大，因此双方都应保持谨慎政策，只有这样才能有可能避免一场战争。”[②] 基辛格则指出，中国应当意识到防御型军力与进攻型军力之间的微妙分界，以及军备竞赛失控可能带来的后果；中国如果采取军事征服的方式对待周边国家，势必会造成它们的抵御，结果将使中国经历历史噩梦。[③] 香港政治评论员邱震海建议，中国在处理同周边国家关系时需要把握好三个关键因素：正确评估国际形势，尤其是周边环境及其敌意程度对中国的影响；正确把握台湾问题的力度及其在中国长远发展中的位置；正确把握“安全优先”的尺度，及其对“中国威胁论”的副作用。[④] 俄罗斯学者叶夫根尼·边杰尔斯基建议中俄联合制衡美国。他说，“对中国来说，加强同俄罗斯的合作意味着促进经济发展，满足自己与日俱增的能源需求，还有可能抗衡美国的影响力。两国都可以利用与对方更加密切的合

① 宿景祥、齐琳主编：《国外著名学者、政要论中国崛起》，中共中央党校出版社 2007 年版，第 231 页。

② 同上书，第 347 页。

③ 郑必坚、基辛格等：《世界热议中国：寻找共同繁荣之路》，中信出版社 2013 年版，第 26 页。

④ 宿景祥、齐琳主编：《国外著名学者、政要论中国崛起》，中共中央党校出版社 2007 年版，第 179 页。

作，作为从华盛顿获取潜在利益的一种手段。”[①] 也有学者指出中美应当实事求是对待对方，加强合作，寻找利益契合点，增进友谊。如基辛格指出，小布什担任总统期间，“中美这两个大国实事求是地对待对方，任何一方都不奢望对方支持自己的所有目标。在国内治理等问题上，双方的目标并不相容，但双方依然在足够多的领域找到了利益契合点，培养出越来越深的伙伴关系意识。”[②]

在看待美国等西方国家的对华政策问题上，海外学者批评了它们对华所采取的错误政策。如洛丽塔·纳波利奥尼抨击了西方国家在人权问题上的双重标准和丑化中国国际形势的错误做法。她指出，“西方打着‘人权’的旗号进行的反华活动实际上明显是双重标准，对西方一套，对中国一套”；西方国家把中国说成是“一条趴在非洲人身上的寄生虫”，这是毫无根据的。[③] 英国《金融时报》刊文指出，“美国保守派评论员把中国今天的崛起与20 世纪 30 年代日本民族主义和军国主义的兴起相提并论。这是不成熟的判断。”“忽视中国是不对的，但妖魔化中国更是错误的。”澳大利亚前外交官格雷戈里·克拉克批评西方国家几十年来一直制造“中国威胁论”。事实证明，所谓的威胁纯属子虚乌有。[④]

在看待中国自身发展存在的不足问题上，一些学者在论及中国模式或中国发展时指出了中国存在的问题。洛丽塔·纳波利奥尼提出了所谓“中国的悖论”，即中国工业革命由第一阶段向第二阶段的发展伴随着一个十分有趣现象：目前世界上最提倡绿色能源的国家同时也是污染最严重的国家。[⑤] 美国哈佛大学社会科学教授傅高义在《中国第一》一文中指出，中国在发展中面临诸多严重问题，如为贫穷的农村地区的数亿剩余劳动力提供就业机会、吸收数千万农民工进入城市、处理其老重工业区的工

---

① 宿景祥、齐琳主编：《国外著名学者、政要论中国崛起》，中共中央党校出版社 2007 年版，第 178 页。

② ［美］亨利·基辛格：《论中国》，胡利平、林华等译，中信出版社 2012 年版，第 481 页。

③ ［意］洛丽塔·纳波利奥尼：《中国道路：一位西方学者眼中的中国模式》，孙豫宁译，中信出版社 2013 年版，第 283、259 页。

④ 宿景祥、齐琳主编：《国外著名学者、政要论中国崛起》，中共中央党校出版社 2007 年版，第 292、378 页。

⑤ ［意］洛丽塔·纳波利奥尼：《中国道路：一位西方学者眼中的中国模式》，孙豫宁译，中信出版社 2013 年版，第 161 页。

人下岗问题、为贫穷的老年人口提供足够的医疗和退休服务、遏制猖獗的官员腐败以及防止日益严重的不平等现象等。俄罗斯学者认为中国在发展过程中存在潜在的动荡危机，指出中国由于国家的民主化进程不可避免，现在已处于社会剧烈动荡的门槛之上①；等等。

上述国际舆论关于中国崛起及其所引发问题的评论，无论是肯定还是否定，是褒扬还是批评与贬损，至少揭示了如下事实：其一，中国的发展与强大的确引发了国际社会对中国未来发展走向的关注与疑惧；其二，美国以及中国周边一些国家正在想方设法阻止或遏制中国的发展；其三，国际社会，即使是西方大国，也并非铁板一块，全都是敌视中国的；其四，中国发展存在并面临着许多问题，等等。所有这些反映出国际舆论对中国道路的坚持与发展所带来的影响也是双重的，即利弊兼有。从有利的方面来说，国际舆论对中国崛起的肯定与褒扬有利于增强中国人民坚持走中国道路的决心和信心；国际舆论对美国等的抨击，澄清了一些关于中美争论问题的事实，在一定程度上配合了中国谴责与抵制美国诋毁中国的行为，有助于中国赢得一定的国际舆论声援；国际舆论提出的有关中国应对国际社会质疑以及化解中国同其他国家矛盾的建议，为中国妥善处理同相关国家的关系提供了一定参考；国际舆论所揭示的中国在发展中存在的问题，提醒并警示着中国，有助于中国政府认识和处理所面临的问题；等等。对于国际舆论给中国带来有利的影响，意大利前驻北京记者郗士曾经予以承认。他指出，西方对中国的预言帮助了中国："近几十年来，西方一直试图通过批评和带有悲观论调的预言来改变中国。可是，这些批评和预言却有助于中国避免陷入陷阱，防止出现可能出现的挫折，而且还有助于它在确定自己前进的方向和做出决定时采取谨慎态度。例如，在人权问题上，所有这些批评有助于中国共产党时刻保持警觉。我们西方人通过这种方式帮助中国成为一个较为和谐的社会。"② 从不利于的方面来说，国际舆论对中国崛起的质疑与否定，尤其是敌视，给中国坚持与发展中国道路带来了巨大的压力与挑战：一方面，中国必须在理论上回击国际

① 宿景祥、齐琳主编：《国外著名学者、政要论中国崛起》，中共中央党校出版社 2007 年版，第 200、366 页。

② 同上书，第 386 页。

舆论的种种非议；另一方面中国必须以实际行动挫败国际舆论的种种谎言、谬论以及毫无根据的预测。当然，国际舆论的质疑与否定也给中国以警示：西方国家敌视中国的立场难以改变，中国强国御侮的任务依然艰巨。利弊兼有的国际舆论再一次考验着中国共产党人的智慧。

面对国际舆论的质疑和所谓的“中国威胁论”，以胡锦涛为总书记的新一届中央领导集体进行了有力回击。胡锦涛在联合国发表讲话时强调，中国坚持走和平发展道路，“将一如既往地遵守联合国宪章的宗旨和原则，积极参与国际事务，履行国际义务，同各国一道推动建立公正合理的国际政治经济新秩序”，努力为建设持久和平、共同繁荣的和谐世界而奋斗。中国政府高级智囊郑必坚先生也强调，中国“不走‘一战’时的德国和‘二战’时的德国、日本依靠暴力掠夺资源、争夺霸权的老路。中国也不走冷战中大国争夺主导权的道路。”中国走的是和平发展道路。[①] 建设和谐世界的构想与实施有力地回击了国际舆论的质疑和所谓的“中国威胁论”。

二　影响胡锦涛坚持与发展中国道路的重大国际事件：“9·11”事件

作为21世纪初发生的重大国际事件——“9·11”事件，沉重打击了美国，也促使其调整对外战略，在反恐等国际问题上寻求同中国合作，从而减轻了中国的战略压力，为中国特色社会主义事业发展提供了有利的国际环境。以胡锦涛为核心的党的中央领导集体抓住机遇，提出并施行“和谐世界”理念，坚持与发展了中国道路。

（一）“9·11”事件的原因与美国对外战略的调整

2001年9月，恐怖分子劫持民航客机撞击美国纽约世界贸易中心大楼，制造震惊美国和世界的“9·11”事件。这次事件之所以震惊美国与世界，就美国而言，是由于这次事件是二战后美国本土发生的

① ［美］亨利·基辛格：《论中国》，胡利平、林华等译，中信出版社2012年版，第488—489页。

最重大伤亡事件，其损失程度超过了二战时期的珍珠港事件①；尤其是这次事件第一次打破了美国人的安全梦，并使他们感觉到后冷战时代的美国并不安全。对世界来说，除了事件所造成的人员伤亡和财产损失外，更主要的原因是强大而不可一世的美国，竟然也有人敢主动对其发动突然袭击。这岂不是在太岁头上动土嘛！当然，世界各国政府和人民也强烈谴责了恐怖分子的极端行为，并对美国人民表示了深切的同情。

对于为何发生这一事件，学者们从历史、经济、政治、宗教、科技等不同视角分析了其中的原因②。在笔者看来，恐怖分子之所以选择美国而不是其他国家作为其袭击对象，其根本原因在于冷战后美国推行单边霸权主义政策并由此结下的仇恨。

冷战结束后，美国成为世界唯一的超级大国。凭借优越的地理环境和强大的国防力量，美国人自认为可以免遭他国对其本土的袭击。当然，美国的这种自信不无道理。曾经两极格局中的苏联已解体成多个独立国家，其中综合实力最强的国家——俄罗斯，因国内经济萧条与政局不稳而难以也无意对美国发动袭击事件；被美国视为冷战后潜在战略对手并被其千方百计予以遏制的中国，因无好战传统且对外奉行和平外交政策，不可能对美国发动突袭事件；其他诸如伊拉克、伊朗、朝鲜等被美国视为“无赖”的国家，尽管它们仇视美国并偶尔口出狂言要给美国以痛击，但明白人都清楚那只不过是小孩与大人角斗时所发出的壮胆式的呐喊而已，它们根本无力痛击美国，更没有能力威胁美国本土。正由于此，美国人自信其本土安全，便毫无顾忌地在世界各地推行其单边霸权主义政策。这种单边霸权主义政策用美国外交史专家拉夫伯的公式来表示，就是美国例外论 + 美国权力 = 美国单边主义。其核心观点主要有：美国是执行上帝使命的国家，美国所做的一切事情都是对的，任何反对美国的人和国家都是错误的；美国的事情不仅符合美国利益，也符合人类的利益；为维护美国的利益，美国

① 南菁：《“9·11事件”与当前国际局势的演变》，《思想理论教育导刊》2001年第12期，第8—12页。

② 任宗理：《试析“9·11事件”的原因及对国际关系的影响》，《东南亚研究》2001年第6期，第21—23页；蒋德忠等：《试析9·11事件的起因》，《长春大学学报》2002年第4期，第37—40页。

的行动可以不受约束，等等①。

为维护美国世界霸权地位和利益，美国在国际事务中推行单边霸权主义政策，可谓无处不在。其常常打着维护和平、民主与人权的旗号，充当世界警察角色，插手地区事务，制造地区紧张局势，或干涉他国内政，激起当事国人民的不满与仇恨。美国的这种单边霸权主义政策在中东地区表现得尤为突出。中东地区作为美国战略资源主要供应地，为控制该地区的石油资源，长期以来美国推行双重标准与“顺我者昌，逆我者亡”的外交政策，对反美政权，常常是大打出手，力图颠覆；而对亲美政权，即使其专制、腐败，美国则大力扶持。在对待以色列与巴勒斯坦的领土争端及其所引发的流血冲突事件等问题上，美国政府不仅处置不力，还偏袒以色列，压制巴勒斯坦，从而引起了阿拉伯人对美国政府的强烈不满与仇恨。一些阿拉伯人，尤其是伊斯兰极端主义分子通过袭击美国的驻外使馆或民航飞机，以发泄对美国政府的不满和仇恨。然而，此类袭击事件犹如隔靴搔痒，难以触动美国人的神经并进而促使美国政府改变其单边霸权主义政策。面对美国政府在全球事务尤其是中东事务中的我行我素，伊斯兰极端主义分子选择以美国本土作为其袭击目标。“9·11”事件就是在这种背景下发生的。作为这次事件的头号策划者——本·拉登曾是美国从阿拉伯人中招募而来对苏联进行“圣战”的成员，其之所以掉转枪口攻击美国，其中一个重要原因就是美国是他们国家腐败政府的最大支持者。② 不难看出，“9·11”事件的发生是美国推行单边霸权主义政策所带来的恶果。

“9·11”事件给奉行单边霸权主义的美国以沉重的打击，迫使其调整冷战后的对外战略，开始关注国际安全与和平。这次事件给美国所带来的一个直接后果就是造成了巨大的人员伤亡和经济损失。据统计，有3000多人在这次事件中死亡，美国经济损失达2000亿美元，相当于其当年生产总值的2%③。与此同时，“9·11”事件打破了美国政府所持有的本土“安全梦”，迫使其改变对外战略。这主要表现在：其一，美国将恐

① 李庆余：《美国外交史——从独立自主至2004年》，山东画报出版社2008年版，第396页。

② 任宗理：《试析“9·11事件”的原因及对国际关系的影响》，《东南亚研究》2001年第6期，第21—23页。

③ 联合国报告称“9·11”令美国经济损失2000亿美元。参见中新网2001年11月16日，网址：http：//www. chinanews. com/2001 -11 -16/26/139178. html。

怖主义视为主要敌人，并将防止恐怖主义对美国本土的袭击作为其对外防务战略的重点。冷战后，美国对外战略的重点是遏制与防范诸如俄罗斯和中国等大国的崛起与进攻。美国采取诸如北约东扩、支持“颜色革命”、加强美日联盟、强化导弹防御体系、实行对华武器禁运等行动，其目的就是如此。然而，“9·11”事件以后，“美国对外政策和战略做出了重大调整。反对恐怖主义、确保本土安全成为美国当前的首要任务。”① 美国国防部在2001年9月30日发表的《四年防务审查报告》中强调，必须把保卫美国本土免受恐怖主义袭击置于美国安全防务的“重中之重”。小布什政府在2002年9月发表的《国家安全战略》文件中更是明确指出国际恐怖势力与“邪恶轴心国家”是美国的双重敌人，强调美国的安全首先和重点是确保本土安全与打击双重敌人。② 这些表明美国调整了对外战略重点，将国际恐怖主义视为对其安全的主要威胁并予以重点打击。其二，美国政府扩展了全球主义视野，开始注视国际安全与和平。在“9·11”事件发生前，美国的单边霸权主义政策可谓肆无忌惮。美国政府认为，人类利益应当与美国利益保持一致，世界必须追随美国；而对世界和平与安全以及世界的未来等问题，美国政府却很少考虑。只有当世界上发生的事情损害了美国的利益，美国才会干预，即所谓有选择的干预。然而，在“9·11”事件后，美国政府关心的尽管仍然是美国利益，但出于反恐安全的需要，其开始注视全球和平与安全。③

美国上述对外战略的变化缓解了美国同其所敌视的大国之间的矛盾，加强了美国同它们在反恐等问题上的协调合作，对促进国际局势稳定、维护世界和平与安全等产生了积极影响。对此，中国前外交部部长钱其琛曾指出，“9·11”事件后，大国关系缓和趋势明显：美俄关系有一些调整，中美关系也有所改善；“主要大国间形成了一种共识，就是大战要避免，和平要维护。大国间应进行新的对话和合作，试图共同对付恐怖主义的新挑战。”④

---

① 钱其琛：《外交十记》，世界知识出版社2003年版，第409页。

② 李庆余：《美国外交史——从独立自主至2004年》，山东画报出版社2008年版，第406页。

③ 同上书，第412页。

④ 钱其琛：《外交十记》，世界知识出版社2003年版，第409页。

（二）“9·11”事件后美国对华政策的变化及其对中国的影响

“9·11”事件后，美国逐步改变了对华政策，由将中国视为主要战略竞争对手而加以防范与遏制转为在不放弃防范与遏制立场的同时有限度地加强同中国在反恐等领域的合作。小布什在上台之初，曾将美中关系定位为“战略竞争对手”，而在“9·11”事件之后则将美中关系确定为“建设性合作关系”。2001年10月，小布什出席上海APEC会议在同中国领导人接触时，不再提中国是“战略竞争对手”的说法，而是改为致力于建立“建设性的伙伴关系”。2002年，美国政府将“东突”恐怖组织列入美国的国际恐怖集团名单；在台湾问题上，美国明确表示反对台湾独立。2004年11月，在智利APEC峰会上，针对胡锦涛提出中美关系发展的建议，小布什表示，“美中关系是美国最重要的双边关系之一。中国是一个伟大的不断发展的国家，是稳定、贸易、商业发展的源泉。”美国愿意同中国加强合作，“推进两国关系继续发展，同时加强两国就重大国际和地区问题的磋商和协调，使世界变得更加美好。”①美国对华政策的变化尽管难以消除彼此因历史传统、社会制度和意识形态差异以及新兴大国崛起同霸权国家间利益争端等因素而引发的分歧与矛盾，但对推动美中关系的改善与稳定发展产生了积极影响。

美国为何改变对华政策？其原因是多方面的。（1）从中美关系的重要性来看，中美作为世界上最大的发展中国家与最大的发达国家，中美关系是世界上最重要的双边关系，两国关系是否处理得当关系到世界和平、稳定与发展。在谈到中美关系的重要性时，中国前外交部部长李肇星指出，中美两国“不能解决世界上的所有问题，但没有中国和美国的合作，世界上任何重大问题的解决都是难以想象的。中美关系搞坏了，两国谁都承担不起，全世界也会跟着遭殃。中美只能友好合作，没有别的选择，这是由中美关系的性质决定的。在全球化的时代，需要用全球视野、战略思维看待和处理中美关系。”②如此重要的中美双边关系要求美国改变对华政策。（2）从美国方面看，历史经验教训与现实需要都要求美国改善对

---

① 顾关福主编：《战后国际关系（1945—2010）》，天津人民出版社2010年版，第308—309页。

② 李肇星：《说不尽的外交》，中信出版社2014年版，第55页。

华政策。冷战结束后，美国政府一直将中国视为对其安全与全球霸权地位的最大威胁者而加以遏制、防范，采取了诸如伙同资本主义国家制裁中国、支持资产阶级自由化分子在中国动乱、散布“中国威胁论”对中国施加舆论压力等一系列行动，遏制、打压中国，阻止中国发展壮大。然而，美国的阴谋并未得逞。相反，中国的综合国力不断增强，国际地位日益提高。由此，美国敌视遏制中国的政策越来越遭到美国国内有识之士的批评。美国自由派学者批评中国威胁论者的理论并没有真正反映客观现实，是故意制造是非来满足个人自私的目的；甚至明确指出所谓的中国威胁是后冷战时代一些右翼反共分子在前苏联威胁消失后因固守冷战思维所寻找到的一个“替代品”。①美国前国务卿基辛格也认为，中国因经济发展而势力增强已无法阻挡，美国正确的做法应是“设法鼓励这个正在崛起的大国采取合作态度。”②这表明美国遏制打压中国的外交政策因事实上的失败而遭到越来越多美国有识之士的批评，美国调整对华政策已在所难免。与此同时，全球化的发展，尤其是“9·11”事件的发生，使得美国调整对华政策显得更为紧迫。在全球化背景下，美国在反恐、防止核武器扩散、解决朝核问题等诸多国际问题上都需要赢得中国的配合与合作。而要使中国在处理上述国际问题上配合美国并发挥重要积极作用，美国政府就需要改变敌视遏制中国的态度与政策。这种现实需要进一步强化了美国调整对华政策的必要性。正由于此，美国政府逐渐改变了对华态度，以相对理性的“中国责任论”逐步超越情绪化的“中国威胁论”。2005年9月，美国副国务卿佐利克在参议院发表演讲、阐述小布什政府对华战略时提出，“促进中国成为国际体系中负责任的利益攸关者”，承认中国是国际体系的主要成员，“美国欢迎一个自信、和平、繁荣的中国”。在这里，佐利克意指“中国已不仅是美国的‘战略竞争对手’，而且可能是一个潜在的伙伴，成为国际社会‘共同经营者’”③。（3）从中国方面看，中国能够促使美国改变对华政策，其中有三个原因必须重视。一是中国实力的加强引起中美力量对比变化并进而促使美国改变对华政策，这是根本原

① 宿景祥、齐琳主编：《国外著名学者、政要论中国崛起》，中共中央党校出版社2007年版，第72页。

② 同上书，第22页。

③ 颜声毅：《当代中国外交》，复旦大学出版社2009年版，第247页。

因。二是中国奉行独立自主的和平外交政策，高举和平、发展、合作旗帜，强调和平发展，不与美国搞军备竞赛，不挑战美国的核心利益，使美国感到中国不是前苏联[①]，从而改变了对华态度与政策。三是“9・11”事件后中国政府对美国人民的同情与支持。“9・11”事件发生后，中国国家主席江泽民致电美国总统小布什，代表中国政府和人民表示深切的慰问，并对死难者表示哀悼；强调中国政府一贯谴责和反对一切恐怖主义的暴力活动；表示愿向美国提供一切必要的支援和协助。在联合国，中国投票支持美国提出的安理会反恐决议；外交部部长唐家璇给美国国务卿鲍威尔发去慰问电；中国驻美使馆、常驻联合国代表团降半旗致哀；中国政府很快派出多名专家向美方提供力所能及的帮助；等等。“9・11”事件后中国政府及时反应和积极应对，“拉近了中美人民之间的感情，对于推动小布什政府初期中美关系的改善和稳定发展具有重要意义。”[②]（4）“9・11”事件为美国改变对华政策提供了契机。对此，李肇星曾指出，“有人说‘9・11’事件救了中美关系，这有点儿言过其实，但也不是一点儿道理都没有。没有‘9・11’事件，中美关系肯定也会好转，只是时间可能晚一些，因为中美两国人民的共同利益太多了。这一事件只不过给中美关系转圜提供了一次机遇。”[③] 著名国际问题研究专家阎学通也认为，“9・11”事件给中国带来了难得的战略机遇，“这个有利的战略机遇期并不是我们努力争取来的，而是国际形势意外发展造成的。”[④] 上述因素推动着美国政府改变对华政策。

美国对华政策的变化对中美关系和中国道路的坚持与发展产生了重要影响。一方面，美国对华政策的变化使美中在政治、经济、台湾问题与反恐等诸多领域的交流与合作不断加强，为两国关系的改善与发展奠定了重要基础。“9・11”事件后，随着美国对华政策的改变，中美在许多领域的交流与合作得以加强。在政治领域，美中首脑会晤、高层对话和工作磋商等日益频繁，双方的对话、交流与合作走向机制化；在经贸领域，双方经贸关系不断加强，彼此形成了机制齐全、互补共赢和密不可分的经贸关

① 颜声毅：《当代中国外交》，复旦大学出版社2009年版，第248页。

② 李肇星：《说不尽的外交》，中信出版社2014年版，第54页。

③ 同上书，第52—54页。

④ 阎学通：《变化中的世界与中国》，《现代国际关系》2006年第9期，第7—10页。

系，双方贸易额也从2001年的804亿美元增长到2007年的3020亿美元；在台湾问题上，美中在共同遏制“台独”和稳定台海局势上加强了合作与协调，两国对“台独”的危害性和稳定台海局势重要性的共识在增加[①]；在反恐领域，美中加强了协调与合作，美国支持中国将“东突厥斯坦伊斯兰运动”列入国际恐怖主义组织并予以打击，而中国则在联合国等众多场合对美国草拟的打击塔利班恐怖势力的决议投赞成票，等等。中美在上述领域的合作与配合，加强了联系，增进了了解，增加了利益共同点，为两国关系朝着健康、稳定方向发展奠定了基础。

另一方面，美国对华政策的变化在一定程度上减轻了中国的战略压力，为中国改革开放与现代化建设提供了相对和平的国际环境。冷战结束后，受冷战思维与“中国威胁论”舆论鼓噪等因素影响，出于维护美国霸权地位与垄断资产阶级利益的需要，美国政府一度将中国视为其主要的战略竞争对手而加以防范与遏制。而随着中国综合实力的进一步增强和国际地位的进一步提高，美国对华遏制与打压政策更为严厉。小布什上台后奉行强硬对华政策，他在批评克林顿政府的对华政策时指出，将中美关系定为“致力于发展建设性伙伴关系”不切实际，明确提出中国是“战略竞争对手”。[②] 后来，美国还制造了“南海撞机事件”、允许陈水扁“过境”美国、向中国台湾出售价值60亿美元的先进武器等一系列事件，损害中国核心利益，将中美关系推至冰点，这使中国遭受到来自美国的巨大压力。然而，“9·11”事件发生后，出于反恐等需要，小布什政府不断改善了中美关系，不再提中国是战略竞争对手，提出要同中国建立建设性的合作关系，还在政治、经济、反恐、台湾问题等诸多问题上加强了同中国的协调与合作。美国对华政策的上述变化在一定程度上减轻了中国所面临的来自美国的巨大压力，为中国集中力量推进改革开放和现代化建设赢得相对和平稳定的国际环境。对此，著名国际问题研究专家阎学通曾指出，“9·11”事件发生后，美国由于“将战略任务集中在与中东和军事非政府组织的军事斗争上，防范大国崛起一时不再是首要的战略任务，这使中国面临的国际战略环境有了很大的改善。”[③]

① 颜声毅：《当代中国外交》，复旦大学出版社2009年版，第246—253页。

② 顾关福主编：《战后国际关系（1945—2010）》，天津人民出版社2010年版，第307页。

③ 阎学通：《变化中的世界与中国》，《现代国际关系》2006年第9期，第7—10页。

"9·11"事件尽管发生在以江泽民为核心的中央领导集体执政后期，但其真正的影响效应则出现在以胡锦涛为总书记的党的中央领导集体执政时期。"9·11"事件尽管不可能促使美国政府改变长期奉行的"合作加防范，接触加遏制"两面性的对华政策①，但其促使美国因反恐需要而调整了对华政策，从而促进了中美关系的改善，减轻了中国的战略压力，为中国改革开放与现代化建设提供了相对和平的国际环境。以胡锦涛为核心的党的中央领导集体正是在这种有利的国际背景下提出并施行了构建和谐世界理念，坚持与发展了中国道路。

三 胡锦涛坚持与发展中国道路的重要举措：加强党的建设、提出科学发展观、建设和谐社会与和谐世界

以胡锦涛为总书记的新一届中央领导集体，根据国际国内形势的发展变化，顶住来自国际国内的压力，紧紧抓住21世纪初的重要战略机遇期，将中国特色社会主义事业不断推向前进。诸如造访西柏坡，重温两个务必，加强党的建设；创新发展理念，提出科学发展观；提出并实施建设和谐社会，推动社会发展；推动建设和谐世界，维护世界持久和平；等等，是胡锦涛坚持与发展中国道路的重要举措和重要成果。

（一）重温两个务必，加强党的建设

加强党的建设是中国共产党的重要法宝，也是中国共产党保持先进性与战斗力的重要保证。新中国成立以来，中国共产党历代领导人都十分重视加强党的建设。毛泽东通过开展"三反"运动、整风运动等形式，加强党的建设；邓小平警告"中国要出问题，还是出在共产党内部"②，强调要维护中央权威，提出"四化"标准，培养党的接班人；以江泽民为核心党的第三代中央领导集体强调"治国必先治党，治党务必从严"③，开展"三讲"教育，加强党的建设，等等。这些都是中国共产党人重视

---

① 钱其琛：《外交十记》，世界知识出版社2003年版，第413页。
② 《邓小平文选》（第3卷），人民出版社1993年版，第380页。
③ 《江泽民文选》（第2卷），人民出版社2006年版，第496页。

党的建设的表现。正由于此，中国共产党尽管曾遭挫折，却始终保持着先进性与战斗力，领导中国人民在社会主义革命与建设中取得了一个又一个胜利。

然而，随着形势的发展变化，中国共产党内出现了一些消极现象，主要表现在：受世界社会主义因苏东剧变而步入低谷，以及西方国家“和平演变”战略的影响，一些共产党员对社会主义和共产主义前途悲观失望，出现了信仰危机；受西方资产阶级的价值观念和生活方式等的影响，一些共产党员，尤其是党的领导干部，出现了贪污腐化、拜金主义、享乐主义和极端个人主义等现象。这种状况严重影响了党的先进性与战斗力，危及中国共产党的领导和社会主义制度的巩固，也使人们想起了延安时期毛泽东同黄炎培先生关于“历史周期律”的对话，以及毛泽东在七届二中全会上告诫共产党人要保持的“两个务必”。国际国内形势的变化和党内出现的不良现象使中国共产党人经受着考验：中国共产党能跳出“历史周期律”吗？2002 年党的十六大选举产生的以胡锦涛为总书记的中央领导集体再次给出了肯定的回答。

2002 年 12 月 5 日，胡锦涛在当选总书记后不久就带领中央书记处同志造访西柏坡，重温“两个务必”，揭开了以胡锦涛为总书记的新一届中央领导集体加强党的建设的序幕。综观胡锦涛就加强党的建设所做的论述和所采取的措施，可以看出如下特点。其一，他比较清醒地认识到党内存在的问题及其严重性，并提出了相关的应对之策。他在西柏坡发表题为《坚持发扬艰苦奋斗的优良作风，努力实现全面建设小康社会的宏伟目标》重要讲话中指出，“这些年来，拜金主义、享乐主义和奢靡之风在党员队伍和干部队伍中有蔓延之势，艰苦奋斗的优良作风在一部分党员、干部那里被淡忘了，在少数人那里甚至被丢得差不多了。大量事实表明，在新的历史条件下，能不能坚持发扬艰苦奋斗的优良作风，能不能经得起权力、金钱、美色的诱惑，对每个党员特别是领导干部是一个很现实的考验。”在他看来，要克服党内存在的不良现象，必须发扬党的艰苦奋斗的优良作风。为此，他要求全党同志特别是领导干部必须牢记我国的基本国情和党的庄严使命，树立为党为人民长期艰苦奋斗的思想；牢记全心全意为人民服务的宗旨，始终不渝地为最广大人民谋利益；牢记党的基本理论、基本路线、基本纲领和基本经验，以艰苦奋斗的精神做好各项工作；牢记党和人民的重托和肩负的历史责任，自觉在艰苦奋斗的实践中加强党性锻炼①。2006 年 6 月 30 日，胡锦涛在庆祝中国共产党成立 85 周年暨总结保持共产党员先进性教育活动大会上的讲话中再次指出了党内存在的各种问题。他说，“党内目前仍然存在着一些与党的先进性要求不适应、不符合的突出问题。比如，一些党员先进性意识淡薄，理想信念不坚定，宗旨观念不牢固；一些领导干部和领导班子思想理论水平不高，解决复杂问题的本领不强，工作作风不实；一些地方党的基层组织建设还比较薄弱；一些领域的腐败现象还比较严重，特别是有些领导干部以权谋私、贪赃枉法、腐化堕落的案件仍时有发生。”② 胡锦涛强调，要解决这些问题，必须下决心，花大力气，加强党的先进性建设。

其二，他提出并采取了一系列旨在提高党的执政能力和保持党的先进性的主张和措施，形成了较为系统的关于加强党的建设的理论。2004 年 9 月，胡锦涛主持召开党的十六届四中全会，通过《关于加强党的执政能力建设的决定》，提出了加强党的执政能力建设的指导思想、总体目标和主要任务。《决定》强调以马克思列宁主义、毛泽东思想、邓小平理论和“三个代表”重要思想为指导，努力把党建设“成为立党为公、执政为民的执政党，成为科学执政、民主执政、依法执政的执政党，成为求真务实、开拓创新、勤政高效、清正廉洁的执政党”；使党永远保持先进性，带领全国各族人民为实现国家富强、民族振兴、社会和谐和人民富裕的目标而奋斗。《决定》指出加强党的执政能力建设的主要任务是：“按照推动社会主义物质文明、政治文明、精神文明协调发展的要求，不断提高驾驭社会主义市场经济的能力、发展社会主义民主政治的能力、建设社会主义先进文化的能力、构建社会主义和谐社会的能力、应对国际局势和处理国际事务的能力。”③ 这就为加强党的执政能力建设指明了方向。

2005 年 1 月，胡锦涛在新时期保持共产党员先进性专题报告会上的讲话中第一次提出了“党的先进性建设”的重大命题，并就党的先进性建设的科学内涵、目标要求以及新时期共产党员保持先进性的基本要求等问题进行了系统阐述。④ 他强调，新时期共产党员要保持先进性必须做

① 《十六大以来重要文献选编》（上卷），中央文献出版社 2005 年版，第 82—85 页。

② 《十六大以来重要文献选编》（下卷），中央文献出版社 2008 年版，第 531 页。

③ 《十六大以来重要文献选编》（中卷），中央文献出版社 2006 年版，第 275—276 页。

④ 张伟超、蒋均时：《中国特色社会主义研究：道路篇》，解放军出版社 2013 年版，第 57 页。

到：坚持理想信念，坚定不移地为建设中国特色社会主义而奋斗；坚持勤奋学习，扎扎实实地提高实践“三个代表”重要思想的本领；坚持党的根本宗旨，始终不渝地做到立党为公、执政为民；坚持勤奋工作，兢兢业业地创造一流的工作业绩；坚持遵守党的纪律，身体力行地维护党的团结统一；坚持“两个务必”，永葆共产党人的政治本色。①

2007 年 10 月，胡锦涛在中共十七大报告中提出“一条主线、五位一体”的党的建设的基本框架。他指出，世情、国情、党情的发展变化使得以改革创新精神加强党的建设变得十分重要而紧迫，“必须把党的执政能力建设和先进性建设作为主线，坚持党要管党、从严治党，贯彻为民、务实、清廉的要求，以坚定理想信念为重点加强思想建设，以造就高素质党员、干部队伍为重点加强组织建设，以保持党同人民群众的血肉联系为重点加强作风建设，以健全民主集中制为重点加强制度建设，以完善惩治和预防腐败体系为重点加强反腐倡廉建设，使党始终成为立党为公、执政为民、求真务实、改革创新、艰苦奋斗、清正廉洁、富有活力、团结和谐的马克思主义执政党。”② 在这里，胡锦涛构筑了以加强党的执政能力建设和先进性建设为主线、从思想建设、组织建设、作风建设、制度建设和反腐倡廉建设五个方面加强党的建设的基本框架，“明确了党的各方面建设的主线和重点，使党建工作的思路更加清晰，措施更加严密，工作更加得力。”③ 2012 年 11 月，胡锦涛在中共十八大报告中丰富了“一条主线”的内涵，并对全面提高党的建设的科学化水平进行了详细阐述。他指出，新形势下，党将长期面临着复杂、严峻的执政考验、改革开放考验、市场经济考验和外部环境考验，也面临着更加尖锐的精神懈怠危险、能力不足危险、脱离群众危险和消极腐败危险。为巩固党的执政地位，实现党的执政使命，确保党始终是中国特色社会主义事业强有力的强领导核心，胡锦涛要求全党要不断提高领导水平和执政水平，提高拒腐防变和抵御风险能力，增强紧迫感和责任感，牢牢把握加强党的执政能力建设、先进性和纯洁性建设这条主线，坚持解放思想、改革创新、坚持党要管党、从严治

① 《十六大以来重要文献选编》（中卷），中央文献出版社 2006 年版，第 620—626 页。

② 《十七大以来重要文献选编》（上卷），中央文献出版社 2009 年版，第 38 页。

③ 纪晓华：《中共十年党建工作回顾：治国理政更加“艺术”》，《瞭望》2012 年 9 月 10 日。转引张伟超、蒋均时：《中国特色社会主义研究：道路篇》，解放军出版社 2013 年版，第 57 页。

党，全面加强党的思想建设、组织建设、作风建设、反腐倡廉建设、制度建设，增强自我净化、自我完善、自我革新、自我提高能力，努力把党建设成为学习型、服务型、创新型的马克思主义执政党。同时，胡锦涛还提出了加强党的建设的八项基本要求：坚定理想信念，坚守共产党人精神追求；坚持以人为本、执政为民，始终保持党同人民群众的血肉联系；坚持发展党内民主，增强党的创造活力；深化干部人事制度改革，建设高素质执政骨干队伍；坚持党管人才原则，把各方面优秀人才集聚到党和国家事业中来；创新基层党建工作，夯实党执政的组织基础；坚定不移反对腐败，永葆共产党人清正廉洁的政治本色；严明党的纪律，自觉维护党的集中统一等具体要求。①

胡锦涛对党内存在问题的准确把握以及他为提高党的执政能力、保持党的先进性所提出的主张和所采取的措施，对巩固党的执政地位、保证党领导中国人民继续沿着中国特色社会主义道路胜利前进产生了重要影响，丰富和发展了历届中国共产党领导人关于党的建设的理论，也在一定程度上消除了人们对中国共产党能否跳出“历史周期律”的担忧。

（二）创新发展理念，提出科学发展观

发展问题是全世界共同关注的课题，也是中国共产党人一直在寻求破解之道的问题。如何在保持经济快速发展的同时，促进人与自然、社会的协调发展，这一问题始终困扰着人类。最早实现现代化的西方发达国家在解决这一问题上提供过经验教训：它们在创造经济增长奇迹的同时，由于忽视资源节约和环境保护，不重视社会公平和社会发展，结果出现了生态环境恶化，经济结构失衡，两极分化严重，社会发展滞后，社会动荡加剧等问题②。曾经的社会主义国家苏联在发展问题上教训惨重。为了争霸，苏联经济社会发展畸形，最终导致了国家解体，社会主义制度覆灭。国外在发展问题上的经验教训为中国经济社会发展提供了重要借鉴。新中国成立以来，从毛泽东、邓小平到江泽民，历届中央领导集体都在探索经济社会发展的正确之法。三代党的

① 胡锦涛：《坚定不移沿着中国特色社会主义道路前进，为全面建成小康社会而奋斗——在中国共产党第十八次全国代表大会上的报告》，人民出版社 2012 年版，第 49—55 页。

② 梁丽华：《科学发展观形成动因分析》，《探索》2008 年第 1 期，第 21—24 页。

中央领导集体都曾根据各自所处历史阶段的国际国内形势采取不同的发展理念，指导各自的实践活动，并取得过不少成就，也积累了许多经验。不过，一些困扰我国经济社会发展的问题，如环境污染、资源节约与保护、食品安全、经济社会发展不协调、贫富分化加剧等，不仅存在，甚至还比较突出。这些问题制约着我国经济社会健康发展，影响着我国全面建设小康社会与现代化建设等目标的实现，也成为中共十六大选举产生的以胡锦涛为总书记的党的中央领导集体亟须破解的难题。而2003年发生的“非典”疫情使这一问题的解决变得更加迫切，引发了胡锦涛对科学发展的思考和探索①。正是在这种背景下，胡锦涛提出了科学发展观。在谈到科学发展观形成的背景，胡锦涛曾指出，科学发展观是“立足社会主义初级阶段基本国情，总结我国发展实践，借鉴国外发展经验，适应新的发展要求提出来的”②。不难看出，国外发展经验对科学发展观的形成产生了一定影响。

作为借鉴国外经验、总结我国发展实践经验而形成的科学发展观，在继承毛泽东、邓小平和江泽民三代中央领导集体发展理念的基础上，根据时代与实践的发展变化，创新了发展理念。科学发展观关于发展理念的创新至少可以从以下几个方面体现出来：

第一，在发展内涵上，科学发展观在重视人的发展的基础上，强调人与社会和自然协调发展。发展作为一个动态的历史概念，其内涵会随着时代与实践的发展而不断丰富与完善。从毛泽东、邓小平、江泽民到胡锦涛，历代中央领导集体关于发展的内涵经历了一个由重视人与社会发展到重视人与社会、自然协调发展的演变过程。毛泽东为核心的第一代中央领导集体，受生产力水平低、国弱民贫、外部威胁严重以及苏联发展经验等因素的影响，其发展理念更多地突出了人与国家社会的发展。如采取毁林开荒、围湖造田等措施，增加粮食，以解决人民的生计问题；牺牲自然资源，发展工业与交通运输业，尤其是发展重工业，以增强国力，巩固新生人民政权，等等。这些举措尽管都是毛泽东在生产力水平低下背景下所作出的无奈之举，但从中可以看出毛泽东在实现人与国家社会的发展时对自

① 朱峻峰：《中国共产党与中国特色社会主义道路》，社会科学文献出版社2012年版，第77页。

② 《十七大以来重要文献选编》（上卷），中央文献出版社2009年版，第10页。

然资源的保护是做得不够的。邓小平为核心的党的第二代中央领导集体迫于形势，为尽快解决人民的温饱问题，基本上沿袭了毛泽东的发展理念，强调人和国家社会的发展，在保护生态环境上也做得不太到位。他提出的“猫论”理论体现了这一发展理念。20世纪90年代，国际社会对生态环境的保护愈来愈重视，提出了可持续发展战略。可持续发展战略在将人口可持续地发展作为其核心的同时，还包括了人与生态环境的协调。[①] 顺应这一趋势，以江泽民为核心的党的第三代中央领导集体总结前两代中央领导集体发展经验教训，并结合我国经济社会发展的实际情况，更新了发展理念，提出了“可持续发展战略”，强调在经济社会发展中“要把控制人口、节约资源、保护环境放到重要位置，使人口增长与社会生产力发展相适应，使经济建设与资源、环境相协调，实现良性循环。”[②] 这样，江泽民就将发展的内涵从重视人与社会的发展扩大到在重视人与社会、自然的协调发展。不过，由于历史惯性的作用，在经济社会发展实践中，我国对自然的保护仍然差强人意。当时，我国政府尽管采取了诸如退耕还林、退牧还草等举措，保护生态环境，但是一些地方政府因追求GDP而破坏生态环境的情况仍然十分严重。作为第三代中央领导集体成员和第四代中央领导集体核心的胡锦涛对我国经济社会发展中存在的问题是十分清楚的。所以，在当选为总书记后，胡锦涛总结经验教训，发展了可持续发展理论，形成了科学发展观，丰富了人、社会与自然协调发展的内涵。关于这一点，从胡锦涛对科学发展观的阐述中可以看出。2003年10月，胡锦涛在中共十六届三中全会第二次全体会议上强调了实现人、社会与自然协调发展的重要性。他指出，树立和落实科学发展观，必须“坚持在经济发展的基础上促进社会全面进步和人的全面发展，坚持在开发利用自然中实现人与自然的和谐相处，实现经济社会的可持续发展”。如果在发展中只重视数量和速度，“而不重视质量和效益，不重视经济、政治和文化的协调发展，不重视人与自然的和谐，就会出现增长失调、从而最终制约发展的局面。”[③] 2004年3月，胡锦涛在阐述协调发展和可持续发展的内涵时指出，“协调发展，就是要统筹城乡发展、……统筹经济社会发展、统筹

---

① 佟新：《人口社会学》，北京大学出版社2006年版，第281页。
② 《江泽民文选》（第1卷），人民出版社2006年版，第463页。
③ 《十六大以来重要文献选编》（上卷），中央文献出版社2005年版，第483—484页。

人与自然和谐发展……”，“可持续发展，就是要促进人与自然的和谐，实现经济发展和人口、资源、环境相协调，坚持走生产发展、生活富裕、生态良好的文明发展道路，保证一代接一代地永续发展。”① 2007 年 10 月，胡锦涛在党的十七大报告中对科学发展观的内涵作了精辟论述。他指出，“科学发展观，第一要义是发展，核心是以人为本，基本要求是全面协调可持续，根本方法是统筹兼顾。”② 对于如何坚持全面协调可持续发展与统筹兼顾，胡锦涛强调，“要按照中国特色社会主义事业总体布局，全面推进经济建设……坚持生产发展、生活富裕、生态良好的文明发展道路，建设资源节约型、环境友好型社会，实现速度和结构质量效益相统一、经济发展与人口资源环境相协调，使人民在良好环境中生产生活，实现经济社会永续发展”；“要正确认识和妥善处理中国特色社会主义事业中的重大关系，统筹城乡发展、区域发展、经济社会发展、人与自然和谐发展……”③ 上述胡锦涛关于科学发展观的论述反映其发展理念在重视人的发展的基础上，强调了人、社会和自然的协调发展。

第二，在发展任务上，科学发展观将中国特色社会主义的发展任务由“三位一体”扩大到“五位一体”。毛泽东、邓小平为核心的党的第一、二代中央领导集体把建设高度发达的物质文明与精神文明作为社会主义的发展任务。以江泽民为核心党的第三代中央领导集体在承继前历代中央领导集体所坚持的发展任务基础上，提出了建设社会主义政治文明的任务。以胡锦涛为核心的党的中央领导集体在改革开放与现代化建设实践中进一步扩大了中国特色社会主义的发展任务，将社会建设和生态文明建设纳入到发展任务的体系之中。2005 年 2 月，胡锦涛在省部级主要领导干部提高构建社会主义和谐社会能力专题研讨班上的讲话中指出，“我们党明确提出构建社会主义和谐社会的重大任务，就是要求全党同志在建设中国特色社会主义的伟大实践中更加自觉地加强社会主义和谐社会建设，使社会主义物质文明、政治文明、精神文明建设与和谐社会建设全面发展。这表明，随着我国经济社会的不断发展，中国特色社会主义事业的总体布局，

① 《十六大以来重要文献选编》（上卷），中央文献出版社 2005 年版，第 850 页。

② 《十七大以来重要文献选编》（上卷），中央文献出版社 2009 年版，第 11—12 页。

③ 同上书，第 12—13 页。

更加明确地由社会主义经济建设、政治建设、文化建设三位一体发展为社会主义经济建设、政治建设、文化建设、社会建设四位一体。”[①] 2007年10月，胡锦涛在十七大报告中提出了建设生态文明的新要求，开始将生态文明建设纳入到全面建设小康社会的体系之中。2012年11月，胡锦涛在党的十八大报告中将生态文明建设与经济建设、政治建设、文化建设、社会建设并列提出，将生态文明建设提高到中国特色社会主义事业“五位一体”的发展任务之中。[②]

第三，在发展标准上，科学发展观在坚持数量与质量、速度与效益相统一标准的同时，更突出了质量与效益优先的标准。坚持数量与质量、速度与效益相统一是中国共产党长期以来用于检验经济社会发展的一个重要标准。在不同的历史时期，由于面临的形势与主要任务不同，党中央关于发展标准的侧重点有所不同。毛泽东、邓小平为核心的第一、二代中央领导集体曾强调经济发展中要重视质量与效益，但为了尽快改变国家贫困落后面貌，改善人民的生活，他们则更多地突出了数量与速度。毛泽东提出多、快、好、省地建设社会主义的总路线，其中就将“多、快”放在“好、省”之前，突出了数量和速度。邓小平提出的“猫论”中也包含有突出数量与速度的成分。以江泽民为核心的第三代中央领导集体在总结前两代中央领导集体在经济发展上经验教训的基础上开始对经济发展中的质量和效益给予了更多的关注。1992年10月，江泽民在党的十四大报告中强调要抓住有利时机，加快改革开放与现代化建设步伐，“走出一条既有较快速度又有较高质量的发展路子”。[③] 1997年9月，江泽民在党的十五大报告中又提出要通过经济体制改革，“走出一条速度较快、效益较好、整体素质不断提高的积极协调发展的路子”。[④] 从江泽民的论述中可以看出，在处理速度与效益的关系上，江泽民仍然将发展的速度置于优先地位。以胡锦涛为总书记的中央领导集体在沿袭第三代中央领导集体发展标准的基础上逐步调整发展思路，突出了质量与效益。这可以从胡锦涛的讲话中反映出来。2005年10月，胡锦涛在党的十六届五中全会第二次全体

---

① 《十六大以来重要文献选编》（中卷），中央文献出版社2006年版，第696页。

② 张伟超、蒋均时：《中国特色社会主义研究：道路篇》，解放军出版社2013年版，第54页。

③ 《江泽民文选》（第1卷），人民出版社2006年版，第225页。

④ 《江泽民文选》（第2卷），人民出版社2006年版，第18—19页。

会议讲话中强调“要努力实现‘十一五’时期发展目标，推动经济社会又快又好发展”。[①] 在这里，胡锦涛仍然将速度（快）放在优先地位。2006 年 10 月，胡锦涛在十六届六中全会第二次全体会议上的讲话中指出，要坚持以科学发展观统领经济社会发展全局，“要转变发展观念、创新发展模式、提高发展质量，努力把速度和结构、质量、效益统一起来”促进经济又好又快发展。[②] 在这里，胡锦涛将经济发展中的“好”置于“快”之前，突出了质量与效益优先的标准。在胡锦涛看来，在经济发展中重视质量与效益意义非凡。他说，“实现国民经济又好又快发展，必将进一步增强我国经济实力，彰显社会主义市场经济的强大生机活力”。[③]

胡锦涛顺应时代发展潮流，在总结前三代中央领导集体发展理念的基础上，结合我国经济社会发展的实际，不断创新发展理念，提出科学发展观，将中国共产党关于中国特色社会主义建设的理论推进到新的发展阶段。由此，科学发展观在 2012 年中共十八大上被确定为党的指导思想。

（三）应对内外挑战，构建和谐社会与和谐世界

复杂多变的国际形势，尤其是各种类型的全球性问题威胁着世界和平与发展，而旧有的不合理的国际经济政治秩序难以达到整合世界资源、解决全球性问题的目的。这就使得建立新型国际秩序的任务变得十分紧迫。与此同时，西方舆论散布的“中国威胁论”、西方大国对中国的敌视遏制和周边国家对中国的猜忌等国外因素，以及经济结构失衡、贫富分化加剧、环境污染严重和社会问题增多等国内因素使中国面临着巨大的国际舆论压力，影响着中国的改革开放与现代化建设。正是在这种背景下，以胡锦涛为总书记的党的中央领导集体为了应对全球性问题的挑战、解决中国经济社会发展中出现的各类问题，推动中国特色社会主义事业向前发展，提出了建设和谐社会与和谐世界。

构建和谐社会的目标早在 2002 年 11 月党的十六大就已经提出。十六

---

① 《十六大以来重要文献选编》（中卷），中央文献出版社 2006 年版，第 1086 页。

② 《十六大以来重要文献选编》（下卷），中央文献出版社 2008 年版，第 679 页。

③ 《十七大以来重要文献选编》（上卷），中央文献出版社 2009 年版，第 22 页。

大报告在阐述全面建设小康社会目标时就提到了“社会更加和谐”。报告强调，建设更高水平的小康社会，就是要“使经济更加发展、民主更加健全、科教更加进步、文化更加繁荣、社会更加和谐、人民生活更加殷实”①。这是在党的历次代表大会报告中第一次将“社会更加和谐”作为党的奋斗目标明确提出来②。不过，报告只是提出了“社会更加和谐”这一目标，并未对其内容详加说明。2004 年 9 月，胡锦涛对建设和谐社会有了进一步的构想，主要体现在十六届四中全会所通过的《中共中央关于加强党的执政能力建设的决定》中的第七部分，即“坚持最广泛最充分地调动一切积极因素，不断提高构建社会主义和谐社会的能力”。内容涉及了增强社会创造活力、“妥善协调各方面的利益关系，正确处理人民内部矛盾”、加强社会建设和管理等五个方面。③

2005 年 2 月，胡锦涛在省部级主要领导干部提高构建社会主义和谐社会能力专题研讨班上的讲话中对构建社会主义和谐社会的重大意义、国内外原因、主要工作与基本要求、和谐社会的基本内涵（特征）、和谐社会建设同物质文明、政治文明和精神文明建设的关系以及党如何加强对构建和谐社会的领导等问题进行了详细阐述。胡锦涛这次论述的主要特点有：其一，指出了和谐社会的基本内涵（特征），即“我们所要建设的社会主义和谐社会，应该是民主法治、公平正义、诚信友爱、充满活力、安定有序、人与自然和谐相处的社会。”其二，阐述了和谐社会建设同物质文明、政治文明、精神文明建设的关系。胡锦涛指出，它们是有机统一的，“既有不可分割的紧密联系，又有各自的特殊领域和规律。建设社会主义物质文明、政治文明、精神文明，可以为构建社会主义和谐社会提供坚实基础；构建社会主义和谐社会，又可以为建设社会主义物质文明、政治文明、精神文明提供重要条件。”④ 这就为确定中国特色社会主义建设“四位一体”的奋斗目标奠定了理论基础。胡锦涛的此次论述表明其对建设和谐社会有了较为全面的构想。

2006 年 10 月，中共十六届六中全会通过的《中共中央关于构建社会

---

① 《十六大以来重要文献选编》（上卷），中央文献出版社 2005 年版，第 14 页。

② 《十六大以来重要文献选编》（中卷），中央文献出版社 2006 年版，第 696 页。

③ 同上书，第 286—288 页。

④ 《十六大以来重要文献选编》（下卷），中央文献出版社 2008 年版，第 706—707 页。

主义和谐社会若干重大问题的决定》（简称《决定》）对构建社会主义和谐社会的重要性和紧迫性；指导思想、目标任务和原则；坚持协调发展，加强社会事业建设；加强制度建设，保障社会公平正义；建设和谐文化，巩固社会和谐的思想道德基础；完善社会管理，保持社会安定有序；激发社会活力，增进社会团结和睦；加强党对构建社会主义和谐社会的领导总共八个问题进行了详细的阐述。较之以前的阐述，《决定》的阐述有一个突出特点是：将社会和谐界定为中国特色社会主义的本质属性。[①] 这一界定说明："党把构建社会主义和谐社会看作是决定中国现在和未来的一项重大战略决策，其意义非常深远。"[②] 全会及其所通过的《决定》表明胡锦涛对建设和谐社会的构想日趋完善。2007 年 10 月胡锦涛在中共十七大报告中进一步指出，"构建社会主义和谐社会是贯穿中国特色社会主义事业全过程的长期历史任务"，并要求全党通过发展来完成这一任务。[③] 他还将和谐社会同物质文明、政治文明与精神文明一道规定为我国社会主义现代化建设目标。这样，和谐社会建设就被党的代表大会确定为党和人民的奋斗目标。

建设和谐社会的构想是胡锦涛在承接十六大提出的"社会更加和谐"理念的基础上为应对国内外挑战所取得的重要成果，拓展了我国现代化建设的目标内涵，发展了中国特色社会主义理论体系，对推动中国特色社会主义事业向前发展具有重要指导意义。

构建和谐世界是胡锦涛为应对国内外挑战所采取的又一举措。2003 年 5 月，胡锦涛出访俄罗斯时首次提出了构建和谐世界的主张。他在莫斯科国际关系学院的演讲中指出，建立公正合理的国际政治经济新秩序有利于应对全球性问题的挑战和使世界变得更安全、更稳定、更繁荣；"实现持久和平和共同繁荣，需要国际社会通力合作，不懈努力。中国人民愿同俄罗斯人民和所有国家的人民携手合作，为建立一个和平、发展、和谐的世界而共同努力。"[④] 在这里，胡锦涛提出了"和谐的世界"概念，并把"和谐的世界"同"和平的世界"、"发展的世界"并列提出。这说明胡

---

① 《决定》指出，"社会和谐是中国特色社会主义的本质属性"。参见《十六大以来重要文献选编》（下卷），中央文献出版社 2008 年版，第 648 页。

② 颜声毅：《当代中国外交》，复旦大学出版社 2009 年版，第 86 页。

③ 《十七大以来重要文献选编》（上卷），中央文献出版社 2009 年版，第 13—14 页。

④ 《十六大以来重要文献选编》（上卷），中央文献出版社 2005 年版，第 310 页。

锦涛此时所倡导建设的理想世界具有和平、发展、和谐三大特征。

2005 年 4 月，胡锦涛出席亚非峰会并发表了重要讲话。他建议亚非国家加强政治、经济、文化和安全等方面的交流与合作，为构筑亚非新型战略伙伴关系而共同努力。其中，在谈到文化方面的交流合作时，胡锦涛建议亚非国家“要发扬亚非会议求同存异的优良传统，倡导开放包容精神，尊重文明、宗教、价值观的多样性，尊重各国选择社会制度和发展模式的自主权，推动不同文明友好相处、平等对话、发展繁荣，共同构建一个和谐世界。”[①] 在这里，胡锦涛明确提出了“和谐世界”的概念。[②] 不过，此时，胡锦涛只是从文化层面提出建设和谐世界的目标，也就是说，他所提出的和谐世界并不是一个有关未来理想世界建设的总体目标。同时，他也没有对和谐世界详加阐述。这说明胡锦涛在总体上构建“和谐世界”的理念还处在完善阶段。同年 9 月，胡锦涛在联合国成立 60 周年首脑会议上发表了题为《努力建设持久和平、共同繁荣的和谐世界》的重要讲话。他指出，“在机遇与挑战并存的重要历史时期，只有世界所有国家紧密团结起来，共同把握机遇、应对挑战，才能为人类社会发展创造光明的未来，才能真正建设一个持久和平、共同繁荣的和谐世界。”[③] 胡锦涛这次对和谐世界阐述的一个重要特点是：将和谐世界作为未来理想世界建设的总体目标提了出来。在这一总体目标中，和谐与和平、发展（即共同繁荣）之间已不再是并列关系，而是统属关系，即和谐世界包含了和平、发展（即共同繁荣）两大特征。与此同时，胡锦涛提出了诸如坚持多边主义，实现共同安全；坚持互利合作，实现共同繁荣；坚持包容精神，共建和谐世界；坚持积极稳妥方针，推进联合国改革等建议，呼吁世界各国为建设和谐世界而共同努力。这次阐述标志着胡锦涛构建和谐世界理念的形成。

2007 年 10 月，胡锦涛在中共十七大的报告中对构建和谐世界的背景进行了阐述，并提出了构建和谐世界的建议。他指出，处在大变革大调整中的国际形势给世界各国带来机遇与挑战，“共同分享发展机遇，共同应

---

① 《十六大以来重要文献选编》（中卷），中央文献出版社 2006 年版，第 850—851 页。

② 张伟超、蒋均时认为，胡锦涛在 2005 年亚非峰会上首次提出和谐世界的理念。参见张伟超、蒋均时：《中国特色社会主义研究：道路篇》，解放军出版社 2013 年版，第 55 页。

③ 《十六大以来重要文献选编》（中卷），中央文献出版社 2006 年版，第 995 页。

对各种挑战，推进人类和平与发展的崇高事业，事关各国人民的根本利益，也是各国人民的共同心愿。”世界各国人民应当“携手努力，推动建设持久和平、共同繁荣的和谐世界”。对于如何建设持久和平、共同繁荣的和谐世界，胡锦涛建议世界各国“应该遵循联合国宪章宗旨和原则，恪守国际法和公认的国际关系准则，在国际关系中弘扬民主、和睦、协作、共赢精神。政治上相互尊重、平等协商，共同推进国际关系民主化；经济上相互合作、优势互补，共同推动经济全球化朝着均衡、普惠、共赢方向发展；文化上相互借鉴、求同存异，尊重世界多样性，共同促进人类文明繁荣进步；安全上相互信任、加强合作，坚持用和平方式而不是战争手段解决国际争端，共同维护世界和平稳定；环保上相互帮助、协力推进，共同呵护人类赖以生存的地球家园。”[①] 从此，构建和谐世界理念成为指导我国外交实践的重要方针。

胡锦涛为应对全球性问题挑战所提出的构建和谐世界理念，坚持了我国长期奉行的维护世界和平和促进共同发展的外交政策的宗旨，丰富和发展了前三代党的中央领导集体的和平外交思想，对指导新世纪我国的外交工作以及促进世界和平与发展都产生了积极影响。

四　胡锦涛坚持与发展中国道路的评价：胡锦涛认识与处理国外因素的重要经验

以胡锦涛为总书记的党的中央领导集体在坚持和发展中国道路的过程中取得了一系列积极成果，而这些成果的取得与胡锦涛正确认识与处理对外关系密切相关。综观胡锦涛认识与处理对外关系的实践，除了继承和发扬了党的第一代至第三代中央领导集体认识与处理对外关系的成功经验外，他所取得的重要经验在于：紧紧抓住战略机遇期，制定正确的对外策略方针，妥善处理和积极发展同世界各国的关系，为我国经济社会发展赢得了和平稳定的国际环境，促进了中国特色社会主义事业向前发展。

胡锦涛在2002年担任总书记后曾多次指出21世纪头20年是重要战略机遇期，中国必须紧紧抓住这个重要战略机遇期，加快发展步伐。胡锦涛所说的战略机遇期至少包括如下含义：战略机遇期是什么

---

① 《十七大以来重要文献选编》（上卷），中央文献出版社2009年版，第36页。

（即和平与发展）、紧紧抓住战略机遇期干什么（即主要任务，也就是加快经济社会发展，建成小康社会，早日实现现代化）、怎么紧紧抓战略机遇期（即如何利用，也就是对内改革，对外开放，利用国内外一切积极因素推动中国的发展）。胡锦涛坚持与发展中国道路的实践说明了他是这样想，也是这样做的。在内政上，他坚持党的十一届三中全会开启的中国道路，深化改革，创新理论，提出并实施科学发展观，建设和谐社会，确立“五位一体”的社会主义建设目标等等，促进中国经济社会全面发展，增强了综合国力，改善了人民生活，彰显了中国社会主义制度的优越性。

在对外关系上，胡锦涛提出和谐世界理念，摒弃分歧，求同存异，积极发展同世界各国的友好合作关系，开创了中国外交的新局面。具体来说，主要表现在：在外交方针与目标上，他坚持走和平发展道路，强调在和平共处五项原则的基础上，同世界各国友好相处，在平等互利的基础上积极开展同同世界各国的交流与合作，为促进世界持久和平、共同发展作出贡献；在外交实践上，针对西方舆论对中国“和平崛起”提法的猜忌，他改“和平崛起”为“和平发展”，避免了中国同西方大国不必要的争论，反映其在处理对外关系上的灵活变通能力。他积极发展同世界各国的友好合作关系，取得了丰硕成果：在中美关系上，他妥善处理台湾问题，促使美国政府公开表示“反对台独公投”；妥善处理双方分歧，发展中美双边贸易，促使中美贸易总额不断扩大，由 1979 年不足 25 亿美元发展至 2007 年 302 亿美元，中美互为第二大贸易伙伴[①]；在中俄关系上，他发展了中俄战略协作伙伴关系，加强了中俄在国际事务中的协调与合作，对抵制美国的单边主义和霸权主义产生了积极影响；在中欧（盟）关系上，他将中欧关系提升到全面战略伙伴关系（当然由于双方在政治制度与意识形态上的分歧，这种关系会打折扣），扩大了中欧贸易，至 2004 年，欧盟成为中国第一大贸易伙伴，而中国也成为欧盟的第二大贸易伙伴；在中非关系上，他发展了中非传统友谊，成功举办中非合作论坛北京峰会，建立和发展“政治上平等互信、经济上合作共赢、文化上交流互鉴”的“中非新型战略伙伴关系”[②]；在处理同周边邻国的关系上，他坚持和发展

① 郑德荣主编：《改革开放以来的中国外交》，世界知识出版社 2008 年版，第 49 页。

② 肖冬连：《六十年国事纪要（外交卷）》，湖南人民出版社 2009 年版，第 321 页。

“与邻友善、以邻为伴”的处理同邻国关系的外交方针，并将“以邻为伴”政策，具体化为“睦邻、安邻、富邻”政策[①]，促进了中国同周边邻国友好合作与外来。这主要表现在：中国同巴基斯坦“全天候”的战略合作伙伴关系进一步巩固与发展；中国与印度的关系得到改善，双方正式将彼此关系定位为“面向和平与繁荣的战略合作伙伴关系”；中国同东盟的关系进一步发展，中国于 2003 年 10 月正式加入《东南亚友好合作条约》，成为第一个加入该条约的非东盟国家；双边贸易不断扩大，到 2005 年东盟成为中国第五大贸易伙伴[②]；中国同韩国经济与文化领域的交流与合作迅速发展，到 2008 年中国成为韩国的第一大贸易伙伴、最大的出口市场和最大的投资对象国，而韩国则成为中国的第三大贸易伙伴和第四大投资来源地；中韩文化交流年活动也于 2007 年开始启动[③]；此外，中国为解决朝核危机发挥了积极作用，推动举行了六轮朝核六方会谈，只因美朝双方积怨太深、美国的强硬和朝鲜的善变等因素至今悬而未决；在中日关系上，尽管日本对二战时期在中国犯下的罪行认识反复以及在钓鱼岛问题上挑起事端，但中国还是加强了双方的经贸往来，到 2007 年底中国发展成为日本最大的贸易对象国。

上述成就是胡锦涛为总书记的党的中央领导集体坚持与发展中国道路在对外关系上的重要表现，也反映了胡锦涛“紧紧抓住战略机遇期，制定正确的对外策略方针，妥善处理和积极发展同世界各国的关系”这一重要经验。

① 肖冬连：《六十年国事纪要（外交卷）》，湖南人民出版社 2009 年版，第 316 页。

② 同上书，第 363—364 页。

③ 同上书，第 369 页。

结　　语

综观中国道路所走过的 30 多年艰难曲折的发展历程，国外因素对中国道路的形成与发展产生过重要影响。同时，应该看到，国外因素的影响常常是通过中国共产党历代中央领导集体对它的认识以及所采取的应对策略等形式表现出来，也就是说，国外因素“冲击”与中国共产党中央领导集体“回应”的互动模式影响着中国道路的形成与发展。当然，这里所说的“冲击—回应”互动模式并没有否认国内因素在中国道路形成与发展中所起的决定性作用，也没有像费正清先生所描述的“冲击—回应”模式[①]那样夸大国外因素对中国道路的影响。不过，它为探讨中国道路虽历经曲折却得以形成、推进、坚持与发展的原因，提供了一个不同的分析视角。梳理国外因素对中国道路形成与发展的影响，总结中国共产党人在认识与处理国外因素上的经验教训，对于未来中国共产党人坚持与发展中国道路无疑具有重要的借鉴意义。

“中国发展离不开世界，世界繁荣稳定也离不开中国”[②]，“无论哪个国家、哪种政治力量，如果不能看到世界范围大变动、新觉醒的趋势，不能把握大局、顺应大势，……都有可能犯重大战略错误”[③]。这些至理名言与精辟论述揭示了中国同世界间的相互关系，说明了研究中国问题需要联系世界大势的重要性。在研究中国问题时，到底需要联系什么样的世界

---

① 费正清“冲击—回应”模式中一个重要观点是，中国从传统到现代化的演进过程（即近代化过程）是中国对西方的冲击—回应过程，其强调了西方国家对中国社会近代化起着决定性作用，换而言之，中国近代化是西方国家冲击的结果。

② 胡锦涛：《高举中国特色社会主义伟大旗帜，为夺取全面建设小康社会新胜利而奋斗——在中国共产党第十七次全国代表大会上的报告》，参见《十七大以来重要文献选编》（上卷），中央文献出版社 2009 年版，第 37 页。

③ 郑必坚、［美］基辛格等：《世界热议中国：寻找共同繁荣之路》，中信出版社 2013 年版，序言 IX。

大势，需要分析哪些重要国外因素？通过对中国道路形成与发展的国外影响因素的研究，或许能得到一些启发。诸如时代主题、国际格局、国际局势、新科技革命、经济全球化等总体世界形势，决定着世界的发展方向，是我国制定内外方针政策的前提与基础，需要认真研究，准确把握；如两制关系、大国关系（如中美关系）、周边关系（如同南海周边各国的关系等）等涉及双边或多边国家间的关系，在一定的时期内可能成为我国主权维护和社会发展的重要威胁，需要进行重点研究，审慎处理；此外，如恐怖主义、流行性疾病蔓延、金融危机、核武器扩散等一些地区性或全球性问题，威胁着人类社会的生存与发展，需要世界各国共同应对。这为我国协调同世界各国（尤其是大国）的关系提供了契机。对这些问题，需要及时研究，灵活应对。所有这些重要国外因素在未来中国道路的坚持与发展过程中仍然存在，需要中国共产党人认真研究，准确把握，妥善处理。

由于国外因素的影响具有客观性、间接性和自发性等特征，其对中国起何种性质的影响，影响的程度有多大，在很大程度上取决于中国共产党人对它的认识和所采取的对策上。在中国道路的形成与发展过程中，中国共产党人对国外因素的认识与处理尽管曾出现过失误，但总体上说，认识是准确的，处理是适当的。正由于此，中国共产党人成功开辟了中国道路，并在坚持与发展中国道路过程中取得了举世瞩目的成就。中国共产党人在探索、开创、推进和坚持与发展中国道路的过程中取得了许多有关认识与处理国外因素的成功经验与重要原则，主要包括：其一，坚持马克思列宁主义基本原理同中国实际相结合，走自己道路，探索适合中国国情的社会主义建设道路。其二，坚持从中国国情出发，结合时代主题、国际格局和世界发展态势等总体国际形势，确定党和国家的中心任务，制定国家发展战略。其三，坚持国家利益优先原则，围绕实现民族独立、国家富强与人民幸福，以及巩固党的领导与社会主义制度等根本目标，认识与处理对外关系。其四，处理国家间关系时，除了遵守独立自主与和平共处五项原则等国际公认的处理国家间关系的基本原则与行为规范外，还要胸襟开阔，放眼世界，坚持原则坚定性与策略灵活性相统一、求同存异、互利互惠、合作共赢、超越意识形态与社会制度的分歧与差异等原则与方针。其五，要正确处理继承与创新、吸收与借鉴的关系，既要继承与发扬历代中国共产党人认识与处理对外关系行之有效的策略方针，又要与时俱进，开拓创新，根据国际国内形势的发展变化，调整、完善和发展党和国家对外方针政策；既要大胆学习和借鉴其他国家经济与社会发展的成功经验，并结合我国的实际情况，探索适合我国国情的经济社会发展之策，又要保持高度警惕，抵制和消除外来消极因素的影响，提高拒腐防变能力，尤其要防止西方国家对华“和平演变”；此外，要注意避免国际问题国内化和国内问题国际化等错误倾向的发生，等等。这些经验与原则为现在和将来的中国共产党人坚持与发展中国道路提供了借鉴。

时代在发展，社会在进步，国际国内形势在不断发展变化，这就要求新时代的中国共产党人必须与时俱进，不断提高认识与处理国外因素的能力，并根据变化了的国际国内形势，制定正确的策略方针，将中国特色社会主义事业推向前进。2012 年中共十八大选举产生的以习近平为总书记的新一届中央领导集体在坚持与发展中国道路上给世人带来了震惊。

2012 年 11 月，习近平在十八届中央政治局常委同中外记者见面时的讲话中表示：要“团结带领全党全国各族人民，接过历史的接力棒，继续为实现中华民族伟大复兴而努力奋斗，使中华民族更加坚强有力地自立于世界民族之林，为人类作出新的更大的贡献。”① 此后，习近平顺应和平、发展、合作、共赢的时代潮流，根据国际国内形势的变化，在继承历代党的中央领导集体在中国道路形成与发展过程中所取得的成功经验的基础上，制定并实施了一系列内外方针政策，将中国特色社会主义事业推进到一个新的发展阶段。在内政方面，他高举社会主义大旗，强调必须走中国特色社会主义道路。他指出，“道路问题是关系到党的事业兴衰成败第一位的问题，道路就是党的生命”。中国特色社会主义道路是“全面建成小康社会、加快推进社会主义现代化、实现中华民族伟大复兴的必由之路”，必须毫不动摇地坚持和发展②。他在领导中国人民努力实现“两个一百年”奋斗目标的同时，提出了实现中华民族伟大复兴的“中国梦”的奋斗目标③；他强调必须全面深化改革，并领导制定了《中共中央关于全面深化改革若干重大问题的决定》，内容涉及经济、政治、文化、社会、生态文明、国防、军队和党的建设等众多领域，为全面深化改革指明

① 《习近平谈治国理政》，外文出版社 2014 年版，第 4 页。

② 同上书，第 21 页。

③ 同上书，第 36 页。

了方向[①]；他提出国家治理体系和治理能力现代化[②]，将我国的现代化建设由“四化”发展为“五化”，丰富了我国现代化建设的内涵；他提出“四个全面”，即全面建设小康社会、全面深化改革、全面推进依法治国和全面从严治党，展现更完整的治国理政总体框架[③]；他重视党的建设，加大反腐力度，坚持“老虎”、“苍蝇”一起打，主张“把权力关进制度的笼子里”[④]，并查处了一大批重大案件等，使党风党纪明显好转，增强了党的凝聚力和战斗力；等等。这些策略方针的制定与实施，促进了我国经济社会全面发展。

在外交方面，他抱着为人类文明进步和世界和平发展作出新的更大贡献的信念，秉持“中国梦”同“世界梦”是相通的、文明是多彩的、平等的和包容的等理念，提出了各国共同享受尊严，享受发展成果，享受安全保障，世界的命运由各国人民共同掌握等主张[⑤]；倡导各国走一条和衷共济、合作共赢的新路子[⑥]；他强调中国坚定不移地走和平发展道路，推动构建中美等新型大国关系，坚持亲、诚、惠、容的周边外交理念，发展同周边国家的友好合作关系；他建议建立亚洲基础设施投资银行，促进亚洲国家的经济发展；他扩大对外开放，提出“一带一路”战略构想[⑦]；等等。习近平所提出的主张与建议以及所制定和实施的对外方针政策丰富和发展了我国的外交理论，对发展中外友好合作关系、促进人类进步和世界和平与发展等产生了积极影响。

以习近平为总书记的新一届中央领导集体在执政不足三年的时间里领导中国人民坚持与发展中国道路，取得了举世瞩目的成就，进一步证明了中国道路的正确性，显示了社会主义中国的生机与活力。习近平由此得到了国际社会的广泛赞誉。新加坡前总理李光耀称赞习近平是“曼德拉式的人物”。西方媒体对习近平的评价也由过去的冷嘲热讽转变为不约而同

① 《习近平谈治国理政》，外文出版社2014年版，第70—89页。

② 同上书，第104页。

③ 郭俊奎：《习近平首提“四个全面”，吹响治国理政“集结号”》，人民网2014-12-17。http://opinion.people.com.cn/n/2014/1217/c1003-26224297.html。

④ 《习近平谈治国理政》，外文出版社2014年版，第388页。

⑤ 同上书，第258—259、273—274页。

⑥ 同上书，第250页。

⑦ 同上书，第287、292页。

的由衷肯定，说他是“必须改变中国的人”、“掌控一切的主席”，“将成为中国第一位真正的全球领袖”[①]。中国的发展与繁荣同欧洲、美国和日本等因金融危机影响而至今仍处于经济萧条与社会动荡之中的情况形成了鲜明对照。这不禁使人们想起了英国著名历史学家汤因比的预言：“将来统一世界的，大概不是西欧国家，也不是西欧化的国家，而是中国。”[②]当然，中国无意统一世界，中国所走的是和平发展道路，是有中国特色的社会主义和平发展道路，中国的发展与繁荣必将造福全人类！以习近平为总书记的新一届中央领导集体求真务实、开拓创新、敢于担当的精神，以及其制定与实施的内外方针政策所带来的举世瞩目的成就使我们有理由相信：在以习近平为总书记的新一届中央领导集体的领导下，中国道路会越走越宽广，中国特色社会主义事业会越来越辉煌！

中国道路在继续前行，影响中国道路的国外因素也在不断变化，因此，对中国道路坚持与发展的国外影响因素的研究永远在路上。由于影响中国道路形成与发展的国外因素复杂纷繁，而要从中理清线索、把握重点、总结规律、得出结论，的确难度很大，因此，本书仅对这一问题作了一些尝试性的探讨，希冀能起到抛砖引玉的作用。同时，本人希望今后能同广大同仁一道，与时俱进，不断深化对这一问题的研究。

---

① 信莲：《外媒：正在唤醒中国的习近平》，《中国日报网》2014 年 8 月 19 日。

② ［英］汤因比、［日］池田大作：《展望二十一世纪——汤因比与池田大作对话录》，荀春生等译，国际文化出版公司 1985 年版，第 289 页。

参考文献

一　经典著作、党和国家（领导人）重要文献

[1]《马克思恩格斯选集》（第1—3卷），人民出版社1995年版。

[2]《马克思恩格斯全集》（第10卷），人民出版社1998年版。

[3]《马克思恩格斯全集》（第13卷），人民出版社1962年版。

[4]《马克思恩格斯全集》（第44卷），人民出版社2001年版。

[5]《列宁选集》（第2—4卷），人民出版社1995年版。

[6]《列宁全集》（第26卷），人民出版社1988年版。

[7]《斯大林选集》（上卷），人民出版社1979年版。

[8]《毛泽东选集》（第1—4卷），人民出版社1991年版。

[9]《毛泽东著作选读》（下卷），人民出版社1986年版。

[10]《毛泽东文集》（第5—8卷），人民出版社1999年版。

[11]《建国以来毛泽东军事文稿》（中卷），军事科学出版社、中央文献出版社2010年版。

[12]《毛泽东与外国首脑及记者会谈录》，台海出版社2012年版。

[13]《刘少奇选集》（下卷），人民出版社1985年版。

[14]《周恩来选集》（下卷），人民出版社2004年版。

[15]《王稼祥选集》，人民出版社1989年版。

[16]《邓小平文选》（第1—3卷），人民出版社1994、1993年版。

[17]《邓小平年谱（1975—1997）》（上下卷），中央文献出版社2004年版。

[18]《陈云文选》（第2卷），人民出版社1995年版。

[19]《江泽民论有中国特色社会主义》（专题摘编），中央文献出版社2002年版。

[20]《江泽民文选》（第1—3卷），人民出版社2006年版。

[21] 李鹏：《市场与调控——李鹏经济日记》（中卷），新华出版社、中

国电力出版社 2007 年版。

[22] 胡锦涛：《高举中国特色社会主义伟大旗帜，为夺取全面建设小康社会新胜利而努力奋斗——在中国共产党第十七次全国人民代表大会上的报告》，人民出版社 2007 年版。

[23] 胡锦涛：《在全党深入学习实践科学发展观活动动员大会暨省部级主要领导干部专题研讨班上的讲话》，人民出版社 2009 年版。

[24] 胡锦涛：《坚定不移沿着中国特色社会主义道路前进，为全面建成小康社会而奋斗——在中国共产党第十八次全国代表大会上的报告》，人民出版社 2012 年版。

[25]《习近平谈治国理政》，外文出版社 2014 年版。

[26]《十一届三中全会以来重要文献选读》（上卷），人民出版社 1987 年版。

[27]《十四大以来重要文献选编》（上卷），人民出版社 1996 年版。

[28]《十六大以来重要文献选编》（上中下卷），中央文献出版社 2005、2006、2008 年版。

[29]《十七大以来重要文献选编》（上卷），中央文献出版社 2009 年版。

[30]《改革开放三十年重要文献选编》（上卷），中央文献出版社 2008 年版。

二 中文著作（按出版时间先后为序）

[31] 王春良、祝明主编：《世界现代史》（下册），山东人民出版社 1990 年版。

[32] 伍修权：《回忆与怀念》，中共中央党校出版社 1991 年版。

[33] 华原：《痛史明鉴：资产阶级自由化的泛滥及其教训》，北京出版社 1991 年版。

[34] 薄一波：《若干重大决策与事件的回顾》（上下卷），中共党史出版社 1991、1993 年版。

[35] 高放主编：《科学社会主义的理论与实践》，中国人民大学出版社 1994 年版。

[36] 吴冷西：《十年论战——1956—1966 中苏关系回忆录》（上下卷），中央文献出版社 1999 年版。

[37] 高放：《高放文集之二：社会主义在世界和中国（增订本）》，云南

人民出版社 1998 年版。
[38] 俞可平：《全球化时代的“社会主义”》，中央编译出版社 1998 年版。
[39] 何沁主编：《中华人民共和国史》，高等教育出版社 1999 年版。
[40] 方连庆等主编：《战后国际关系史（1945—1995）》（上下卷），北京大学出版社 1999 年版。
[41] 李淑珍等：《当代世界经济与政治》，北京大学出版社 1999 年版。
[42] 江流、徐崇温主编：《当代社会主义的若干问题：国际社会主义的历史经验和中国特色社会主义》，重庆出版社 1999 年版。
[43] 靳辉明主编：《社会主义历史、理论与现实》，安徽人民出版社 2000 年版。
[44] 顾海良等：《世纪中国：有中国特色社会主义与 21 世纪》，安徽人民出版社 2000 年版。
[45] 严书翰：《全球化背景下社会主义与资本主义的关系》，当代世界出版社 2001 年版。
[46] 郭德宏主编：《中国共产党的历程》（第 2 卷），河南人民出版社 2001 年版。
[47] 黄宗良、孔寒冰：《社会主义与资本主义的关系——理论、历史和评价》，北京大学出版社 2002 年版。
[48] 徐崇温：《世纪之交的社会主义与资本主义》，河南人民出版社 2002 年版。
[49] 逄先知、金冲及主编：《毛泽东传（1949—1976）》（上下卷），中央文献出版社 2003 年版。
[50] 王桧林主编：《中国现代史》（下册），高等教育出版社 2003 年版。
[51] 钱其琛：《外交十记》，世界知识出版社 2003 年版。
[52] 黄宗良、孔寒冰主编：《世界社会主义史论》，北京大学出版社 2004 年版。
[53] 徐崇温：《当代资本主义新变化》，重庆出版社 2004 年版。
[54] 陶文钊主编：《中美关系史（1972—2000）》（下卷），世纪出版集团、上海人民出版社 2004 年版。
[55] 靳辉明、罗文东主编：《当代资本主义新论》，四川出版集团、四川人民出版社 2005 年版。

[56] 徐敦信主编：《世界大势与中国和平发展》，世界知识出版社 2006 年版。
[57] 周敏凯主编：《当代世界政治经济与国际关系》，高等教育出版社 2006 年版。
[58] 蒲国良、熊光清：《全球化进程中社会主义与资本主义的关系》，中国人民大学出版社 2006 年版。
[59] 佟新：《人口社会学》，北京大学出版社 2006 年版。
[60] 宫力、刘德喜等：《和平为上：中国对外战略的历史与现实》，九州出版社 2007 年版。
[61] 张素芝：《中国特色社会主义道路的探索》，中国农业出版社 2007 年版。
[62] 王伟光：《中国特色社会主义：旗帜、道路和理论体系》，中国社会科学出版社 2008 年版。
[63] 郑德荣主编：《改革开放以来的中国外交》，世界知识出版社 2008 年版。
[64] 李庆余：《美国外交史——从独立自主至 2004 年》，山东画报出版社 2008 年版。
[65] 秦宣主编：《中国特色社会主义史》，高等教育出版社 2009 年版。
[66] 袁秉达等：《中国特色社会主义道路研究》，上海人民出版社 2009 年版。
[67] 肖冬连：《六十年国事纪要》（外交卷），湖南人民出版社 2009 年版。
[68] 颜声毅：《当代中国外交》，复旦大学出版社 2009 年版。
[69] 阎学通等：《中外关系鉴览 1950—2005——中国与大国关系定量衡量》，高等教育出版社 2010 年版。
[70] 程玉海、林建华等：《世界社会主义共产主义运动新论》（上下卷），人民出版社 2010 年版。
[71] 赵启正等：《对话中国模式》，新世界出版社 2010 年版。
[72] 庄锡福、刘新宜主编：《对社会主义理论和实践的反思与探索》，人民出版社 2010 年版。
[73] 顾关福主编：《战后国际关系（1945—2010）》，天津人民出版社 2010 年版。

[74] 王伟光主编：《社会主义通史》（第6、8卷），人民出版社2011年版。
[75] 张维为：《中国震撼：一个“文明型国家”的崛起》，世纪出版集团、上海人民出版社2011年版。
[76] 辛向阳：《中国特色社会主义道路研究》，河北出版传媒集团公司、河北人民出版社2011年版。
[77] 李君如：《中国特色社会主义道路研究》，人民出版社2012年版。
[78] 郑德荣等：《中国特色社会主义道路基本问题研究》，人民出版社2012年版。
[79] 王伟光：《中国道路与马克思主义中国化》，合肥工业大学出版社、人民出版社2012年版。
[80] 张远新：《中国特色社会主义道路的多维透视》，上海社会科学院出版社2012年版。
[81] 叶庆丰主编：《中国特色社会主义史论研究（历史实践卷）》，中共中央党校出版社2012年版。
[82] 严书翰主编：《中国特色社会主义史论研究（前沿问题卷）》，中共中央党校出版社2012年版。
[83] 胡振良主编：《中国特色社会主义史论研究（科学体系卷）》，中共中央党校出版社2012年版。
[84] 刘海涛：《走向世界历史：中国特色社会主义的成长历程》，中共中央党校出版社2012年版。
[85] 朱峻峰：《中国共产党与中国特色社会主义道路》，社会科学文献出版社2012年版。
[86] 曲星、钟龙彪：《当代中国外交史》，中国人民大学出版社2012年版。
[87] 徐崇温：《中国特色社会主义研究》，中国社会科学出版社2013年版。
[88] 郑必坚、基辛格等：《世界热议中国：寻找共同繁荣之路》，中信出版社2013年版。
[89] 朱峻峰：《道路自信：中国共产党与中国特色社会主义道路（修订简明版）》，社会科学文献出版社2013年版。
[90] 欧阳康、杜志章等：《中国道路：思想前提、价值意蕴与方法论》，

中国社会科学出版社 2013 年版。

[91] 萧冬连：《国步艰难：中国社会主义路径的五次选择》，社会科学文献出版社 2013 年版。

[92] 门洪华主编：《中国外交大布局》，浙江人民出版社 2013 年版。

[93] 徐艳玲、龚培河：《从“被动全球化”到“主动全球化”：全球化视野中的中国社会主义历史演进》，山东人民出版社 2013 年版。

[94] 张伟超、蒋均时：《中国特色社会主义研究：道路篇》，解放军出版社 2013 年版。

[95] 罗文东、陈建波：《中国特色社会主义道路：走向中华民族伟大振兴的崭新道路》，中共中央党校出版社 2013 年版。

[96] 黄燕：《传承与创新：中国特色社会主义道路研究》，知识产权出版社 2013 年版。

[97] 白雪秋等：《中国特色社会主义道路：历史、现实和未来》，北京大学出版社 2013 年版。

[98] 杨俊：《中国特色社会主义“道路·理论·制度”的创新研究》，安徽人民出版社 2013 年版。

[99] 高放、李景治、蒲国良主编：《科学社会主义的理论与实践》（第 6 版），中国人民大学出版社 2014 年版。

[100] 李肇星：《说不尽的外交》，中信出版社 2014 年版。

三　中文文章

[101] 良月：《列宁的时代观与当今世界》，《国际政治研究》1990 年第 3 期，第 1—11 页。

[102] 方连庆：《中苏关系的回顾与展望》，《国际政治研究》1990 年第 3 期，第 12—19 页。

[103] 陈启懋：《试论世界从两极格局向多极格局的过渡》，《国际问题研究》1990 年第 4 期，第 1—7、63 页。

[104] 徐耀新：《新科技革命和社会主义的命运》，《南京社会科学》1992 年第 1 期，第 35—42 页。

[105] 张仁德：《原苏联东欧国家经济改革失败原因和教训的思考》，《马克思主义与现实》1993 年第 1 期，第 105—112 页。

[106] 梅忠德：《为什么我国要建立社会主义市场经济体制》，《清华大学

学报》（哲学社会科学版）1993 年第 2 期，第 35—39 页。
[107] 袁德金：《论新中国成立后毛泽东战争与和平理论的演变》，《军事历史》1994 年第 4 期，第 33—38 页。
[108] 高放、向文华：《新科技革命对两种社会制度的影响与挑战》，《社会主义研究》1994 年第 5 期，第 5—9 页。
[109] 包心鉴：《在探索社会主义发展道路的漫漫征途上——从马克思到毛泽东》，《马克思主义与现实》1995 年第 3 期，第 19—31 页。
[110] 向文华：《新科技革命与中国特色社会主义理论》，《当代世界社会主义问题》1995 年第 3 期，第 32—35 页。
[111] 张亚斌：《50 年代毛泽东对苏联建设经验的认识》，《东北师大学报》1995 年第 6 期，第 1—5 页。
[112] 陈振明：《“西方马克思主义”眼中的苏联模式》，《马克思主义研究》1996 年第 6 期，第 84—90 页。
[113] 俞良早：《新科技革命和社会主义观念的更新》，《当代世界与社会主义》1996 年第 S1 期，第 44—48 页。
[114] 李兴、周雪梅：《西方和平演变战略对苏东关系的影响》，《当代世界社会主义问题》1998 年第 1 期，第 10—20 页。
[115] 刘杰：《党的十一届三中全会以来中国的时代观与国际战略思维的衍进和创新》，《学术月刊》1998 年第 12 期，第 16—23、103 页。
[116] 李玉荣：《中国共产党对时代主题认识的演变及其影响》，《当代世界与社会主义》1999 年第 1 期，第 43—46 页。
[117] 许先春：《反对霸权主义的锐利武器——学习邓小平关于人权问题的论述》，《党建研究》1999 年第 8 期，第 23—25 页。
[118] 李景治：《经济全球化与西方霸权地位》，《思想理论教育导刊》1999 年第 12 期，第 32—34、51 页。
[119] 王四达：《全球化：一个逻辑与历史的进程》，《中山大学学报》（社会科学版）2000 年第 3 期，第 89—94 页。
[120] 王真：《雅尔塔格局与新中国的历史走向》，《中共党史研究》2000 年第 4 期，第 32—36 页。
[121] 严书翰：《经济全球化与社会主义》，《理论前沿》2000 年第 18 期，第 3—5 页。
[122] 郑必坚：《经济全球化的历史进程与马克思主义的历史发展》，《理

论前沿》2000 年第 20 期，第 3—6 页。

[123] 罗浩波：《东西方文明整合与中国特色社会主义道路》，《社会科学研究》2001 年第 1 期，第 115—118 页。

[124] 张从田：《中苏分裂与中国社会主义的走向》，《理论探讨》2001 年第 1 期，第 85—88 页。

[125] 方永刚、石家铸：《西方国家对我进行意识形态渗透的特点及对策》，《南京政治学院学报》2001 年第 3 期，第 61—64 页。

[126] 求是课题组：《当代资本主义的基本矛盾——论资本主义发展的历史进程》，《求是》2001 年第 3 期，第 13—18 页。

[127] 任宗理：《试析“9·11 事件”的原因及对国际关系的影响》，《东南亚研究》2001 年第 6 期，第 21—23 页。

[128] 南菁：《“9·11 事件”与当前国际局势的演变》，《思想理论教育导刊》2001 年第 12 期，第 8—12 页。

[129] 陶正付、葛桦：《当代资本主义的新变化对社会主义发展的影响》，《社会主义研究》2002 年第 1 期，第 10—13 页。

[130] 袁强：《邓小平反“和平演变”思想初探》，《西南民族学院学报》（哲学社会科学版）2002 年第 3 期，第 236—239 页。

[131] 王世谊：《“三个代表”重要思想的产生和发展》，《当代中国史研究》2002 年第 6 期，第 4—12、125 页。

[132] 胡振良、熊云：《正确认识国际形势的新变化》，《科学社会主义》2002 年第 6 期，第 75—78 页。

[133] 黄宗良：《一个主义，两种模式——从毛泽东到邓小平中国社会主义的飞跃》，《北京大学学报》（哲学社会科学版）2003 年第 1 期，第 10—15 页。

[134] 徐崇温：《如何认识当代资本主义的新变化》，《中共天津市委党校学报》2003 年第 1 期，第 30—36 页。

[135] 严书翰：《“三个代表”重要思想与中国特色社会主义道路》，《天津行政学院学报》2004 年第 1 期，第 5—11 页。

[136] 李慎明：《对新中国成立后毛泽东战争与和平思想及实践的几点辨析、概述和思考》，《当代中国史研究》2004 年第 2 期，第 18—30、125 页。

[137] 高正礼：《中苏论战与中国社会主义建设道路的探索》，《当代中国

史研究》2004 年第 2 期，第 112—118、128 页。

[138] 沈志华：《以苏为鉴：毛泽东对苏共二十大的最初反应和思考》，《暨南史学》2004 年第 3 期，第 587—628 页。

[139] 沈志华：《苏共二十大、非斯大林化及其对中苏关系的影响——根据俄国最近披露的档案文献》，《国际冷战史研究》2004 年版，第 28—69、8 页。

[140] 宋以敏：《时代主题与中国的和平发展》，《国际问题研究》2004 年第 3 期，第 6—11、5 页。

[141] 秋石：《经济全球化与社会主义的未来》，《求是》2004 年第 5 期，第 19—22 页。

[142] 张晓红：《反对资产阶级自由化，巩固马克思主义在意识形态领域的指导地位》，《马克思主义研究》2004 年第 5 期，第 37—43 页。

[143] 杨发喜：《邓小平的时代主题观与中国的和平发展》，《国际问题研究》2004 年第 5 期，第 1—4 页。

[144] 赵凌云、张连辉：《新中国成立以来发展观与发展模式的历史互动》，《当代中国史研究》2005 年第 1 期，第 24—32 页。

[145] 孙津：《和谐社会的意识形态》，《江苏社会科学》2005 年第 4 期，第 116—121 页。

[146] 汪青松：《科学发展观的形成背景与历史地位——兼与赵凌云、张连辉先生商榷》，《当代中国史研究》2005 年第 5 期，第 11—18、25 页。

[147] 李明斌：《苏共的大党大国主义与中苏论战的实质》，《河南大学学报》（社会科学版）2005 年第 5 期，第 170—174 页。

[148] 李世安、王林霞：《美国对华人权战略及其实施》，《河南师范大学学报》（哲学社会科学版）2005 年第 6 期，第 93—97 页。

[149] 王林霞：《美国对华接触战略与人权战略》，《当代世界与社会主义》2005 年第 6 期，第 110—115 页。

[150] 吴攀龙、杨恕：《新科技革命与资本主义新变化》，《社会主义研究》2005 年第 6 期，第 32—35 页。

[151] 李慎明：《党的八大前后开始的中国特色社会主义道路的探索与当今中国的发展壮大》，《当代中国史研究》2006 年第 5 期，第 18—21 页。

[152] 杨守明:《时代主题的演变与中国的和平发展》,《当代世界与社会主义》2006 年第 5 期,第 93—96 页。

[153] 赵凌云:《科学发展观形成的历史逻辑与历史启示》,《学习与实践》2006 年第 6 期,第 10—13 页。

[154] 左凤荣:《苏共二十大的召开及其影响》,《河南师范大学学报》(哲学社会科学版)2006 年第 6 期,第 87—92 页。

[155] 罗文东:《新科技革命与资本主义、社会主义》,《江汉论坛》2006 年第 7 期,第 12—16 页。

[156] 阎学通:《变化中的世界与中国》,《现代国际关系》2006 年第 9 期,第 7—10 页。

[157] 范强威:《警惕西方国家对我国的“和平演变”》,《马克思主义研究》2006 年第 10 期,第 24—26 页。

[158] 贾琳:《邓小平时代主题的科学判断及其现实指导意义》,《首都师范大学学报》(社会科学版)2006 年第 S1 期,第 65—67 页。

[159] 马龙闪:《苏联模式与中国社会主义道路的探索——中国特色社会主义是对苏联模式的实质性突破》,《中国特色社会主义研究》2007 年第 1 期,第 5—10 页。

[160] 沈志华:《中苏同盟破裂的原因和结果》,《中共党史研究》2007 年第 2 期,第 29—42 页。

[161] 温强:《肯尼迪政府对华和平演变政策及中国的反应——以人权外交为中心》,《中山大学学报》(社会科学版)2007 年第 4 期,第 39—43、125 页。

[162] 吴苑华:《对“马克思主义中国化”几个问题的思考》,《石河子大学学报》(哲学社会科学版)2007 年第 5 期,第 27—31 页。

[163] 杨军:《从马克思未来社会理论看中国特色社会主义道路》,《马克思主义研究》2007 年第 9 期,第 104—109 页。

[164] 赵曜:《关于中国特色社会主义道路的两个问题》,《当代经济》2007 年第 10 期上,第 1 页。

[165] 秦宣:《科学发展观与社会主义核心价值体系建设》,《中共云南省委党校学报》2008 年第 1 期,第 44—47 页。

[166] 郑传芳:《党的十七大的重大贡献》,《福建农林大学学报》(哲学社会科学版)2008 年第 1 期,第 1—8 页。

[167] 李伟:《邓小平“坚持社会主义，防止和平演变”的政治战略与实践》(上下)，《探索》2008 年第 1 期，第 4—10 页，2008 年第 2 期，第 4—7、12 页。

[168] 禹国峰:《恩格斯合力论与中国社会主义道路选择和发展的逻辑进路》,《中共四川省委党校学报》2008 年第 1 期，第 41—45 页。

[169] 许斗斗:《马克思的价值哲学与和谐社会建构》，《唯实》2008 年第 2 期，第 45—48 页。

[170] 蔡亚志:《列宁的社会主义观与中国特色社会主义道路》,《科学社会主义》2008 年第 2 期，第 134—137 页。

[171] 王永贵:《从全球化视角解读中国特色社会主义道路和理论体系》,《甘肃社会科学》2008 年第 2 期，第 6—11 页。

[172] 辛向阳:《中国特色社会主义道路的内涵解析》,《当代世界与社会主义》2008 年第 3 期，第 75—78 页。

[173] 秦宣:《国际视野中的“中国模式”——兼论中国特色社会主义的国际影响》,《中国人民大学学报》2008 年第 4 期，第 9—15 页。

[174] 徐崇温:《科学发展观：提出的背景和依据》，《广东社会科学》2008 年第 5 期，第 47—50 页。

[175] 韩振峰:《中国特色社会主义道路的选择及成功原因》,《甘肃社会科学》2008 年第 6 期，第 91—95 页。

[176] 赵存生:《中国特色社会主义道路的理论基石》,《毛泽东邓小平理论研究》2008 年第 7 期，第 9—17 页。

[177] 蒲国良:《世界社会主义视阈下的中国特色社会主义》,《教学与研究》2008 年第 8 期，第 52—57 页。

[178] 李青宜:《当代资本主义的新变化与世界社会主义的新思路》，《改革开放与当代世界社会主义学术研讨会暨当代世界社会主义专业委员会 2008 年年会论文集》，中国广东深圳，2008 年第 9 期，第 306—314 页。

[179] 秦宣、郭跃军：《论马克思恩格斯的时代观》，《江西社会科学》2009 年第 1 期，第 53—59 页。

[180] 周建超、孙进:《论科学社会主义基本原则与中国特色社会主义道路》,《中国特色社会主义研究》2009 年第 1 期，第 17—21 页。

[181] 陈志刚:《中国特色社会主义道路与现代性模式的新探索》,《毛泽

东思想研究》2009 年第 1 期，第 8—13 页。
[182] 郑德荣、姜淑兰：《深刻理解和把握中国特色社会主义道路的几个基本问题》，《毛泽东思想研究》2009 年第 2 期，第 15—19 页。
[183] 李强：《邓小平与反对资产阶级自由化》，《马克思主义研究》2009 年第 3 期，第 130—136 页。
[184] 李明斌：《试析中苏论战对中共和中国的消极影响》，《当代世界社会主义问题》2009 年第 3 期，第 82—91 页。
[185] 马拥军：《中国化的马克思主义与中国特色社会主义》，《江苏行政学院学报》2009 年第 4 期，第 5—10 页。
[186] 吕世荣、朱宗友：《全球化背景下中国特色社会主义道路的选择》，《当代世界与社会主义》2009 年第 5 期，第 82—85 页。
[187] 徐崇温：《国外有关中国模式的评论》，《红旗文稿》2009 年第 8 期，第 27—30 页。
[188] 倪世雄、赵曙光：《国际形势的变化与世界秩序的重建》，《吉林大学社会科学学报》2010 年第 1 期，第 17—25、159 页。
[189] 王昌英：《从“战争与革命”到“和平与发展”——新中国 60 年主要领导人时代观探析》，《社会主义研究》2010 年第 1 期，第 62—66 页。
[190] 徐崇温：《如何理解中国模式的若干问题》，《马克思主义研究》2010 年第 2 期，第 5—11 页。
[191] 秦宣：《科学社会主义：机遇、挑战与对策》，《教学与研究》2010 年第 2 期，第 35—41 页。
[192] 赵曜：《从中国模式和苏联模式的比较中正确评价中国模式》，《科学社会主义》2010 年第 5 期，第 8—13 页。
[193] 徐崇温：《邓小平对建设中国特色社会主义新道路的开辟》，《中国特色社会主义研究》2010 年第 5 期，第 11—22 页。
[194] 陈述：《江泽民与社会主义市场经济体制的确立》，《党的文献》2010 年第 5 期，第 60—65 页。
[195] 赵曜：《正确认识和评价中国模式》，《中国特色社会主义研究》2010 年第 6 期，第 9—13 页。
[196] 林怀艺：《科学社会主义基本原则及其中国化》，《理论探讨》2010 年第 6 期，第 6—9 页。

[197] 黄宗良:《从苏联模式到中国特色社会主义》,《中共党史研究》2010 年第 7 期,第 36—41 页。

[198] 徐崇温:《国外近期关于“中国模式”的研究动向》,《红旗文稿》2010 年第 17 期,第 10—12 页。

[199] 夏征难:《新中国成立后毛泽东论战争与和平》,《南京政治学院学报》2011 年第 1 期,第 82—86 页。

[200] 桑学成:《中国特色社会主义道路的形成发展和基本经验》,《南京大学学报》(哲学·人文科学·社会科学)2011 年第 4 期,第 11—18 页。

[201] 刘浚:《胡锦涛同志和谐社会思想:中国特色社会主义的新探索》,《毛泽东思想研究》2011 年第 5 期,第 96—100 页。

[202] 张宁:《科学发展观形成发展的过程及特点》,《马克思主义与现实》2012 年第 3 期,第 139—147 页。

[203] 李慎明:《苏联亡党亡国 20 年祭(上下篇)——俄罗斯人在诉说》,《马克思主义研究》2012 年第 3 期,第 5—25 页,第 4 期,第 5—23 页。

[204] 叶志坚:《马克思社会形态理论与中国特色社会主义道路》,《中共福建省委党校学报》2012 年第 3 期,第 63—70 页。

[205] 李君如:《中国特色社会主义道路的开辟、坚持和发展》,《党的文献》2012 年第 6 期,第 83—89 页。

[206] 张维为:《在国际比较中解读中国道路》,《求是》2012 年第 21 期,第 42—46 页。

[207] 夏兴有:《现代性的历史境遇与中国特色社会主义道路的拓展》,《中共中央党校学报》2013 年第 1 期,第 5—9 页。

[208] 季正聚:《全球化视角下的诠释两条主线上的反思——从“被动全球化”到“主动全球化”——全球化视野中的中国社会主义历史演进简评》,《当代世界与社会主义》2013 年第 2 期,第 1 页。

[209] 李占才:《中国社会主义道路选择的时代性》,《党的文献》2013 年第 2 期,第 89—96 页。

[210] 李玉生、耿云:《“中国模式”研究述评》,《云南行政学院学报》2013 年第 2 期,第 4—8 页。

[211] 刘爱武:《国际社会对中国道路的质疑与坚定道路自信》,《山东社

会科学》2013 年第 3 期，第 20—26 页。

[212] 李捷：《毛泽东在开创中国特色社会主义道路中的历史功绩和地位》，《毛泽东邓小平理论研究》2013 年第 9 期，第 1—10 页。

[213] 姜宁：《列宁帝国主义论：历史争论与当代评价》，《中国社会科学》2014 年第 4 期，第 6—27 页。

四 中文学位论文

[214] 张正安：《中国特色社会主义建设道路的探索研究》，中共中央党校博士学位论文，2000 年。

[215] 李明斌：《中苏大论战评析》，华中师范大学博士学位论文，2004 年。

[216] 姜淑兰：《世界视阈中的中国特色社会主义道路研究与模式比较》，东北师范大学博士学位论文，2010 年。

[217] 朱宗友：《全球化背景下中国特色社会主义道路的选择》，河南大学博士学位论文，2010 年。

[218] 刘爱武：《国外中国模式研究评析》，河北师范大学博士学位论文，2011 年。

[219] 曹胜：《中国特色社会主义道路的时代特征研究》，山东师范大学博士学位论文，2013 年。

五 中文译著、英文著作与文章（按出版时间顺序排列）

1. 中文译著

[220] [英] 汤因比、[日] 池田大作：《展望二十一世纪——汤因比与池田大作对话录》，荀春生等译，《国际文化出版公司》1985 年版。

[221] [苏] 赫鲁晓夫：《赫鲁晓夫回忆录》，张岱云等译，东方出版社 1988 年版。

[222] [法] 罗曼·罗兰：《莫斯科日记》，夏伯铭译，上海人民出版社 1995 年版。

[223] [美] 亨利·基辛格：《大外交》，顾淑馨等译，海南出版社 1998 年版。

[224] [加] 郑海麟：《廿世纪中国社会主义运动之反省》，香港海峡关

系研究中心出版社 2000 年版。
[225] [美] 理查德·尼克松：《尼克松回忆录》（中卷），裘克安等译，世界知识出版社 2001 年版。
[226] [美] 亨廷顿：《文明的冲突与世界秩序的重建》，周琪等译，新华出版社 2002 年版。
[227] [美] 弗朗西斯·福山：《历史的终结及最后之人》，黄胜强等译，中国社会科学出版社 2003 年版。
[228] [俄] 米·谢·戈尔巴乔夫：《戈尔巴乔夫回忆录》（上下卷），述弢等译，社会科学文献出版社 2003 年版。
[229] [英] 菲利普·布朗、休·劳德：《资本主义与社会进步：经济全球化及人类社会未来》，刘榜离等译，中国社会科学出版社 2006 年版。
[230] [俄] 尼·伊·雷日科夫：《大国悲剧》，徐昌翰等译，新华出版社 2008 年版。
[231] [美] 克里斯托弗·莱恩：《和平的幻想：1940 年以来的美国大战略》，孙建中译，上海人民出版社 2009 年版。
[232] [新] 郑永年：《中国模式：经验与困局》，浙江出版联合集团、浙江人民出版社 2010 年版。
[233] [韩] 文正仁：《中国崛起大战略——与中国知识精英的深层对话》，李春福译，世界知识出版社 2011 年版。
[234] [美] 亨利·基辛格：《论中国》，胡利平等译，中信出版社 2012 年版。
[235] [美] 汉斯·摩根索：《国家间政治：权力斗争与和平》，徐昕等译，北京大学出版社 2012 年版。
[236] [美] 约瑟夫·奈：《权力大未来》，王吉美译，中信出版社 2012 年版。
[237] [美] 肯尼思·沃尔兹：《现实主义与国际政治》，张睿壮等译，北京大学出版社 2012 年版。
[238] [美] 德瑞克·李波厄特：《50 年伤痕——美国的冷战历史观与世界》，郭学堂等译，上海三联书店 2012 年版。
[239] [丹] 李形主编：《中国崛起与资本主义世界秩序》，林宏宇等译，世界知识出版社 2012 年版。

[240] [意] 洛丽塔·纳波利奥尼：《中国道路——一个西方学者眼中的中国模式》，孙豫宁译，中信出版社 2013 年版。

2. 英文类著作与文章

[241] Henry Kissinger. White House Years, Little, Brown and Company (Canada) Limited, 1979.

[242] Peter Jones and Sian Kevill. China and the Soviet Union, 1949 - 84, Harlow: Longman Group Limited, 1985.

[243] Chen Jian. China's Road to the Korean War: The Making of the Sino-American Confrontation, New York: Columbia University Press, 1994.

[244] Chen Jian. Mao's China and the Cold War, Chapel Itill & London: The University of North Carolina Press, 2001.

[245] David Harvey. A Brief History of Neoliberalism, Oxford University Press, 2005.

[246] Martin Hart-Landsberg and Paul Burkett. China and Socialism: Market Reforms and Class Struggle, Monthly Review Press, 2005.

[247] Lorenz M. Luthi, The Sino-Soviet Split: Cold War in the Communist World, Princeton and Oxford: Princeton University Press, 2008.

[248] Shu Guang Zhang. Economic Cold War: America's Embargo against China and the Sino-Soviet Alliance, 1949 - 1963, Stanford: Stanford University Press, 2009.

[249] Sergey Radchenko. Two Suns In The Heavens: The Sino-Soviet Struggle for Supermacy, 1962 - 1967, Stanford University Press, 2009.

后　记

本书是在我的博士论文基础上修改完成的。本书的完成首先要感谢我的导师秦宣教授。感谢秦先生的厚爱，我才有幸求教于先生门下，并能得到先生高屋建瓴与精心细致的指导！感谢先生的鼓励，我才有勇气将博士论文修改成书，并版行于众！秦先生师德高尚，学识渊博，思想深邃，思维敏捷，睿智风趣，朴实宽容，治学严谨，深深地感染着我！先生的为人为学给我树立了人生标杆！

感谢王四达教授对我的关心与指导！我能有勇气报考华侨大学并能顺利毕业，王老师给了我情同其嫡系弟子般的鼓励、关怀和帮助！王老师高尚的师德、深厚的学术涵养与朴实的为人之道令我难以忘怀！感谢庄锡福教授、林怀艺教授对我学业和生活上的关心和指导！两位老师不仅在课堂上答疑解惑，还在茶余饭后与运动场上点拨和不吝赐教，使我受益匪浅，令我感激不尽！

感谢黄宗良教授、郑传芳教授、陈振明教授、吴苑华教授、蔡振翔教授、陈俊明教授、许斗斗教授、汤兆云教授和孙津教授等对我论文选题、修改和完善以及论文答辩等的关心和指导！感谢王丽霞教授、马拥军教授、刘新宜教授、姜泽华教授、曹文宏博士等的授业和鞭策！

感谢我的硕士生导师李育民教授和师母何玲医生对我学习、工作、家庭和生活上的关心、指导与鼓励！感谢师兄李传斌博士、师姐李斌博士、师弟刘利民博士和好友靳环宇博士的建议与鼓励！感谢同窗胡凌艳博士、余昌颖博士、室友李新光博士和师妹林丽拉博士在学习与生活中的相伴与帮助！

感谢华侨大学及华侨大学公共管理学院的领导与老师们，感谢丽水学院及丽水学院文学院、民族学院和马克思主义学院的领导与同事们，您们的关心、支持与帮助，解除了我完成学业的后顾之忧，也为本书的出版提供了便利！

最后要感谢的是我的妈妈、妻子和女儿。耄耋之年妈妈的关怀和叮嘱始终是我奋发向上的源动力！妻子的理解、支持、宽慰、鼓励和包涵始终是我不断进取的坚强后盾与助推器，也是我心力交瘁的“救心丸”和情绪焦躁的“安神器”！女儿是我的开心小棉袄，也是我顺利完成学业的精神动力！

本书能够版行于众，要感谢浙江省社会科学界联合会的鼎力资助！同时也要感谢中国社会科学出版社田文编辑认真细致的工作！

蒋跃波

2017 年 3 月 3 日